mandelbaum *verlag*

Jüdisches Rom

Christina Höfferer

mandelbaum *verlag*

Der Abdruck des Gedichtes von Elio Fiore erfolgt mit der Erlaubnis des Verlages Edizioni Ares, Mailand. Übersetzung der Autorin.
Auch alle weiteren italienischen Quellen wurden von der Autorin übersetzt.

mandelbaum.at • mandelbaum.de

ISBN 978-385476-560-8

1. Auflage 2018
Lektorat: Tanja Gausterer
Satz: Kevin Mitrega
Umschlagkonzept: Julia Kaldori
Druck: Primerate, Budapest

INHALT

GELEITWORT

Nicht alle Touristen sind gleich und nicht alle Touristenführer sind gleich, und oft ist es schwierig, die Neugier der unterschiedlichen Besucher zu befriedigen und ihren Geschmack zu treffen. Der *city guide* in das jüdische Rom von Christina Höfferer ist ungewöhnlich. Vor allem, weil das Thema kein gewöhnliches ist. Die Rede ist von einer sehr lebendigen Gemeinschaft, die sich durch ihre dauerhafte Präsenz an einem Ort auszeichnet, seit 22 Jahrhunderten, von einer Geschichte voller interessanter Ereignisse von den Ursprüngen bis in unsere Tage, von einer authentischen Kultur, die sich immer an der *Romanità* misst, und so Synthesen und überraschende Antworten hervorbringt, von der Beziehung zum Zentrum des Christentums, Gegenstand universeller Aufmerksamkeit und fortwährender Entwicklung. All das wird hier zur Sprache gebracht.

Aber über das Thema dieses Leitfadens hinausgehend besteht das Besondere in der Zugangsweise, die keine ausgetretenen Pfade beschreitet und bekannte Adressen abklappert, sondern eigenen Routen folgt und ungewöhnliche Anhaltspunkte aufspürt, anhand derer auf eine jüdische Gegenwart aufmerksam gemacht wird – sei es mittels eines Buches, einer Wohnung einer bekannten Persönlichkeit oder eines Ereignisses. All dies umfasst eine Jahrhunderte währende Perspektive, von der Archäologie in den Katakomben und am Titusbogen über die Via Panisperna bis zum Haus von Clara Sereni. Das jüdische Rom stellt einen Schatz von Begegnungen, Erinnerungen und unerforschten Spuren für jeden Geschmack dar.

Danke an die Autorin, dass sie diese neuen Wege eröffnet hat.

Riccardo Di Segni, Oberrabbiner von Rom

DANKSAGUNG

Die Autorin traf im Laufe ihrer Recherchen auf beglückendes Interesse und großzügige Hilfsbereitschaft. Folgenden Persönlichkeiten gilt ihr besonderer Dank:

Francesca Alatri, Silvia Haia Antonucci, Corrado Augias, Michael Baiculescu, Martin Baumeister, Marieke von Bernstorff, Claudio Bocci, Christiane Bremer, Dolores Cascione, Cesare Cavalleri, Stefano Ceccarelli, Albert M. Debrunner, Regina Deckers, Lola Maria Rita Delli Quadri, Catharine Delmirani, Raffaella Di Castro, Sandro Di Castro, Riccardo Di Segni, Franziska Dörr, Marc Elsberg, Daniela Finzi, Francesco Gana, Giuseppe Garrera, Maria Gazzetti, Massimo Giuliani, Christoph Glorius, Christine Maria Grafinger, Manuel Grander, Laura Hannuna, Stefan Heid, Andrea Hindrichs, Anke Kessler, Andreas Kloner, Alexander Kluy, Dorothee Hock, Salvatore Ianni, Claudia Iasella, Ulrike von Lesczinsky, Gisèle Lévy, Amity Neumeister, Gabi Pahnke, Marcello Pezzetti, Tobias Piller, Claudio Procaccia, Carlotta Rauch, Johannes Röll, Cara Roth, Gudrun Sailer, Bianca Savcenco, Alberto Sed, Annette Segal, Stella Sestieri, Myriam Silvera, Andrea Stoler, Ambra Tedeschini, Sandra Terracina, Friederike Wallbrecher, Tobias Wallbrecher, Susanne Wasum-Rainer und Simon Wiesenthal.

Ihnen allen ist dieses Buch gewidmet.

VORWORT DER AUTORIN

»Man erblickt nur, was man schon weiß und versteht.« Diese Erkenntnis von Johann Wolfgang von Goethe lässt sich trefflich auf das jüdische Rom – auf Rom überhaupt – anwenden. Rom ist eine überwältigende Stadt, die dermaßen viele Lebenswege und Geistesrichtungen in sich vereint, dass jeder Besuch nur einen winzigen Eindruck von der hier versammelten universalen Menschengeschichte vermitteln kann. Folgt man in Rom den verschiedenen roten Fäden, die durch die Jahrhunderte verlaufen, so eröffnen sich immer wieder ganz neue Perspektiven auf eine sehr alte Stadt.

Das jüdische Rom erlebt zur Zeit eine Renaissance. Im ehemaligen Ghetto findet eine Neubelebung der jüdischen Feste und Festmahle statt, in ganz neuen Restaurants und im Leben auf der *Piazza*, im Zusammenspiel mit den touristischen Flaneuren. Die Geschichte der römischen jüdischen Gemeinde wird in Büchern, Führungen und Tagungen erforscht. Dieser Wiedergeburt wird in diesem Buch Rechnung getragen und versucht, einen Beitrag zu leisten, zum Verständnis einer reichhaltigen Kultur.

Christina Höfferer, im Januar 2018

Sabato: sono entrato
due o tre volte nel tempio.
Non seguo i canti, guardo i fanciulli attenti,
presso i rotoli d'argento,
i cieli nascosti e visibili.
Altri canti ascolto, la legge di creature
che si dirama, da sempre offesa,
per tutto il mondo.
Così, spesso incontro Isaia
marchiato nei lager,
così, spesso le fiabe di Anna
si tramutano in realtà.
ELIO FIORE

Samstag: ich habe
zwei oder drei Mal den Tempel betreten.
Den Gesängen höre ich nicht zu,
ich blicke auf die aufmerksamen Kinder,
nahe an der Silberrolle,
auf die verborgenen und die sichtbaren Himmel.
Anderen Gesängen höre ich zu, dem Gesetz der Geschöpfe,
welches sich verteilt, immer schon verletzt,
über die ganze Welt.
So treffe ich oft auf Jesaja,
gezeichnet von den Lagern,
so verwandeln sich oft die Fabeln der Anna
in Wirklichkeit.
ELIO FIORE

EINE KURZE GESCHICHTE DER JUDEN IN ROM

Das jüdische Rom ist reich an Geschichte, Geschichten und Traditionen und doch eine eher unbekannte Seite der Ewigen Stadt, in der sich die älteste durchgehende jüdische Gemeinde der Diaspora befindet. Diese Gemeinde zeichnet sich durch eine ganz spezielle Beziehung zum Papsttum aus, denn die Geschichte der Juden ist verbunden mit jener des Kirchenstaates und der weltlichen Herrschaft der Päpste über die Stadt, die 1870 durch die Einheit Italiens und durch die Einrichtung Roms zur Hauptstadt beendet wurde. Eine Zeitreise durch das jüdische Rom von den ersten jüdischen Einwanderern bis heute zeigt, wie die Jahrhunderte ineinander verschwimmen, wie friedliche Koexistenz und grässliche Gewalt immer wieder aufeinanderfolgen.

Die jüdische Gemeinde ist eine besondere Gemeinde. »Das wichtigste Merkmal der römischen jüdischen Gemeinde bestand in ihrer festen Verankerung in der Stadt und in ihrer Einheitlichkeit. Dies erlaubte ihr zu Ende des 15. Jahrhunderts hunderte von Einwanderern aus allen Gegenden der jüdischen Welt aufzunehmen«, stellt der Historiker Kenneth Stow, Gründer und ein Vierteljahrhundert lang Herausgeber der Zeitschrift »Jewish History«, fest. Als die Juden 1555 ins Ghetto gezwungen wurden, wurde dies lapidar mit den Worten kommentiert, Papst Paul IV. wollte, dass alle Juden gemeinsam lebten. Mit dieser euphemistischen Darstellung überspielten die zeitgenössischen Mitglieder der Gemeinde die Angst und Verwirrung, die der so plötzliche Bruch für das über anderthalb Jahrtausende lang gepflegte friedliche Zusammenleben von Christen und Juden auslöste. Um zu verstehen, was es bedeutete, im Ghetto eingeschlossen zu werden, müssen die Historiker zwischen den Zeilen lesen, so Stow.

Bereits 1244 hatte Papst Innozenz IV. die Vernichtung aller Ausgaben des Talmud angeordnet. Drei Jahre später revidierte er dieses Urteil auf die Bitte der Juden hin, jedoch veranlasste er eine Zensur des Talmud und beauftragte gleichzeitig eine Untersuchungskommission an der Universität von Paris mit der Prüfung des Talmud. 40 Sachverständige gehörten der Kommission an. Prominentestes Mitglied des Rates war der deutsche Gelehrte und Bischof Albertus Magnus, der knapp 700 Jahre später, im Jahr 1931, von Papst Pius XI. heiliggesprochen und zum Kirchenlehrer erklärt werden wird. Die Pariser

Kommission beschloss eine neuerliche Verurteilung des Talmud, die 1248 verkündet wurde.

Bis zum Ende des 16. Jahrhunderts folgten Disputationen, Konzile und Kirchenversammlungen, die immer wieder Verbote, Beschlagnahmungen und Verbrennungen des Talmud anordneten. Im Jahr 1553, kurz vor der Einrichtung des Ghettos, ließ Papst Julius III. in Rom alle Ausgaben des Talmud beschlagnahmen. Die eingesammelten Exemplare wurden am 9. September, dem jüdischen Neujahrstag, öffentlich verbrannt. 1559 setzte die katholische Kirche den Talmud auf den ersten Index verbotener Bücher. Die Zensur zielte auf die Bekehrung ab. »Das komplette Verbot des Talmud und anderer rabbinischer Texte«, schreibt Marina Caffiero, »sollte den Juden das aus den Händen nehmen, was als das größte Hindernis für ihre Konversion angesehen wurde: die Bücher.« Die Tradition und die in ihren Verhaltensregeln festgeschriebene Identität der Juden sollte durch die Verbrennung ihrer Bücher ausgelöscht werden. In Prozessakten der Inquisition gegen Juden ist einer der Hauptvorwürfe der Besitz von verbotenen Büchern.

Jahrhundertelang also lebten die Juden Roms unter extrem bedrückenden Bedingungen. Dazu kam, dass viele Mitglieder der Gemeinde sehr arm waren. Ein immer wiederkehrendes Problem etwa drehte sich um die Erhaltung der Wohngebäude. Vernachlässigung und Überbelegung führten in den späteren Zeiten des Ghettos dazu, dass immer wieder Häuser zusammenbrachen und ihre Bewohner unter sich begruben.

»Bis heute ist ein typisches Gewerbe der römischen Gemeinde jenes der *urtisti*«, erzählt der Historiker Martin Baumeister, Direktor des Deutschen Historischen Instituts in Rom. »Die *urtisti* verkaufen Heiligenbildchen und Devotionalien an Ständen an Pilger. Derzeit arbeiten an die 100 Angehörige der jüdischen Gemeinde in diesem Beruf.« Die *urtisti* sind ein Teil der römischen Geschichte. Schon vor dem 19. Jahrhundert sind sie nachweislich in der Stadt tätig. Eine päpstliche Bulle etablierte Lizenzen für die Händler jüdischer Religion, die damals noch im Ghetto zu wohnen hatten. Vom Kirchenstaat erhielten sie die Erlaubnis, Rosenkränze an die Pilger zu verkaufen. Während des Faschismus mussten die *urtisti* eine Uniform tragen, auf deren Mütze zu lesen war: »Sindacato Fascista Venditori Ambulanti« (Faschistische Gewerkschaft der Fliegenden Händler). Während der Ventennio Fascista, der 20 Jahre faschistischer Regierung in Italien, blieben die jüdischen Devotionalienhändler in ihrer Berufsausübung aktiv, doch als die nationalsozialistische deutsche Besatzung die Stadt unter ihr Kommando stellte, wurde den *urtisti* die Ausübung ihrer Tätigkeit verboten. Sie verkauften stattdessen verbotenerweise Zigaretten an die deutschen Soldaten. Nach dem Krieg nahmen sie ihre Tätigkeit mit dem charakteristischen tragbaren Laden wieder auf. Während des Touristenbooms der 1970er Jahre bezogen manche der *urtisti* fixe Verkaufsräume. Heute sehen sie sich von Seiten des Kulturministeriums unter Druck gesetzt und kämpfen teilweise um ihre Existenz.

Zur Zeit des Faschismus wurden Zählungen der jüdischen Bevölkerung Roms durchgeführt. Damals wiesen die Statistiken etwa 11.000 Juden in der Stadt auf. Nach der Staatsgründung Italiens hatten die Juden einen hohen Grad der Integration erreicht, viele waren aus dem Ghetto in die bürgerlichen Viertel wie Monteverde und in das umbertinische Rom gezogen. Im Jahr 2016 verzeichnete die jüdische Gemeinde Rom rund 13.000 eingetragene Mitglieder.

Austausch, Verbindungen und Konflikte

Bei der Erkundung der jüdischen Orte in Rom wird deutlich, dass es sich um eine Minderheit handelt, die ganz eng mit der Geschichte der Stadt verbunden ist. Sowohl von den Juden selbst als auch von den Christen wird diese Nähe empfunden, sogar und vor allem in den prekärsten Momenten der ereignisreichen und dramatischen Geschichte der langlebigen religiösen und gesellschaftlichen Minderheit im päpstlichen Rom. Auch wenn die römischen Juden im Laufe der Jahrhunderte extremen Repressalien ausgesetzt waren, so empfanden sie sich doch immer als echte Römer. Sie bilden einen integrativen Bestandteil der Ewigen Stadt. Das Aufspüren ihrer Präsenz bedeutet auch die Rekonstruktion eines maßgeblichen Mosaiksteins der römischen Geschichte. Intensive Beziehungen wurden gepflegt, und die Geschichte der Juden in Rom ist nur unter dem Gesichtspunkt eines kontinuierlichen Austausches mit der christlichen Mehrheitsgesellschaft zu verstehen. Verflechtungen, Verbindungen und naturgemäß auch Konflikte sind das Wesen dieser Koexistenz, die zwischen dem 16. und dem 19. Jahrhundert durch einschneidende Bestimmungen von Seiten der Päpste nachhaltig erschwert wurde.

Die Quellen zum Leben der jüdischen Gemeinde in Rom sind ebenso vielfältig wie die daraus zu gewinnenden Informationen breit gefächert sind. Der Historiker Kenneth Stow förderte im Zuge seiner Archivrecherchen über die Situation der Juden im Rom des 16. Jahrhunderts aus den Notariatsakten auch sehr bunte Details zu Tage, die den Alltag fassbar machen, wie zum Beispiel, dass Juden damals besonders gerne die Bandnudeln *tagliolini*, getrocknetes Fleisch und Kastanien aßen. Einige Juden betätigten sich im frühneuzeitlichen Rom laut Stow auch als Catering-Unternehmer und belieferten große Empfänge, andere besaßen und handelten mit Angelplätzen am Tiberufer. Unter den jüdischen Metzgern waren auch Frauen, was deren wichtige und aktive Rolle in der frühneuzeitlichen jüdischen Gemeinde Roms unterstreicht.

Erste jüdische Botschafter und Händler im vorchristlichen Rom

Die Anwesenheit von Juden in Rom ist schon lange vor der durch Christi Geburt gekennzeichneten Zeitenwende zu belegen, wiewohl jüdische Expansionsbewegungen Rom erst lange nach anderen Städten im Mittelmeerraum erreichten. Im 3. Jahrhundert v. Chr. wurde das Gebiet rund um die heutige Hauptstadt Italiens von andauernden und destabilisierenden Kriegshandlungen erschüttert. Diese gestalteten die Gegend um Rom für die Ansiedlung von Juden zunächst wenig attraktiv, stellt Attilio Milano in seiner »Storia degli ebrei in Italia« fest. Die Situation änderte sich jedoch im 2. Jahrhundert v. Chr., als die Römer ihr Reich konsolidiert hatten und sich anschickten, die Vorherrschaft über den Mittelmeerraum zu beanspruchen. Zunächst gelangten wohl einige jüdische Händler vereinzelt in die Stadt, über die jedoch keine schriftlichen Überlieferungen erhalten sind.

Die ersten offiziellen Kontakte zwischen Palästina und Rom sollen auf die Initiative des flammenden Freiheitskämpfers Judas Makkabäus zurückgehen. Er stammte aus der Priesterfamilie der Hasmonäer und soll im Jahr 161 v. Chr. eine Gesandtschaft nach Rom geschickt haben, um sich der Unterstützung des Senats gegen die Hellenisierungspolitik der Seleukiden zu versichern. Die Historizität dieser Begebenheit ist jedoch nicht unumstritten.

Nachzulesen ist im Ersten Buch der Makkabäer, beim römisch-jüdischen Historiker Flavius Josephus und im Talmud, dass die Juden Judäas ihren erfolgreichen Aufstand gegen hellenisierte Juden und makedonische Seleukiden mit der Wiedereinweihung des zweiten jüdischen Tempels in Jerusalem im Jahr 164 v. Chr. feierten. Der Zeus-Altar wurde aus dem jüdischen Tempel entfernt. Die Menorah, der siebenarmige Leuchter, sollte im Tempel nie erlöschen. Durch ein Wunder habe der Leuchter acht Tage lang gebrannt, obwohl das vorhandene geweihte Öl nur für einen Tag gereicht hätte. Er leuchtete, bis neues geweihtes Öl hergestellt war. Daran erinnern die acht Lichter der *Chanukkia*, die beim Chanukkafest entzündet werden.

Judas' Bruder Simon beauftragte 139 v. Chr. zwei Botschafter, nach Rom zu reisen, um ihn als Oberhaupt und Hohepriester des hebräischen Staates zu vertreten, nachdem es ihm gerade gelungen war, die syrische Einflussnahme weitgehend abzuschütteln. Der römische Senat empfing die Botschafter aus Palästina mit allen Ehren. Das Ziel der Gesandtschaft, ein Freundschafts- und Schutzabkommen zwischen Hasmonäern und Römern abzuschließen, wurde erreicht. Es ist das erste Abkommen der Römer mit einem orientalischen Volk. Sechs Jahre später schickte Simons Sohn, Yohanan Girhan, kurz nacheinander zwei neue Abordnungen nach Rom. Sie sollten erwirken, dass der römische Senat, wie es Simons Abkommen vorsah, seinen Einfluss gegenüber den Syrern, die sich Palästina gefährlich näherten, geltend machte.

Die Römische Republik und die Kaiserzeit

Im Jahr 59 v. Chr. wurde dem Römer Lucius Valerius Flaccus auf dem Forum der Prozess gemacht. Die Hauptanschuldigung lautete, er habe sich unter dem Vorwand eines Gesetzes, das die Ausfuhr von Wertgegenständen verbot, persönlich an den Abgaben der Juden für die Erhaltung des Tempels von Jerusalem in der von ihm beherrschten Provinz bereichert. Marcus Tullius Cicero war der Verteidiger von Flaccus und ermahnte diesen, seine Stimme vor Gericht zu senken, damit das jüdische Publikum, das auf dem Forum zusammengekommen war, bloß nicht seine Worte hörte.

Der jüdische Schriftsteller und Philosoph Philon von Alexandria berichtet, dass sich in Rom eine stabile jüdische Gemeinde vor allem im Bereich des heutigen Stadtviertels Trastevere angesiedelt hatte. Sie leisteten regelmäßige Zahlungen für den Tempel in Jerusalem. Ferdinand Gregorovius fasst die Informationen über die ersten Wohngegenden der Juden in Rom folgendermaßen zusammen: »Damals waren sie [die Juden] nicht an einen bestimmten Ort in der Stadt gewiesen, obwohl Philo erzählt, daß Augustus den Juden in Rom das Quartier Transtiberis gab, einen guten Teil der Stadt, wie er sagt. Doch wohnten sie auch an anderen Stellen, am häufigsten indes in dem heutigen Trastevere, also nicht weit von dem jetzigen Ghetto, und jenseits des Flusses. Der römischen Tradition nach kehrte der heilige Petrus im Jahr 45 n. Chr. in Trastevere ein, in der Nähe der jetzigen Kirche Santa Cecilia, weil dort Juden wohnten; aber er soll auch auf dem Aventin gewohnt haben, im Hause der Heiligen Aquila und Prisca, jüdischer Ehegatten, die zum Christentum übertraten. [...] Aber leider sagte Philo nichts von dem Zustand der damaligen Judenschaft in Transtiberis; es scheint, sie bildeten dort eine Synagoge der Libertiner oder Freigelassenen.«

Flavius Josephus, ein hebräischer General aus einer Priesterfamilie, lebte am Hof der Flavier als Historiker. Er wurde der wichtigste jüdische Historiker der Antike. Flavius berichtet, dass im Jahr 4 v. Chr. über 8.000 römische Juden an einer Reise nach Judäa teilnahmen. Es wird angenommen, dass zur Zeit des Augustus mehrere zehntausend Juden in Rom lebten und die Stadt über mehrere wichtige Synagogen verfügte. Die Römer waren gegenüber anderen Kulten eher tolerant eingestellt, so auch gegenüber der jüdischen Religion, deren Angehörige angesichts ihrer monotheistischen Überzeugung vom lokalen Götterdienst enthoben waren.

Die Juden waren auch vom Kriegsdienst befreit, sie durften ihre eigene Rechtsprechung durchführen, sich in Gemeinschaft zusammenfinden und Mittel für den Tempel in Jerusalem sammeln. Da ihnen einige dieser Rechte von Julius Caesar zugestanden worden waren, sind die Juden auch bei den Trauerkundgebungen zu seinem Tod besonders aktiv in Erscheinung getreten. Die Juden waren gut integriert, römische Bürger und freien Standes.

Die Inschriften in den jüdischen Katakomben belegen die Existenz von zwölf Synagogen in der Stadt, jede von ihnen war mit eigenen Vertretern und eigenen sozialen Einrichtungen ausgestattet.

Im Bereich des Römischen Reiches (und wohl auch in Rom selbst) bildeten die Juden *collegia*, gemeinschaftliche Organisationen mit Rechtssubjektivität. Es ging vor allem um das Recht, Eigentum vererben und erben zu können. Zwischen dem späten 4. und dem frühen 6. Jahrhundert wurden diese Rechte jedoch aus der römischen Rechtsordnung getilgt.

Antijudaismus im Römischen Reich

In der Sammlung »Facta et dicta memorabilia« (Denkwürdige Taten und Worte) des römischen Historikers und Schriftstellers Valerius Maximus ist zu lesen, dass im Jahr 139 v. Chr. (dem Jahr, als die hasmonäischen Botschafter in Rom eintrafen) der Prätor Gnaeus Cornelius Scipio Hispanus aus der Gens der Cornelier, der für die Kontrolle von Fremden in der Stadt zuständig war, die »Astrologen« – worunter

Valerius die babylonischen Chaldäer und Juden versteht – aus der Stadt auswies.

Im 19. Jahrhundert verknüpfte der deutsche Schriftsteller und Historiker Ferdinand Gregorovius die Situation der frühen jüdischen Gemeinde in Rom mit der späteren Unterdrückung unter den christlichen Herrschern Roms, den Päpsten, die auch zur Zeit von Gregorovius' Aufenthalt die Stadt regierten: »Von Pompeius' Zeit an trugen sie [die Juden] Schimpf und Verachtung, und endlich als unreine Parias zu einem Ghetto organisiert, klammerten sie sich in einem Winkel krampfhaft aneinander und dauerten, nicht mehr, wie zur Zeit des Claudius, den Tieren, aber nun dem mißhandelnden Christenvorurteil vorgeworfen, allen Wechsel der Jahrhunderte und das furchtbare Einerlei ihres Zustandes aus – ein dunkler Anblick und ein finsteres Blatt in der Geschichte der christlichen Menschheit. Sie lebten hoffnungslos und doch nicht ohne Hoffnung, wie dies der Charakter Israels ist, welchem die Propheten den Messias verheißen haben. Unfähig, in einem angreifenden Kampf ihren Feinden etwas abzutrotzen, verschanzten sie sich hinter die mächtigste und traurigste Wehr des Elends, die Gewohnheit, und hinter die Zähigkeit des jüdischen Familiengeistes.«

Cicero äußerte sich in der Zeit des Pompeius, der zwischen 70 und 52 v. Chr. dreimal Konsul war und der die ersten jüdischen Sklaven nach Rom gebracht haben soll, abschätzig über die Hebräer. Diese negativen Äußerungen werden in der Literatur damit in Zusammenhang gebracht, dass die zeitgenössischen Juden Caesar, der Ciceros Erzrivale war, unterstützten. Nach Caesars Ermordung weinten die Juden und sangen Totenklagen. Auch Seneca, Quintilian, Juvenal, Tacitus und andere verbreiteten in ihren Schriften antisemitische Botschaften. Die Bedeutung jüdischer Sitten (etwa die der Beschneidung) war kaum bekannt und wurde als »barbarisch« verunglimpft. Bei Tacitus hieß es zudem, Juden seien »den Göttern verhasst« und »den übrigen Religionen entgegengesetzt«. »Wie ein gebildeter, vornehmer Römer die Juden sah, kann man bei Tacitus nachlesen – ein seltsames Durcheinander von Informationen und Desinformationen«, fasst Klaus Wengst in seiner Abhandlung über »Israel und die Völker als Thema des Paulus« die grundsätzliche Einschätzung zusammen. Die von Mose eingeführten religiösen Bräuche stünden laut Tacitus »mit den sonst auf der Welt üblichen in Widerspruch. Dort bei den Juden ist alles unheilig, was bei uns heilig ist; andererseits ist bei ihnen gestattet, was wir als Gräuel betrachten.«

Auch der Vorwurf des *odium humani generis* (Hass auf alle Menschen) wurde zu einem Stereotyp. Das unterschied diese antijüdische Polemik von der sonstigen römischen Verachtung der »Barbaren«. Darum spricht man hier von einem antiken Antijudaismus in Roms Bildungsschicht des 1. Jahrhunderts. Dieser verschärfte sich nach den Niederlagen der Juden in ihrem Aufstand in Judäa.

Unter »den Kaisern galten sie, obwohl schon verachtet, doch als eine orientalische Sekte neben anderen Sekten Syriens, Ägyptens und Persiens, und sie standen deshalb nicht so vereinzelt da wie heute, wo sie aus dem unzählbaren Gewirr von Religionssekten des alten Rom die einzige sind, die sich lebendig und unverändert erhalten hat«, schreibt Ferdinand Gregorovius, der einer Frau in diesem Zusammenhang eine »glänzende Rolle« in Rom zuweist: Es handelt sich um Berenike (28–79 n. Chr.), die Tochter des Agrippa, Schwester und – laut Gerüchten – auch Geliebte des jüngeren Agrippa, des letzten Königs der Juden. Als Mitglied der Dynastie der Herodianer war Berenike eine jüdische Königin. Während des Aufstandes der Juden in Judäa gegen das Römische Reich hatten sich Berenike und ihr Bruder Agrippa auf die Seite der Römer, die Jerusalem belagerten, geschlagen. Berenike lebte nach der Zerstörung Jerusalems in den Gemächern des Kaisers Titus und war dessen Geliebte, »doch gelang es ihr trotz aller Intrigen nicht, sich zur Kaiserin von Rom zu machen«, stellt Gregorovius fest.

Die Auswirkungen des Jüdischen Krieges

Im Jahr 63 v. Chr. eroberte Pompeius für die Römer Judäa. Das gesamte Gebiet zwischen der Provinz Syria und Ägypten wurde zur römischen Provinz erklärt. Pompeius beließ jedoch Teile der Region in den Händen der örtlichen Fürsten, denn in Judäa, diesseits des Jordans, waren die Hasmonäer das Herrschaftsgeschlecht. Sie waren siegreich aus dem Aufstand der Makkabäer (167 v. Chr.) hervorgegangen und hatten ein eigenständiges jüdisches Staatsgebilde in der Region Palästina begründet.

Im Jahr 66 n. Chr. bricht in Jerusalem der Aufstand aus, der mit der Zerstörung des Tempels enden würde. Auf Seiten der Römer tritt den Juden zuerst Vespasian entgegen, als dieser zum Kaiser ausgerufen wird, dessen Sohn Titus. Fünf Jahre dauern die blutigen Auseinandersetzungen. Sie enden im Jahr 70 mit der Deportation der Juden aus Jerusalem. Es wurde ihnen verboten, wieder nach Jerusalem zurückzukehren. Die Provinz Judäa wurde in Palästina umbenannt und direkt der römischen Verwaltung unterstellt. Flavius Josephus gibt die Zahl der von den Römern im Laufe des Krieges Gefangengenommenen mit 97.000 an. Der Jüdische Krieg wird als der Beginn der tatsächlichen Diaspora betrachtet. Im Laufe der folgenden Jahrhunderte entstehen die zwei Hauptrichtungen des Judentums, aschkenasisch und sephardisch. Die Juden Roms zählen aber – wie auch jene Italiens im Allgemeinen – nicht zu den beiden Gruppen. Sie beten nach einem speziellen italienischen Ritus, auf Hebräisch *minhag* genannt.

Es war der Flavier Titus, unter dessen Oberbefehl die Römer im Jahr 70 n. Chr. den Tempel in Jerusalem zerstörten. Titus brachte jüdische Gefangene und auch die Menorah, den großen goldenen Leuchter aus dem Tempel, nach Rom. Der Leuchter ist im Laufe der Geschichte verloren gegangen, vermutlich wurde er eingeschmolzen. Von dem Zug der in Ketten gezwungenen Juden wurde im Titusbogen ein Bild eingemeißelt. Diese steinerne Darstellung versinnbildlicht den Beginn der Diaspora, des Exils der Juden. Das Exil soll für die Juden durch die Ankunft des Messias beendet werden. Das Christentum dagegen interpretierte das Exil als eine von Gott auferlegte Strafe für die Juden, weil diese Jesus Christus nicht als den erwarteten Messias anerkannt hatten.

Flavius Josephus berichtet über die tumultartigen Triumphfeiern, die in Rom auf den Straßen stattfanden. Auf dem Relief des Titusbogens, am Eingang zum Forum Romanum, sind die üppigen Feierlichkeiten festgehalten. Die Menorah, Silbertrompeten und der Schaubrottisch werden als Beutestücke von Sklaven auf den Schultern durch die Stadt getragen. Der Titusbogen ist etwa zwei Jahrzehnte nach dem Sieg der Römer errichtet worden. Der Prunk und die ausschweifende Eskalation der Feierlichkeiten in Rom, wie sie der Hofhistoriker Flavius Josephus beschreibt, wirken nachdrücklich und bleiben im Gedächtnis der Stadt verankert. Während des Triumphzuges wurden Kriegsszenen nachgestellt und Gefangene in Ketten durch die Stadt gezerrt. Die Kriegsbeute beinhaltete auch die Torarollen aus dem Jerusalemer Tempel. Mit dem Erlös der erbeuteten Wertgegenstände aus der Provinz Judäa soll das Kolosseum finanziert worden sein. Am Ende der römischen Triumphexzesse stand die Ermordung von Simon bar Giora, der als einer der Anführer der kämpferischen Zeloten angesehen wurde. Danach fand am Kapitol ein Festessen statt. Eine berühmte Münze wird geprägt. Sie trägt die Inschrift »Judaea capta« und zeigt die Provinz Judäa als personifizierte geknechtete Frau sowie ein Profilbild des Vespasian.

In den folgenden Jahrhunderten vermieden es die Juden, unter dem Titusbogen durchzugehen. Das antike Bauwerk war für sie zum Symbol des Exils geworden. Ein Fackelzug römischer Juden sollte diese Tradition am Abend des 14. Mai 1948 anlässlich der Gründung des Staates Israel beenden.

Nach dem blutigen Ende der insgesamt drei jüdischen Aufstände – der letzte, jener von Simon bar Kochba, wurde im Jahr 135 niedergeschlagen – verbreitete sich eine feindliche Stimmung im Imperium Romanum, erkennbar etwa an einigen sarkastischen Bemerkungen der Dichter Juvenal und Martial. Aus Juvenals 14. Satire geht jedoch auch die Attraktivität des Judentums für manche Mitglieder der hellenistisch-römischen Gesellschaft hervor. Zwei Faktoren begründen diesen Reiz: der Monotheismus und die hochstehende jüdische Ethik.

Juvenal schrieb seine Satiren im frühen 2. Jahrhundert n. Chr. Von Seiten der römischen Gesetzgeber waren zu diesem Zeitpunkt die finanziellen Aufwendungen für den Tempel in Jerusalem, die die römischen Juden zuvor geleistet hatten, für gegenstandslos erklärt worden. Sie wurden durch eine Steuer für den Wiederaufbau des Jupitertempels am Kapitol ersetzt, welcher wenig zuvor durch einen Brand vernichtet worden war. Diese Abgabe hieß *fiscus judaicus*, Judensteuer.

Durch die Antike hindurch jedoch kauften Juden in Rom jüdische Gefangene frei, die von Feldzügen der Römer in die Stadt gebracht worden waren.

Als der Kaiserkult in Rom Pflicht wurde, wurden die Juden von diesem entbunden, da sie ihn aufgrund ihrer monotheistischen Einstellung nicht hätten ausüben können. Im »Apologeticum« bezeichnet der Autor Tertullian die jüdische Religion als *religio licita*, als erlaubte Religion, wiewohl dieser Begriff nie ein offizieller im römischen Recht wurde. Schon im Jahr 6 n. Chr. aber hob Augustus Privilegien der Juden auf und gestattete ihre Beraubung und die Hetze gegen sie. Kaiser Tiberius verfügte im Jahr 19 die Vertreibung der Juden aus Rom und später die Einsetzung des Pontius Pilatus zum Statthalter Judäas. Dieser provozierte die Juden gleich beim Amtsantritt mittels der Positionierung von Kaiserstandarten im Jerusalemer Tempelbezirk. Sein brutales Durchgreifen gegen jede antirömische Regung wurde vom antijüdischen Berater des Kaisers, Lucius Aelius Seianus, gedeckt. Im Jahr 38 folgte mit kaiserlicher Duldung ein großes Pogrom an den Juden in Alexandria. Ihre Synagogen wurden zerstört, viele Juden wurden gefoltert und massakriert, die Überlebenden vertrieben. Darauf reagierten die Diasporajuden im Römischen Reich ihrerseits mit verstärkter Abgrenzung. Sie verweigerten die Tisch-, Ehe- und Kult-Gemeinschaft mit Andersgläubigen vor Ort, was als Beweis gewertet wurde, dass Juden wahlweise arrogant und elitär oder primitiv und rückständig wären.

Frühes Christentum und Judentum

Das Urchristentum verstand sich als Teil des Judentums und erkannte die biblische Erwählung Israels zum Volk Gottes an. Zunächst war noch unklar, worin die Unterscheidung von Judentum und Christentum bestand. Im Römischen Reich gab es Gläubige, die an Jesus Christus als an den Fleisch gewordenen Messias glaubten und gleichzeitig darauf bestanden, den Sabbat einzuhalten, koscher zu essen und ihre Söhne beschneiden zu lassen. Juden, die sich zum Glauben an Jesus Christus als Messias bekennen, werden als Judenchristen bezeichnet. Fast alle Autoren des Neuen Testaments waren jüdischer Herkunft.

Im Römischen Reich wurden auch die biblischen Feste Pessach, Schawuot und Jom Kippur zunächst noch von vielen Christen gefeiert. Erst nach und nach bildeten sich eigene jüdische und christliche Liturgien und unterschiedliche Festkalender heraus. Die rabbinische Synode von Jabne, die Anfang des 2. Jahrhunderts stattgefunden haben soll, deren Historizität heute jedoch bestritten wird, und das Ökumenische Konzil von Nicäa im Jahr 325 gelten als wichtige historische Zäsuren im Abgrenzungsprozess von Juden und Christen. Die Rabbiner der Stadt Jabne legten um das Jahr 100 n. Chr. die strenge Befolgung der Tora in der mündlichen Halacha fest, die später im Talmud aufgeschrieben wurde. Dabei wurde die Tora-Auslegung des Hillel als maßgeblich erachtet.

Vor dem Konzil von Nicäa feierte etwa die halbe Christenheit Ostern zur selben Zeit wie die Juden Pessach. Viele Christen glaubten, dass Ostern eine Form des jüdischen Pessach darstelle. Sie interpretierten Jesus als das Lamm Gottes für das Pessachopfer, während andere solche Verbindungen radikal ablehnten. Kaiser Konstantin ließ im Konzil von Nicäa den Ostertermin neu festlegen, orientiert am Ostersonntag, dem Tag der Auferstehung Christi.

Im Römischen Reich wurde eine antijudaistische Theologie entwickelt, die auch auf die hellenistisch-römische Polemik gegen Juden zurückgeht. Israel wurde grundsätzlich jeder eigene Zugang zum Heil abgesprochen. Die christliche Theologie entwickelte die Vorstellung eines ihr eigenen Supremats gegenüber der jüdischen Theologie.

Diese geistesgeschichtliche Entwicklung steht am Anfang einer sich durch die Jahrhunderte ziehenden Judenfeindlichkeit im christlichen Europa. Kaiser Konstantin verbot den Juden christliche Dienerschaft. Zudem wurde es Christen verboten, zum Judentum zu konvertieren, der Übertritt zum Christentum von Juden dagegen wurde gefördert. Die Juden waren nun nicht mehr nur einem ihnen gegenüber feindlich eingestellten Regierungssystem ausgesetzt; durch die Festlegung der christlichen Religion als Staatsreligion durch den Kaiser Theodosius I. im Jahr 380 wurden die Juden auch noch mit einer konkurrierenden Religion konfrontiert, die dieselben religiösen Traditionen für sich beanspruchte, diese aber gegen das Judentum wendete.

Kaiser Theodosius II. verfügte in den Jahren 417 und 423 das Verbot von Mischehen und von Mission von Seiten der Juden und weitere Beschränkungen. Kaiser Justinian I. verfolgte Ketzer, Samaritaner und Juden, verbot die Mazzen zum Pessach, hebräische Bibellesungen und den Mischna-Unterricht. Justinians Gesetzessammlung, der »Corpus Iuris Civilis«, wurde für das folgende Kirchen- und Staatsrecht des Mittelalters verbindlich. Dennoch versuchten die verschiedenen christlichen Kaiser teils die römische Rechtstradition zu bewahren und erließen auch Schutzvorschriften für Juden. Dies wurde nötig, weil die jüdischen Gemeinden nach der Konstantinischen Wende als früher teilweise rechtlich privilegierte Minderheit nun mehr und mehr an den Rand gedrängt, geächtet und ausgegrenzt wurden. Konstantin etwa bestätigte die Rechte der jüdischen Gemeinden. Jetzt wurde die Wahl von Juden in die Gemeinderäte erlaubt. Gleichzeitig wurde Juden untersagt, zum Christentum konvertierte Juden anzugreifen. Die von Eusebius von Caesarea verfasste Biographie des Konstantin enthält Passagen, die dem Kaiser eine radikale antijüdische Sichtweise unterstellen, möglicherweise wurden diese Textabschnitte nachträglich in die Vita des Kaisers eingefügt. Faktisch ohne Folgen blieb der Versuch des letzten heidnischen Kaisers Julian, das Judentum zu stärken und auf diese Weise das Christentum zu schwächen.

Vom Mittelalter zur Renaissance

Im Mittelalter verschlechterte sich die politische und gesellschaftliche Situation der Juden Roms immer mehr. Papst Gregor dem Großen (590–604) gelang es, die Autorität der Kirche im Bereich des Weströmischen Reiches nach den Wirren durch die Barbareneinfälle wieder herzustellen. Diese Autorität übte er auch gegenüber den Juden aus.

In seinen bis heute überlieferten Briefen, die eine wichtige Quelle der Religionsgeschichte darstellen – zumal Gregor als einer der vier Kirchenväter gilt –, schrieb der römische Papst auch über das Verhältnis zwischen Synagoge und Kirche. Seine Ausführungen wurden grundlegend für die Politik der auf ihn folgenden Päpste. Gregor der Große war eine asketische und zugleich höchst aktive Papstpersönlichkeit. In kürzester Zeit stellte er die Autorität der Kirche, die im 6. Jahrhundert in sich zusammengefallen war, in Westeuropa wieder her. In der Bulle »Sicut Judaeis« bestimmte Gregor der Große, dass es einerseits den jüdischen Gemeinden nicht erlaubt sei, die ihnen von der Kirche vorgegebenen Regeln zu brechen, andererseits jedoch auch keine christliche Regierung die Lage der Juden verschlimmern dürfe.

Die Juden stellte Gregor der Große unter das allgemeine römische Recht. Der Besitz von Sachen war ihnen erlaubt, nicht aber der Besitz von christlichen Sklaven. In Bezug auf die Bemühungen, die Juden zum Christentum zu konvertieren, sprach sich Gregor für einen eher sanften Überzeugungsdruck aus. Anderenfalls würde man, nur um zehn Konvertiten zu bekommen, sich hundert Feinde schaffen, stellte der Papst fest. Die Umwandlung eines Tempels in eine Kirche sah Gregor ebenfalls als kontraproduktiv an in Hinblick auf eine Durchsetzung des christlichen Glaubens. Die Mitglieder der jüdischen Gemeinde von Rom hatten Zugang zum päpstlichen Hof.

1215 beschloss die Kirche im vierten Laterankonzil unter Papst Innozenz III. (1198–1216) eine ganze Reihe einschränkender Bestimmungen. Eine dieser Beschränkungen bestand in der Einführung eines gelben Rings auf der Kleidung, der die Juden kenntlich machte. Der Papst legte fest: »Juden und Sarazenen beiderlei Geschlechts sollen in jeder christlichen Provinz und zu allen Zeiten in den Augen der Öffentlichkeit durch die Art ihrer Kleidung von anderen Völkern unterschieden sein.«

Nach der Vertreibung der Juden durch das katholische Königspaar Ferdinand und Isabella aus Spanien im Jahr 1492 erreichte Rom eine Welle von Zuwanderern. Das Papsttum sprach sich mehrmals gegen die Vorgangsweise der Inquisition in Spanien und Portugal aus. In der Renaissance erlebte die jüdische Gemeinde Roms eine kulturelle, vor allem literarische Blüte.

»Fliege, einfallsreiche Biene« von Deborah Ascarelli

Deborah Ascarelli war die erste jüdische Dichterin, deren Werke als Druck erschienen. Sie wurde in Rom in der ersten Hälfte des 16. Jahrhunderts geboren und starb auch hier, vermutlich zu Beginn des 17. Jahrhunderts. Belegt ist, dass sie die Ehefrau von Giuseppe Ascarelli war. Die Familie Ascarelli waren wohlhabende sephardische Juden, die sich nach der Vertreibung aus Spanien 1492 in Rom niedergelassen hatten. Der Vater von Giuseppe, Isacco, und sein Onkel Tranquillo (Manoach) waren wohl gleichzeitig Ärzte, Bankiers und Händler. Sie zählen zu den Mitbegründern der Scola Catalana, der katalanischen Synagoge. Tranquillo war Oberrabbiner und Oberhaupt der jüdischen Gemeinde; Isacco hatte drei Söhne, von denen Giosuè seinerseits Oberrabbiner von Rom wurde. Er konnte jedoch nicht verhindern, dass ihm seine vier Söhne weggenommen und in der Casa dei catecumeni eingesperrt und zwangsgetauft wurden.

Deborah war vielleicht auch als eine Ascarelli geboren worden, denn sie wird immer nur mit diesem Namen bezeichnet. Möglicherweise war sie eine Cousine ihres Mannes. Bis heute ist Deborah Ascarelli als Autorin berühmt, weil am 22. Oktober 5322 nach jüdischer Zeitrechnung, also im Jahr 1601 nach christlichem Kalender, in Venedig einige ihrer Werke gedruckt wurden. Es handelt sich um eine Sammlung von Schriften, die wahrscheinlich für die Jom Kippur-Feiern gedacht waren.

Deborah Ascarelli war eine exzellente Übersetzerin aus dem Hebräischen ins Italienische. Sie übertrug das »Mahon Hascioalim« des Rabbi Mosè Rieti di Perugia (Arzt und Dichter im 15. Jahrhundert, der als der jüdische Dante Alighieri bezeichnet wurde) in italienische Verse. Neben dem titelgebenden »Abitacolo degli Oranti« nahm sie auch das »Benedici« und das »Signore o anima mia« des Rabbi Bechajè il

Jüdische Einwanderer

Das wichtigste Merkmal der jüdischen Gemeinde von Rom ist ihre feste Verankerung in der Stadt und ihre Homogenität, wodurch es ihr möglich war, im 15. Jahrhundert unzählige Einwanderer aus allen Gegenden der jüdischen Diaspora, vor allem aber aus Spanien, aufzunehmen.

Damals war die »Universitas Iudaeorum in Urbe« offiziell von den Pontifices anerkannt und bis ins Detail hinein organisiert. Es gab fünf Scole, Kultorte, und einen gemeinschaftlichen Rat der erwachsenen

Pio, der in Saragossa im 11. Jahrhundert gelebt hatte, und die »Grande Confessione« des Rabbi Nissim, ein sephardisches Jom Kippur-Gebet, in ihr Werk auf. Dazu kommen zwei von Deborah Ascarelli selbst verfasste Gedichte: »Il ritratto di Susanna« und »Quanto è in me di Celeste«. Formal ist Deborah Ascarelli der Lyrik Petrarcas verbunden, inhaltlich sind ihre Schriften von einer tiefgreifenden Spiritualität gekennzeichnet.

Das »Abitacolo degli Oranti« der Deborah Ascarelli schließt mit einem Gedicht eines nicht genau definierbaren Autors, vielleicht stammt es von Davide della Rocca. »Ape, ingegnosa voli« (Fliege, einfallsreiche Biene) lautet der Titel des Gedichts – eine Anspielung auf die dichterischen Fähigkeiten der Autorin selbst.

Daniel Zanetti, ein venezianischer Drucker, war es, der das Werk der Römerin veröffentlichte. Zenetti war Christ, denn Juden waren vom Verlagswesen ausgeschlossen. Die Erstausgabe des »Abitacolo degli Oranti« erschien 1601. 1609 wurde es von Giovanni di Gara im Auftrag von Samuele Castelnuovo wieder aufgelegt, abermals in Venedig. Wahrscheinlich war Deborah Ascarellis literarische Produktion sowohl auf Italienisch als auch auf Hebräisch weitaus umfangreicher. Die Literaturkritik hat ihr die besondere Fähigkeit bescheinigt, »Verse von seltener Süße« zu drechseln, und sie für die Leistung gerühmt, eine subtile, aber eindeutige Botschaft der Verteidigung der Integrität der jüdischen Frau zu vermitteln. In Ascarellis Dichtung begegnet uns ein Frauenbild, das wertgeschätzt wird, kohärent in seiner Religiosität und in der Treue gegenüber den Grundwerten des Judentums ist. Ihr Werk steht in diametralem Gegensatz zu den repressiven Tendenzen der Gegenreformation, in deren Schatten die Autorin lebte und die die Juden ins Ghetto verbannte.

Juden, welcher mit Zweidrittelmehrheit die verschiedenen Organe der Regierung wählte: Der *Camerlengo* wurde auf jeweils ein Jahr ins Amt gewählt; drei *factores* übten neben ihm jeweils für vier Monate die Exekutive aus. Die *factores* entschieden über die Verteilung der Steuern innerhalb der Gemeinde und organisierten die Wahrung der Sicherheitsfragen. Außerdem bildeten sie das offizielle Sprachrohr vor allem in Hinblick auf die Vertreter des Papstes.

Im Jahr 1496 taucht die »Communitas hebraeorum hispanorum in Urbe commorantium« in den Quellen auf, sie wird zur Antagonistin der »Universitas Iudaeorum in Urbe«. Alteingesessene römische Juden stehen nun den wirtschaftlich potenten Einwanderern aus Spanien gegenüber. In weiterer Folge entwickelten sich ab 1501 aufgrund der regionalen Unterschiede innerhalb der spanischen Juden drei Scole und Organisationen: die aragonesische, die katalanische und die kastilianische. 1505 spalteten sich auch die französischen Juden und die deutschen zu jeweils eigenen Organisationsformen ab. All diese formten ihrerseits wiederum die »Universitas hebraeorum forensium et ultramontanorum in Urbe existentium«. Sie bildeten laut Marina Caffiero eine Front gegenüber den ortsansässigen Gemeindemitgliedern. Streitigkeiten waren an der Tagesordnung, dabei war der Hauptzankapfel die Einsetzung der *factores*. Die sephardischen Juden waren eine fest geschlossene und vor allem sehr finanzstarke Gruppe, zumal sie im Kredithandel tätig waren und über Kapital verfügten. Nachdem es den in Rom ansässigen Juden lange verboten gewesen war, erlaubte ihnen im Jahr 1521 Papst Leo X. – selbst aus der Bankiersfamilie der Medici stammend – mit Geld zu handeln. Wer schon mehr Kapital hatte, wurde auch reicher, und so war mehr als die Hälfte der zuerst erlaubten 20 Banken in sephardischer Hand.

Neuzeit

Um das gespannte Verhältnis zwischen der römischen Gemeinde und den sephardischen Einwanderern zu regeln, wurde der sowohl von der päpstlichen Kurie als auch von den Juden anerkannte Daniel da Pisa als eine Art Friedensrichter berufen. Er verfasste eine Reihe von »Capitoli«, um eine ausgewogenere Präsenz zwischen Römern und Sepharden innerhalb der Leitungsorgane der Gemeinschaft zu gewährleisten, mit dem Zweck, »das Unkraut der streitsüchtigen Männer auszureißen, die sich in ihrer umfassenden Aufregung als hinderlich und beleidigend erwiesen haben, indem sie sich gallig gegen alles, was sie sehen und hören, wenden«, wie Attilio Milano in seiner »Storia degli Ebrei in Italia« Daniel da Pisas Beobachtung seiner Zeitgenossen in der Einleitung von dessen »Capitoli« zitiert. Für die Mitgliedschaft in den entscheidenden Organen legte da Pisa Quoten für Italiener und für Sepharden fest. Die »Capitoli« beendeten die Streitigkeiten über Politik, Soziales, Wirtschaft und Alltägliches keinesfalls, sie erreichten jedoch ihr Ziel, ein einigermaßen stabiles System zu errichten, mit einer Integration zwischen Einwanderern und lokalen Juden, die im selben Bereich wohnten und durch die gemeinsame

Sprache, das *volgare romanesco*, verbunden waren. Da Pisas »Capitoli« blieben bis 1870 gültig.

»Die vielleicht bemerkenswerteste Tatsache im Hinblick auf die jüdische Gemeinde des 16. Jahrhunderts besteht darin, dass jüdische Frauen frei über Eigentum verfügen konnten«, stellt Kenneth Stow fest. Auch wurde den Frauen in der jüdischen Gemeinschaft das Lesen beigebracht, sodass sie zumindest die Gebete auch auf Hebräisch lesen konnten. Lange Zeit hindurch wurde in jenen Büchern, die sich an ein weniger gelehrtes Publikum, darunter auch viele Frauen, wandten, Hebräisch mit Italienisch vermischt. Italienische Texte wurden oft in hebräischen Lettern geschrieben.

Das römische Ghetto nach venezianischem Vorbild

Die päpstliche Bulle aus dem Jahr 1555, mit der Papst Paul IV. die Einrichtung des Ghettos in Rom nach dem Vorbild des ersten Ghettos der Welt, das seit 1516 im Sestiere Cannaregio in Venedig bestand, anordnete, stellt einen plötzlichen Bruch in der traditionellerweise ruhigen Koexistenz von Juden und Christen in Rom dar.

In Venedig taucht der Begriff *geto* zum ersten Mal 1414 in einer Akte auf. 1555 gebrauchte Papst Paul IV. das Wort in einer Bulle erstmals für ein abgeschlossenes jüdisches Stadtviertel. Gegen Ende des 16. Jahrhunderts hatte sich das Wort Ghetto für abgeschlossene jüdische Wohngebiete in italienischen Städten durchgesetzt. Bis ins frühe 16. Jahrhundert finden sich zwei Schreibweisen – sowohl *geto* als auch *ghetto*.

Die Juden Venedigs mussten bis zum Ende der Republik im Jahre 1796 unter beengten Verhältnissen getrennt von der übrigen Bevölkerung leben, damit waren sie aber gleichzeitig unter besonderen Schutz durch die Republik gestellt. Wie überall im christlichen Europa wurden die Juden mit hohen Steuern und Abgaben belegt. Venedig gewährte ihnen jedoch Schutz vor der Inquisition und vor den auch in der Lagunenstadt immer wieder vorkommenden gewalttätigen Ausschreitungen. Übergriffe von Christen gegen Juden wurden bestraft. An Pogromen gegen seine jüdische Bevölkerung hat sich die Serenissima und ihre Bevölkerung nicht beteiligt. Die venezianische Insel Isola del Ghetto ist die Namensgeberin aller Ghettos. Ihr Name leitet sich wahrscheinlich von dem italienischen Begriff *geto* für Gießerei ab, waren die Juden doch in das Viertel der ungeliebten Eisengießer in Venedig gezwungen worden.

Die päpstliche Bulle »Cum nimis absurdum« zwingt die Juden in enge räumliche Grenzen

In der Bulle »Cum nimis absurdum« setzte Papst Paul IV. (mit bürgerlichem Namen Gian Pietro Carafa, aus neapolitanischer Familie stammend) am 14. Juli 1555, nur zwei Monate nach seiner Wahl zum Papst, die Lebensbedingungen der Juden im Kirchenstaat fest. Die Bulle bestimmte die Einrichtung des römischen Ghettos nach dem Vorbild des venezianischen – 39 Jahre, nachdem dieses als erstes Ghetto eingerichtet worden war. Im gesamten Bereich des Kirchenstaates sollte eine strenge Trennung der jüdischen Bevölkerung von den Christen erfolgen. In jedem Ghetto durfte nur eine Synagoge existieren, keine weiteren durften eingerichtet werden. Diese Vorgabe wurde jedoch nicht befolgt, existierten doch in der zweiten Hälfte des 16. Jahrhunderts mehrere Synagogen in und außerhalb des Ghettos, wie Carla Benocci in ihrer Baugeschichte des Ghettos feststellt. Im Jahr 1566 ordnete Pius V. die Schließung aller noch existierenden Synagogen an. Etwas später bestimmte der Papst, dass die Cinque Scole, die Fünf Synagogen, in einem Gebäude zusammengefasst würden.

Den Juden wurde das Eigentum an Immobilien verboten; wenn sie welche besaßen, mussten sie diese umgehend an Christen verkaufen. Auch die Berufswahl wurde für Juden stark eingeschränkt. In der zweiten Hälfte des 16. Jahrhunderts schickte sich Rom an, zum Zentrum der katholischen Gegenreformation zu werden. Im Gegensatz zur Politik auf der Iberischen Halbinsel, die die Vertreibung der Juden in den Blickpunkt rückte, entschieden sich die Päpste für eine Politik der Segregation und für den Druck zur Assimilation und Konversion.

Ungefähr drei Hektar maß das Ghetto, trapezförmig, 270 Meter entlang des Tibers, an der gegenüberliegenden Seite 180 Meter und ungefähr 150 Meter tief. Eine Mauer wurde errichtet, die die Via del Portico d'Ottavia (damals Via Pescaria) in zwei Hälften teilte. 2.000 Juden wurden 1555 in Rom im Ghetto eingeschlossen. Sie durften während der Nacht das Ghetto nicht verlassen. Nur von Sonnenaufgang bis Sonnenuntergang war es den Juden erlaubt, die Tore des Ghettos zu durchschreiten. Wie bei allen päpstlichen Bullen ist der heute gebräuchliche Titel das Incipit, die Anfangsformulierung des Textes: »Cum nimis absurdum et inconveniens existat, ut Iudaei, quos propria culpa perpetuae servituti submisit [...]« (Da es überaus unangebracht und unpassend ist, dass die Juden, die ihr eigenes Vergehen zu ewiger Knechtschaft verdammt hat [...]).

Abb. 1: Ansicht der Ripa Giudea, des Kais der Juden, um 1880.

Im Mittelalter war die politische und wirtschaftliche Bedeutung der jüdischen Bevölkerung von Rom angewachsen, sie waren in Handwerk und Handel tätig. Auch aufgrund der gleichzeitig stattfindenden protestantischen Reformation will der Papst die Juden zur Konversion drängen, indem er ihre Lebensbedingungen in Rom erschwert. Hohe Mauern mit zunächst nur zwei Toren wurden unter Leitung des Architekten Giovanni Sallustio Peruzzi errichtet. Die Kosten von 300 römischen Scudi mussten von der jüdischen Gemeinde aufgebracht werden. Die Mauer führte vom Ponte Fabricio zum Portikus der Octavia und über die Via del Portico d'Ottavia zur Piazza Giudea und führte dann entlang des Vicolo Cenci wieder zum Tiber. Im Laufe der Jahrhunderte gab es drei bis acht Tore zum Ghetto. Der Tiber blieb lange eine Begrenzung, an seinem Ufer befanden sich lange hohe Gebäude, die nach der Emanzipation der römischen Juden abgerissen wurden. Immer wieder kam es zu Überflutungen des zunächst noch nicht regulierten Tiberufers.

Im 19. Jahrhundert ließ Papst Leo XII. das Ghetto um den Bereich zwischen der Via del Portico d'Ottavia, Via della Reginella, Piazza

Mattei und Via di Sant'Ambrogio erweitern. Auch ein Teil der Via di Sant'Angelo in Pescheria kam dazu. Diese Erweiterung blieb beim Neubau der Gebäude nach der Auflösung des Ghettos zu Ende des 19. Jahrhunderts intakt, während die Häuser des ursprünglichen Teils des Ghettos sowie auch jener Teil, der in einer früheren Erweitung durch Sixtus V. 1589 entstanden war, abgerissen wurde. Es gab fünf Zugänge zum Ghetto, die bis 1848 durch Tore verschlossen blieben. Papst Pius IX. ließ die Tore öffnen, doch die Regel, dass die Juden bei Sonnenuntergang zurückkehren mussten, blieb bestehen. Im Ghetto gab es lange Zeit kein fließendes Wasser, es wurde regelmäßig vom Tiber überschwemmt. Erzählt wird, dass die Bewohner der Gassen direkt am Tiber bei Überschwemmungen Tische aufstellten, auf denen sie trockenen Fußes gehen konnten.

Im Morgengrauen verließen viele Männer das Ghetto, um den Berufen, die sie ausüben durften, nachzugehen; derweil zogen die Frauen in den engen Gassen des Ghettos ihre Kinder auf. Während in Venedig, Florenz, Ferrara und Turin die Gebäude der jeweiligen Ghettos noch erhalten sind, hat der Neubau nach der Emanzipation in Rom die Erinnerung an das ursprüngliche römische Ghetto auf Bilder und Darstellungen beschränkt. Nur die Erweiterung zwischen Vicolo Sant Ambrogio, Via della Pescheria, Piazza Mattei und Via della Reginella kann heute noch eine Vorstellung davon geben, wie das Ghetto einmal ausgesehen haben mag.

Paradoxerweise ist das römische Ghetto trotz seines Abrisses fest verankert im kollektiven Gedächtnis der Stadt. Es bleibt im Sprachgebrauch der Medien und der Nichtjuden ebenso wie in jenem der Juden, die den Begriff Ghetto jedoch mitunter durch »Piazza« ersetzen, mit dem sie sich auf die alte Piazza Giudia beziehen. Die Mauern vermochten die Verbindung zwischen dem Ghetto und der Stadt nicht zu unterdrücken. Die Verbindung war durch das gemeinsame Leben gekennzeichnet sowie durch die Aufmerksamkeit von Seiten der Kirche und andererseits die Aufmerksamkeit gegenüber der christlichen Lebenswelt von Seiten der Juden.

Die Autorin Marina Caffiero bezeichnet die Errichtung der Ghettos als ein Trauma für die jüdische Gemeinde. Die Wohnbedingungen waren schlecht. Aufgrund der Lage wurde das römische Ghetto oft vom Tiber überschwemmt. Den Juden wurde verboten, Grundbesitz zu erwerben und für die Zahl der Anwohner war die Größe des Ghettos zu beschränkt. Wegen der beengten Situation und der hygienischen Mängel starben viele Juden auch an Seuchen und Krankheiten. Im Laufe der Jahrhunderte zeigten die Päpste gegenüber den Juden ein ambivalentes Verhalten, ab der Mitte des 16. Jahrhunderts neigte sich die Waagschale immer weiter zu Gunsten der christlichen Bevölkerung.

Die Struktur innerhalb der jüdischen Familien blieb in den Ghettos erhalten. Die Familien waren Zwei-Generationen-Verbände; die Eltern arbeiteten als eine wirtschaftliche Einheit, in der patriarchale Autorität nicht leicht festgestellt werden konnte, da die Rechte der Frauen ganz genau definiert waren. Sie konnten nicht nur über die Finanzen verfügen (was in Notariatsakten belegt ist), sondern auch im Gericht eigenständig als Klägerinnen auftreten. Frauen wählten ihre Ehepartner oder verwehrten sich zumindest gegen die ihnen vorgeschlagenen Partner nach freiem Willen, was eine sozialen Durchlässigkeit der Gesellschaft zur Folge hatte, die vor allem im Vergleich mit den gleichzeitigen Gegebenheiten innerhalb der finanzkräftigeren Teile der christlichen Gesellschaft hervorzuheben ist. In der christlichen Gesellschaft des Mittelalters hatte sich die Familie zu einer patriarchalen entwickelt, in der die Männer Besitz und Personen kontrollierten.

Die Bullen »Hebreorum gens sola« und »Caeca et obdurata«

1569 wies Papst Pius V. mit der Bulle »Hebreorum gens sola« alle Juden aus dem Kirchenstaat aus, mit Ausnahme von Rom und Ancona. 1593 legte Klemens VIII. in der Bulle »Caeca et obdurata« fest, dass nur drei Ghettos innerhalb des Kirchenstaates bestehen sollten: Rom, Ancona und Avignon. Alle Juden mussten innerhalb von drei Monaten sämtliche Orte des Kirchenstaates, die außerhalb der drei angeführten lagen, verlassen. Im Jahr darauf legte derselbe Papst jedoch fest, dass Juden aller Nationen, die ihren Wohnsitz in Ancona hatten, sich frei im Kirchenstaat bewegen durften, um ihren Geschäften nachzugehen, und dass sie von niemandem angegriffen werden durften. Die Juden von Ancona bekamen also die Erlaubnis, sich überall im Kirchenstaat aufzuhalten, auch wenn es kein Ghetto gab, jedoch nur mit einer Bewilligung der örtlichen Autoritäten. Diese Privilegien für Ancona sind sehr wichtig, zumal die Stadt die zweitbedeutendste im Kirchenstaat war. Eine Sonderstellung wurde auch jenen Juden, die ihren Wohnsitz in Livorno hatten, zugestanden. Diese Privilegien bestanden 200 Jahre hindurch.

Dennoch gilt es festzustellen, dass die päpstlichen Bullen Konversionen, Vertreibungen und Fluchtbewegungen nach sich zogen. Wie der Religionswechsel mitunter aus Opportunismus vor sich gegangen sein mag, schildert Sam Waagenaar in seiner Geschichte der Juden Roms: »Es gab viele Arten, um die Taufe zum eigenen Vorteil zu verwenden oder zum Nachteil anderer. Wenn ein Jude unzufrieden war, weil seine Frau die Scheidung nicht akzeptieren wollte, konnte er zur katholischen Kirche überwechseln, die für solche Fälle sehr empfänglich war. Wenn die Frau ihm auf diesem Weg nicht folgen wollte, weil sie ihn aus religiöser Sicht für falsch hielt, konnte die Kirche die Ehe für aufgelöst erklären, weil Mischehen verboten waren und der Ehemann inzwischen Katholik. Auf diese Weise eroberte man eine Seele, brach das Herz einer Frau und der Mann konnte sich zurücklehnen und fortan glücklich und zufrieden außerhalb des Ghettos wohnen.«

Die Emanzipation der Juden und die Gründung des Staates Italien

In den Jahren 1796 und 1797 eroberten französische Heere Italien. Die Truppen der revolutionären Franzosen brachten für die Juden in Rom die rechtliche und politische Gleichstellung mit den übrigen Bürgern. Eine Römische Republik wurde als »Schwesterrepublik« der Franzosen errichtet, die unterdrückenden päpstlichen Bestimmungen wurden aufgehoben. Im Handumdrehen wurden aus an den Rand der Gesellschaft gedrängten ghettoisierten Juden gleichberechtigte Citoyens. 1809 wurde Rom von Napoleon für Frankreich annektiert, die Juden wurden Angehörige des Empire. Neue Berufsfelder eröffneten sich ebenso wie die Möglichkeit, außerhalb der Ghettos Häuser und Geschäfte zu erwerben. Sozialer Aufstieg und ein Ende des seit 1555 andauernden Apartheid-Zustandes wurden greifbar. Nach dem Ende der napoleonischen Herrschaft mussten Juden jedoch wieder ihren außerhalb des Ghettos gelegenen Besitz veräußern und ihre Läden auf der Via del Corso schließen. Beim Abzug der Franzosen fielen Plünderer über das Ghetto her und beraubten Geschäfte und Wohnungen. Für Juden offen blieben wiederum nur mehr wenig ertragreiche

Abb. 2: Das alte Ghetto wird abgerissen.

Berufsfelder wie Trödelhändler, Lumpensammler und Flickschuster, Wasser- und Lastträger, Laufburschen und Hausierer.

Unter Leo XII. wurden erneut Sonderbestimmungen in Kraft gesetzt. Grundbesitz wurde verboten, der Wohnsitz musste im Ghetto sein, Tribut an die Casa dei Catecumeni abgeführt werden, der Talmud wurde im Index der verbotenen Bücher bestätigt, die Zwangspredigten durchgeführt. Auf die Einhaltung der im »Corpus iuris canonici« enthaltenen Verbote wurde wieder gepocht: Juden durften nicht mit Christen essen und trinken, nicht unter einem gemeinsamen Dach wohnen, keine vertraulichen Gespräche führen, nicht untereinander heiraten. Jüdische Familien durften keine christlichen Dienstboten beschäftigen und Juden keine öffentlichen Ämter mehr bekleiden. 1823 wurde ein jüdischer Händler, den die Inquisition der Gotteslästerung beschuldigte, gefoltert und während des Purim-Festes auf der Piazza di San Carlo ai Catinari an den Pranger gebunden.

1848 fand eine neuerliche internationale Revolution statt, die Mauern des römischen Ghettos wurden niedergerissen. Zwei Jahre später ließ Papst Pius IX. sie jedoch wieder aufbauen. Auf ihre vollen

Bürgerrechte mussten die Juden von Rom aber warten, bis die Herrschaft der Pontifizes dem neuen italienischen Staat wich. Erst nach dem Fall des Kirchenstaates, dem damit einhergehenden Ende der weltlichen Herrschaft der Päpste über Rom, der Gründung des italienischen Nationalstaats im Zuge des Risorgimento und der Wahl von Rom zur Hauptstadt 1871 wurde das Ghetto aufgelöst. Viele der alten Häuser wurden abgerissen, um ein bauliches Zeichen der Befreiung zu setzen. Auch das Gebäude, worin sich die fünf Scole, die Synagogen, des Ghettos befunden hatten, wurde abgetragen. Viele jüdische Familien zogen aus dem Ghetto in andere Gegenden der Stadt auf der Suche nach einem neuen freien Leben. Als Symbol des neu gewonnenen Status als gleichberechtigte Bürger errichtete die jüdische Gemeinde Ende des 19. Jahrhunderts an der Stelle des alten Ghettos die weithin sichtbare und an drei Seiten von einem Garten flankierte Große Synagoge (vgl. S. 45–48).

Die Zeit des Nationalsozialismus und Pius XII.

Am 26. September 1943 erpresste Herbert Kappler, der die Sicherheitspolizei und den Sicherheitsdienst des Reichsführers SS in Rom befehligte, unter der Behauptung, dass keine Verhaftungen durchgeführt würden, von den Gemeindevorstehern 50 Kilogramm Gold. Das Gold wurde aufgebracht und übergeben, die Deportationen dennoch durchgeführt. Dokumente in den vatikanischen Archiven belegen, dass der Vatikan darüber informiert war, dass die »deutsche Polizei« von den Juden 50 Kilogramm Gold verlangte. Renzo Levi, der Präsident der jüdischen Hilfsorganisation DELASEM, und der Oberrabbiner Israel Zolli kamen in den Vatikan, um Papst Pius XII. um Hilfe zu ersuchen.

Der Regisseur Carlo Lizzani erzählte im Jahr 1961 in seinem Film »L'oro di Roma« (Das Gold von Rom) von der trügerischen Hoffnung der Gemeinde, den fieberhaften Aktivitäten, die Gold-Zahlungen aufzubringen, und vom Verrat, der auf die Versprechungen von Seiten der Deutschen folgte.

Im Morgengrauen des 16. Oktober 1943 fielen die nationalsozialistischen Besatzer in den Wohnungen der jüdischen Bevölkerung Roms ein. Anhand der Listen, die sie in der Kultusgemeinde eingezogen hatten und auf denen die Mitglieder der Gemeinde verzeichnet waren, gingen Gestapo-Leute von Haus zu Haus und nahmen Gefangene. 50 Prozent der Deportierten wurden im Ghetto festgenommen, die andere Hälfte in den weiteren Stadtvierteln. Heute erinnern Stolpersteine, welche in das Straßenpflaster vor vielen Häusern eingefügt sind, an die Deportation und die Ermordung ihrer Bewohner (vgl. S. 69).

»Im Moment der deutschen Besatzung war ein ganz großes Thema: Was passiert mit dem Papst?«, sagt Martin Baumeister, Direktor des Deutschen Historischen Instituts in Rom. »Es gab Gerüchte, dass die Deutschen planten, den Papst zu entführen, das hat man aus taktischen Gründen nicht gemacht.« Bis heute ist die Frage des Verhaltens von Pius XII. und dem Vatikan gegenüber der Shoah und insbesondere der Deportation in Rom ein großes Thema in der Debatte, ein Kampfplatz, wo es um sehr viel geht, um die Rolle des Papstes im Allgemeinen und ganz besonders um diese sehr zwiespältige Figur von Pius XII. Spätestens seit den Diskussionen um Rolf Hochhuths Schauspiel »Der Stellvertreter« Anfang der 1960er Jahre steht das auf der Agenda ganz oben. Bei aller Wichtigkeit entscheidet die Frage aber nicht über den Ablauf der Shoah. Man muss sich eher in die Logik der Akteure hineinversetzen und »hier sieht man auch ein grenzenloses Versagen der Kurie gegenüber einem Gegenspieler wie den Nazis, weil man dachte, man kommt mit einem diplomatisch-juristischen Denken gegen einen solchen Widerpart an.«

Als am 16. Oktober 1943 die Nachrichten von der Deportation in den Vatikan gelangen, gibt es eine Schlüsselszene: Der oberste Politiker des Vatikan, Staatssekretär Kardinal Luigi Maglione, beruft den Vatikan-Botschafter Ernst von Weizsäcker ein, um ihn zu bitten, Einfluss zu nehmen, dass diese Deportationen abgestellt werden. Daraufhin reagiert Weizsäcker sogar mit verhüllten Drohungen, mit Andeutungen, dass, wenn der Papst öffentlich Protest einlegen würde, sich die Befürchtung der Deutschen bestätigen würde und es nicht weiter formulierte Konsequenzen gäbe. Maglione lässt sich schließlich mit dem ganz vagen Versprechen abspeisen, dass Weizsäcker etwas für die, wie Maglione sagt, »armen Juden« tun würde. Es gibt also eine Mischung aus einem tiefverwurzelten Vorbehalt – zum Teil auch Antijudaismus und Antisemitismus – auf katholischer Seite und einer Unbedarftheit oder auch Borniertheit zu denken, dass die Nazis sich auf solche Appelle hin überhaupt bewegen würden. Seitens des Vatikan dachte man, einen kleinen Erfolg erzielt zu haben, als von den fast 1.300 Festgenommenen im Collegio Militare in Trastevere 250 Personen freigelassen wurden. Man glaubte, das sei aufgrund dieser Zusage von Weizsäcker passiert. Das ist nicht der Fall, wie man jetzt weiß. Es gab klare

Anweisungen aus Berlin, die Adolf Eichmanns Judenreferent, Theodor Dannecker, mitgebracht hatte, dass bei der Deportation Juden aus sogenannten Mischehen, die mit »Ariern« verheiratet waren, und Juden, die mit Nichtariern verheiratet waren, Kinder aus solchen Ehen und auch Ehepartner nicht zu berücksichtigen seien. Diese Menschen wurden freigelassen, und der Vatikan hat sich fälschlicherweise diese Freilassungen zugeschrieben.

Bis heute schmerzt es die jüdische Gemeinde Roms, dass Papst Pius XII. ihr die Hilfe verweigerte. Als Papst Benedikt XVI. im Januar 2010 die Gemeinde besuchte, lautete der ausdrücklich vorgebrachte Wunsch des Vatikan, man möge nicht auf Pius XII. zu sprechen kommen. Der Präsident der jüdischen Gemeinde Roms, Riccardo Pacifici, sprach das Verhalten des Papstes dennoch an und sagte, dass Papst Pius wenigstens »ein Wort des Trostes und der menschlichen Solidarität an all jene unserer Brüder und Schwestern, die in die Öfen von Auschwitz transportiert wurden«, hätte richten können.

Die Historikerin Anna Foa macht zugunsten Pius XII. geltend, dass geheime diplomatische Interventionen von Seiten des Vatikan zum Schutz der Juden stattgefunden hätten. Für diese These spricht, dass nach der Deportation der über 1.000 Mitglieder der Gemeinde am 16. Oktober 1943 keine weiteren Großrazzien mehr folgten, obwohl die Listen aller Gemeindemitglieder den nationalsozialistischen Besatzern vorlagen. Zudem gewährten die katholischen Institutionen der Stadt mit dem Einverständnis des Papstes den Juden Schutz und Unterkunft.

Mit seinem Theaterstück »Der Stellvertreter« thematisierte der deutsche Autor Rolf Hochhuth 1963 die Haltung des Vatikan in der Shoah. Bis heute hat das Hochhuth-Drama die negative Rolle Pius XII. im öffentlichen Bewusstsein in Deutschland verankert. Hochhuths Darstellung in seinem »christlichen Trauerspiel« ist einseitig und stellte eine Provokation dar. In der wissenschaftlichen Forschung wurde inzwischen aufgrund des Quellenstudiums eine differenziertere Sichtweise der Möglichkeiten und Taten des Papstes erarbeitet. Thomas Brechenmacher, Professor für deutsch-jüdische Geschichte an der Universität Potsdam, hat das jüngste Standardwerk zu dem Thema geschrieben. Brechenmacher spricht im Zusammenhang mit Hochhuths Darstellung von einer »Geschichtsklitterung«. Kritisiert wird allerdings, dass Brechenmacher in seinem 2005 erschienenen Buch »Der Vatikan und die Juden. Geschichte einer unheiligen Beziehung« eine sehr vatikanfreundliche Position einnimmt. Indessen verzögert sich die Öffnung der Vatikanischen Archive in Hinblick auf die Akten aus dem von 1939 bis 1958 dauernden Pontifikat Pius XII., die weiteren Aufschluss über die Politik des Papstes geben können.

Zur Erinnerungskultur

Das hebräische Wort Shoah bezeichnet die Katastrophe, den Untergang und die Zerstörung. Nach dem Zweiten Weltkrieg ist zunächst in Italien und in Rom nur wenig an der Entwicklung einer Erinnerungskultur gearbeitet worden. Das ändert sich signifikant in den 1990er Jahren. Nun beginnt eine Besinnung auf den kulturellen, gesellschaftlichen und sozialen Kahlschlag, den die Razzia im Ghetto und die anderen brutalen Übergriffe der deutschen Nationalsozialisten und der italienischen Faschisten im Gewebe der Stadt und im Leben der Familien verursacht haben.

Schon das Zweite Vatikanische Konzil hatte, Papst Johannes XXIII. folgend, die Erklärung »Nostra Aetate« (In unserer Zeit) hervorgebracht, die den alleinigen Wahrheitsanspruch des Christentums beendete und anderen Religionen zugestand, auch von Gott inspiriert zu sein. Die Kreuzigung Jesu, so »Nostra Aetate«, könne weder den damals lebenden Juden noch den heutigen zur Last gelegt werden.

Am 16. März 1998 veröffentlichte die Vatikanische Kommission für die religiösen Beziehungen zu den Juden nach zehnjähriger Arbeit das Dokument »Wir erinnern uns: Nachdenken über die Shoah«, eine Stellungnahme, die laut Papst Johannes Paul II. »wichtig für Kirche und Welt« sei, denn die Shoah sei »eine Warnung, ein Zeugnis und ein stiller Schrei für die ganze Menschheit«. Im selben Jahr erfolgte auch die Heiligsprechung von Edith Stein (vgl. S. 113). Verbindend wirkte auch der Israel-Besuch von Johannes Paul II. im Heiligen Jahr 2000.

Auch Papst Franziskus besuchte Israel, und zwar im Mai 2014. Auf der Rückreise äußerte er sich auch zum laufenden Seligsprechungsverfahren für Pius XII. So lange ein Wundernachweis fehle, bleibe der Prozess offen, so Franziskus.

Der Wirtschaftsboom in Italien und Rom

In den 1960er Jahren erlebte Italien einen nie gekannten wirtschaftlichen Aufschwung. Die Stadt Rom boomte, ihre Bewohner wollten in die rasch hochgezogenen neuen Viertel umziehen. Viele Juden zogen aus dem Ghetto und verkauften ihre dortigen Wohnungen. Die Gegend um die Piazza Bologna, die Stadtviertel Monteverde und Parioli waren nun begehrte, als modern gerühmte Wohnbezirke. Inzwischen hat sich das Blatt und der Geschmack jedoch wieder gewendet, das historische Zentrum Roms ist wieder zu einem attraktiven Wohnort geworden, was sich auch in den Immobilienpreisen widerspiegelt.

Einwanderer aus Libyen

Libyen befand sich seit 1911 unter italienischer Herrschaft. In einer Volkszählung im Jahr 1931 wurden 25.103 Juden erfasst. Bereits seit rund 2.500 Jahren sind jüdische Bewohner im heutigen Staatsgebiet Libyens dokumentiert. 1931 stammte der Oberrabbiner von Tripolis wie viele weitere Rabbiner aus Italien. Die 1938 eingeführten antijüdischen Gesetze wurden vom Gouverneur Libyens, Italo Balbo, zunächst nicht umgesetzt. Im Laufe des Zweiten Weltkrieges verschlimmerte sich die Situation mit Internierungen, Zwangslagern, Hunger, Seuchentod und Fluchtbewegungen.

Nach dem Sechstagekrieg 1967 wurde der Großteil der Juden aus Libyen evakuiert. Unter dem Diktator Muammar al-Gaddafi zog die letzte noch in Libyen verbliebene Jüdin 2003 nach Rom. Die Nachkommen der libyschen Juden leben heute vor allem in Israel und in Italien. In Rom hat sich eine beachtliche libysche jüdische Gemeinde herausgebildet, die *Tripolini*.

DER XI. RIONE – SANT'ANGELO

Der elfte von 22 *rioni* ist der kleinste *rione* von Rom. Er befindet sich zwischen dem heutigen Largo Argentina und dem Tiber. Der Begriff *rione* für die historisch gewachsenen Stadtteile hat heute keine administrative Bedeutung mehr, wohl aber ist er in der kollektiven Topographie der Römer eingeschrieben. *Rione* geht auf die *regiones* zurück, in die Kaiser Augustus die Stadt im Jahr 7 v. Chr. einteilte. Der Name Sant'Angelo ist von der gleichnamigen Kirche in Pescheria abgeleitet. Einen großen Teil des *rione* nimmt der Bereich des ehemaligen Ghettos ein.

Das Ghetto

Für die jüdische Bevölkerung Roms, die größte jüdische Gemeinde Italiens, die heute über die ganze Stadt verteilt lebt, ist das Ghetto nach wie vor ihr kultureller und emotionaler Bezugspunkt. Es ist der Ort des kollektiven Gedächtnisses. Hier finden sich die jüdischen Familien abends und für Feste zusammen. Das Ghetto, dessen Kern rund um die Via del Portico d'Ottavia auch einfach *La Piazza* genannt wird, ist zu einem der touristischen Hotspots der Stadt geworden – für Reisende aus den USA und Israel ebenso wie für interessierte Kulturtouristen aus aller Welt.

Noch im Jahr 1943 waren die Gebäude des Ghettos vor allem und fast ausschließlich von Juden bewohnt. Die älteren Menschen und die Frauen stellten ihre Sessel auf die Straße, um sich auszutauschen, über die Nachbarn zu tratschen oder das Gemüse zu putzen. Es war eine Gesellschaft, die vieles mit dem dörflichen Leben in den ländlichen Regionen Italiens gemeinsam hatte, auch weil im Ghetto viele der ärmsten jüdischen Einwohner Roms ansässig waren. Die wohlhabenderen waren in das Viertel am Esquilin gezogen, wo 1914 die Synagoge in der Via Cesare Balbo errichtet worden war. Noch armseliger jedoch als im Ghetto waren damals wohl die Lebensbedingungen der Juden, die jenseits des Tibers in Trastevere wohnten.

Ferdinand Gregorovius, deutscher Schriftsteller und Historiker in Italien, beschrieb das Ghetto in der zweiten Hälfte des 19. Jahrhunderts folgendermaßen: »Zusammengedrängt in einem dumpfen und traurigen Winkel Roms, welchen der Tiberfluß von Trastevere scheidet,

Abb. 3: Im Ghetto zwischen 1860 und 1870.

wohnt hier seit alten Zeiten, gleichsam von der Menschheit ausgestoßen, das römische Judenvolk. […] [S]eine Geschichte [ist] die der fast unbegreiflichen Hartnäckigkeit einer kleinen Sklavengemeinschaft im Dulden eines von Geschlecht zu Geschlecht sich fortsetzenden Drucks.«

Im Bereich des Ghettos befinden sich noch viele bauliche Überreste aus dem republikanischen Rom und jenem der Kaiserzeit. In der Antike entstanden auf dem Gebiet die Porticus Philippi, die Porticus Octaviae, das Theatrum Marcelli, der Circus Flaminius und die Aedes Castoris et Pollucis.

1945 lebten von den insgesamt 11.000 Juden Roms etwa 6.000 im Ghetto, einem ungefähr 250 mal 230 Meter großen Areal. 2018 wohnen dort laut einer Gemeindestatistik nur noch 700 Juden. Doch die wichtigsten Institutionen der jüdischen Gemeinde sind im Ghetto verblieben, woran sich auch so schnell nichts ändern wird. Die größte Synagoge Roms, der Tempio Maggiore, der Große Tempel (vgl. S. 45–48), befindet sich dort, ebenso die Verwaltungs- und Rabbinatsgebäude der jüdischen Gemeinde. »Die jüdische Gemeinde von Rom ist die älteste der Diaspora. Es gibt Familien, die noch zur Zeit der alten Römer hierher gekommen sind. Es ist also die älteste jüdische Gemeinde der Welt, einmal abgesehen von Israel natürlich«, erzählt Mario Venezia, der Präsident der Fondazione Museo della Shoah (Stiftung Museum der Shoah) in Rom.

Das Ghetto erlebt gerade eine Gentrifizierung. Die Häuser, deren Bausubstanz teilweise auf Antike und Mittelalter zurückgeht, galten in den vergangenen Jahrzehnten nicht als erstrebenswerte Wohnlagen in Rom. Jetzt sind viele der ehedem heruntergekommenen Häuser renoviert worden, die Gegend avancierte zu einem der Zentren des römischen Nachtlebens, mit trendigen Cafés und Restaurants. Vor kurzem hat die jüdische Gemeinde zwei der drei jüdischen Schulen von Trastevere in das große Schulgebäude im Ghetto verlegt. »Jetzt gibt es viele junge Menschen hier. Nach der Schule bevölkern sie die Straßen, wo vorher nur alte Menschen zu sehen waren, aber wir müssen uns leider dem Problem der Sicherheit stellen«, sagt Mario Venezia. »Früher haben die Eltern, wenn sie ihre Kinder in die Schule gebracht haben, diese nur schnell aus dem Auto springen lassen und sind weitergefahren. Jetzt aber parken sie in der Nähe der Synagoge, besuchen die Geschäfte und die koscheren Restaurants. Der neue Sitz der Fondazione Museo della Shoah wird sich in diesen Kontext einfügen. Das ist eine lebendige Gegend, eine Gegend mit Kulturangebot, gut besucht von Touristen, die wegen der Küche hierherkommen und wegen der Produkte, die hier zu finden sind.«

In der Schule in der Via del Tempio, wo sich auch die Große Synagoge von Rom befindet, singen Kinder hebräische Lieder. Ein Liberty-Gebäude steht gleich am von hohen Platanen flankierten Tiberufer. Soldaten in Tarnanzügen und mit Maschinengewehren in der Hand bewachen demonstrativ Schule und Synagoge. Im zweiten Stock der Synagoge hat Riccardo Shemuel Di Segni seine Büroräume. Er ist der Oberrabbiner von Rom. Er war Arzt, Primarius für Radiologie im Krankenhaus San Giovanni, und gleichzeitig auch Rabbiner. Im Jahr 2001, als sich Elio Toaff mit 86 Jahren aus dem Amt zurückzog, begann Di Segni dieses ›Abenteuer‹, wie er es nennt. »Mein Vater war Arzt«, erzählt er, »es gelang ihm aus Rom zu fliehen, an dem Tag, als die Nazis den Juden die Zahlung von 50 Kilogramm Gold auferlegten.« Mosè Di Segni floh in die Marken und hielt sich in einem Dorf versteckt, gemeinsam mit seiner Frau und den beiden Kindern. Er schloss sich

Abb. 4: Nähende Frauen in einer Straße im Ghetto.

Die Lebensbedingungen der Juden vor und nach ihrem teilweisen Einschluss im Ghetto

Die Einrichtungen der Gemeinde blieben auch nach dem Einschluss im Ghetto erhalten. Das Bewusstsein, welch tiefgreifenden Einschnitt die Bestimmung bedeutete, erwuchs jedoch erst nach und nach. Lange Zeit wurde das Ghetto als eine vorübergehende Einrichtung betrachtet. Es herrschte die Ansicht vor, dass mit einem Wechsel der Pontifikate oder mit einer Steuererhöhung zugunsten der Kurie die Geschichte des Ghettos bald abgeschlossen sein würde. Tatsächlich jedoch war der Zustand der teilweisen Inhaftierung, verbunden mit zahlreichen Unterdrückungsmaßnahmen, eine radikale Unterjochung, die drei Jahrhunderte lang andauerte.

Die Lebensbedingungen wurden Schritt für Schritt verschlechtert. 1682 wurde die Schließung der jüdischen Banken verfügt. Dadurch ging der durchschnittliche Geldbesitz der Juden im Ghetto von 125 auf 49 Scudi zurück. Hatte zu Ende des 16. Jahrhunderts der Anteil an Armen in der jüdischen Gemeinde noch 40 Prozent betragen, so stieg er bis ins 19. Jahrhundert auf 65 Prozent. Jüdische Bruderschaften bildeten ein soziales Netzwerk, welches die ärgsten Auswüchse der Armut aufzufangen suchte. In Krankheitsfällen wurde geholfen, Mädchen wurde eine bescheidene Aussteuer zuerkannt und für Bestattungen wurde gesorgt.

Die Armut erwuchs nicht allein aus den sozialen Gegebenheiten, sondern war Teil einer Strategie der katholischen Kirche, die Konversionen zu forcieren, so Anna Foa, die an der römischen Universität La Sapienza Geschichte der Neuzeit unterrichtete. Im Laufe des 17. Jahrhunderts wurden in der Casa dei Catecumeni, der kirchlichen Einrichtung für die Konversionen, rund zehn Taufen pro Jahr registriert. Im 18. Jahrhundert waren es einige mehr. Etwa drei bis fünf Prozent jeder Generation von Juden im Ghetto gaben dem Konversionsdruck nach und wechselten zum katholischen Glauben. Der Gemeinde selbst blieb nichts anderes übrig, als intern die Verbindungen und Strukturen zu festigen, um diesem Trend entgegenzuwirken. Durch diese Verhärtung der Fronten wurde das soziale Gefüge innerhalb des Ghettos über lange Zeit ein besonders vereinheitlichtes. Diese Entwicklung zog eine gewisse Unflexibilität nach sich, welche eher negative Auswirkungen zeitigte. Unfähigkeit zur Innovation und Verschlossenheit waren die Folgen. Auf diese Weise gelang es der Kirche zwar nicht, die Konversionen durchzusetzen, aber die Gemeinde zu einem Stillstand, wenn nicht gar zur Rückschrittlichkeit zu verdammen.

Für die Juden selbst wurde das Ghetto zu einem besonderen Bereich, sehr kontrolliert und sehr unter Druck, wo es jedoch auch gestattet war, sich frei zu bewegen, ein Leben mit der Gemeinschaft zu führen und sogar »gutes Recht« zu bekommen, denn die kirchlichen Gerichte dehnten ihre Hoheit nicht über die jüdische Gemeinde aus. Es gab keine Judenverfolgungen während der Zeit des Ghettos in Rom. Mehr als 100 Jahre vergingen bis zur Tötung eines Juden: 1736 wurden zwei jüdische Diebe, die im Ghetto tätig waren, mit dem Tod bestraft. Ihr Schicksal unterschied sich nicht von jenem anderer Diebe in Rom zur selben Zeit. Es war vermutlich die jüdische Gemeinde selbst, die die Diebe angezeigt hatte, um nicht zu dulden, dass die Männer die Geschäfte des Ghettos bestahlen. Die Verurteilten wurden von Mönchen aufs Schafott begleitet und nachhaltig zur Konversion gedrängt. Die Mönche hatten weiße Gewänder dabei, die im Falle einer Konversion den Verurteilten übergezogen worden wären.

Manche Historiker sahen das Ghetto wie ein Theater. Was jedoch wäre das Thema des Stückes, wenn man dieser Sichtweise folgen will, fragt Anna Foa in ihrem Buch »Andare per ghetti e giudecche«. Foas Antwort lautet: die Konversion. Die ab dem Ende des 16. Jahrhunderts durchgeführten Zwangspredigten versammelten jeden Samstagnachmittag abwechselnd und verpflichtend ein Drittel der Bevölkerung zu einer antijüdischen Auslegung des Bibeltextes, welcher am Samstagvormittag in der Synagoge vorgetragen worden war. Die Juden schliefen ein oder verstopften ihre Ohren mit Wachs, während sie von den katholischen Aufsehern mit langen Stangen gestoßen wurden, um zum Zuhören gezwungen zu werden. Auf Tribünen wohnten Christen diesem Spektakel bei. Die Metapher des Theaters betont auf diese Weise jenseits der Dramatik auch die Aspekte der Kontrolle und der

Künstlichkeit des Ghettos. Kein natürlicher Lebensraum der Juden, sondern ein für sie ersonnener, um sie zur Konversion zu drängen. Dies gilt für alle Ghettos, besonders jedoch für das römische.

Während sich im 18. Jahrhundert außerhalb des Kirchenstaates einiges in Richtung Modernität entwickelt, gilt diese Tendenz jedoch nicht für das Ghetto in Rom. Mitte des 18. Jahrhunderts wird die Einstellung der Kirche immer feindseliger, immer öfter werden die Juden mit der Moderne gleichgesetzt, die für die Kirche das Böse schlechthin repräsentiert: den Abfall von der Religion, den Laizismus, die Idee von der Gedankenfreiheit. Diese Ideen herrschten im Ghetto nicht vor, doch die Kirche setzte sie mit dem Judentum gleich, in dem sie seit Jahrhunderten ihren Reibebaum gefunden hatte.

1775 verfestigt Pius VI. in einem Edikt die strengsten Normierungen, die für das Ghetto galten. Während der Römischen Republik 1798 bis 1799 wird das Ghetto geöffnet. Ein Baum der Freiheit wird 1798 auf der Piazza delle Cinque Scole errichtet. Unter der Herrschaft Napoleons kommt es zu einer (wenn auch nur sehr kurz dauernden) Emanzipation. In der Restauration werden die Juden wiederum im Ghetto eingeschlossen. Dasselbe geschieht 1848, als erneut für kürzeste Zeit eine Römische Republik errichtet wird. Bis 1870 blieben danach wiederum die strengen Regeln in Kraft. Massimo d'Azeglio berichtet 1848 vom Ghetto als einer formlosen Anhäufung von Häusern und Hütten.

Das Jahr 1870 brachte die Emanzipation, die Freiheit und die Bürgerrechte für die römischen Juden. Die Gemeinde war verarmt und in einer schwerwiegenden internen Krise gefangen, die durch die Befreiung aus dem Ghetto anfangs noch verstärkt wurde. Die Demolierung der baufälligen und ungesunden Wohnhäuser im Ghetto war von der Gemeinde stark forciert worden, um ein deutliches bauliches Zeichen für die Überwindung der Zeit der Unterdrückung zu setzen. Unter den Ärmsten entstand dadurch jedoch Unruhe, chaotische Lebensbedingungen und Verwirrung. Der soziale Aufstieg, den andere Schichten der italienischen Bevölkerung eine Generation zuvor genommen hatten, war aufgrund der rückständigen Bedingungen im römischen Ghetto gebremst. Der Handel blieb die wichtigste wirtschaftliche Ressource.

Die Auswirkungen der Rassengesetze von Mussolini warfen eine erst seit zwei Generationen aus dem Ghetto befreite Bevölkerung wieder stark zurück. Bei der Deportation am 16. Oktober 1943 waren die Hälfte der Menschen Bewohner des alten Ghettos.

einer Partisanengruppe an, wofür er nach dem Krieg mit einer Silbermedaille für den Widerstand ausgezeichnet wurde.

Das nahe Museum der Shoah sähe Riccardo Di Segni am liebsten in der ehemals von Mussolini bewohnten Villa Torlonia – als starkes und sichtbares Signal: »Das Museum der Shoah ist kein Gefallen, der den Juden getan wird, es ist eine Pflicht der Erinnerung. Dadurch stellt es eine Garantie dar für eine ganze Gesellschaft. Es ist ein Instrument der Erinnerung. Italien hat aktiv an der Verfolgung der Juden teilgenommen. Sich an gewisse Aspekte aus der Vergangenheit zu erinnern ist nützlich, um eine bessere Zukunft zu konstruieren.«

Die jüdische Gemeinde von Rom ist seit mehr als 22 Jahrhunderten mit dem Zentrum von Rom verbunden, sie hat sehr spezielle Traditionen und folgt einem ganz eigenen Ritus. Rabbi Di Segni meint, dass aus all diesen Gründen die römischen Juden sehr sensibel seien.

Tempio Maggiore di Roma – der Große Tempel

Lungotevere dei Cenci

Der Große Tempel ist die Hauptsynagoge von Rom und eine der größten in Europa. Ihre Erbauung ist eng mit den politischen und sozialen Veränderungen Roms verbunden, die auf die Einigung Italiens und auf die Wahl von Rom als Hauptstadt im Jahr 1870 zurückgehen. Nach der Unabhängigkeit der Stadt vom Kirchenstaat und der Einrichtung der Verwaltung für die neue Hauptstadt Italiens erlangt die jüdische Gemeinde, die seit Jahrtausenden in Rom ansässig ist, die rechtliche Gleichstellung mit den anderen Bürgern der Stadt. Das Gebäude des Großen Tempels wird damit zu einem Symbol für die Emanzipation und steht für die Entwicklung einer neuen Geisteshaltung innerhalb Roms.

Über den Vorgängerbau des neuen Großen Tempels schreibt Ferdinand Gregorovius in seinem Buch »Wanderjahre in Italien«, in dem er seine Eindrücke der Jahre 1856 bis 1877 zusammenfasst: »Wenn man die Synagoge der Hebräer betritt, sieht man auf ihren Wänden dieselben Skulpturen der Bundeslade, den goldenen Tisch des Tempels, die Jubeljahrstrompete. Ein noch dauerndes und unvertilgtes Judenvolk betet also unter diesen Bildern seiner einst von Titus nach Rom geführten Tempelgefäße zu dem alten Jehovah von Jerusalem. Er war demnach mächtiger als der kapitolinische Zeus.«

Im Zuge des Neubaus veränderte sich – entsprechend der neuen gesellschaftlichen und politischen Rolle, die die jüdische Gemeinde im

Abb. 5: Die Synagoge.

Staat Italien einnimmt – auch die Bezeichnung ihres Heiligtums. Der alte Begriff *sinagoga* oder eigentlich *scola* (vom Wort Schule) wurde in Anspielung auf den Tempel Salomos durch die Bezeichnung Tempel ersetzt.

Für den Neubau bestand die jüdische Gemeinde auf dem Bauplatz an der Stelle des alten Ghettos. Ein anderer Bauplatz an der Piazza Cavour, wo heute der *Palazzaccio*, der von den Römern als »hässlicher Palast« diskreditierte Justizpalast steht, wurde mit der Begründung abgelehnt, dass die historisch-örtliche Kontinuität der jüdischen Präsenz mit dem Bau des neuen Großen Tempels gewährleistet bleiben sollte. 1889 wurde ein Architekturwettbewerb ausgelobt, 1897 kaufte die jüdische Gemeinde den Baugrund von der römischen Kommune. Von 1901 bis 1904 dauerten die Bauarbeiten, die nach Plänen von Vincenzo Costa und Osvaldo Armanni in eklektischem Stil mit assyrisch-babylonischen Elementen ausgeführt wurden. Im Beisein des italienischen Königs Vittorio Emanuele III. wurde das Bauwerk eingeweiht.

Der Grundriss des Tempels bildet die Form eines griechischen Kreuzes, welches nach Osten, in Richtung Jerusalem, ausgerichtet ist. Das von allen Aussichtspunkten der Stadt weithin sichtbare Gebäude wird zum Symbol der Befreiung der jüdischen Gemeinde aus der engen Begrenzung im Ghetto und stellt architektonisch mit seiner gewaltigen viereckigen Kuppel eine Art Gegenstück zur Kuppel von Sankt Peter dar. Die Dekoration des Tempels stammt von dem Liberty-Architekten Cesare Picciarini. Lampen und Fenster sind im Art-Nouveau-Stil gestaltet. Die Malereien verantworten Domenico Bruschi und Annibale Brugnoli, sie wählten geometrische Muster und Blumenornamente. Die Kuppel ist mit einem Regenbogen und mit Abbildungen von Libanonzedern ausgemalt. Damit folgen die Künstler dem biblischen Verbot, Menschen abzubilden. Vor dem Tempel fanden in den Jahren 1967 und 1973 Nachtwachen für den Staat Israel statt.

Am 9. Oktober 1982, kurz vor 12 Uhr Mittag, am Ende der Sabbatfeier verübten fünf palästinensische Terroristen einen Anschlag beim Eingang der Synagoge. Die Attentäter hatten abgewartet, bis die Besucher aus der Synagoge herauskamen, bevor sie Handgranaten zündeten und Maschinengewehrsalven abfeuerten. Sie töteten den zweijährigen Stefano Gaj Taché und verwundeten 37 Personen. Am Eingang der Synagoge wurde eine Gedenktafel für die Opfer angebracht (vgl. S. 49). In seiner Ansprache bei der Amtsübernahme am 3. Februar 2015 erinnerte der italienische Staatspräsident Sergio Matarella an diesen Anschlag: »Italien hat in der jüngeren Vergangenheit den Preis für Hass und Intoleranz bezahlt. Ich will nur an einen Namen erinnern: Stefano Taché, der im Oktober 1982 in einem feigen terroristischen Angriff auf die römische Synagoge getötet wurde. Er war nur zwei Jahre alt. Er war unser Kind, ein italienisches Kind.«

Im Großen Tempel kam es zum ersten Besuch eines Papstes in einem jüdischen Kultort (vgl. S. 60f.). Johannes Paul II. wurde am 13. April 1986 vom Oberrabbiner Elio Toaff empfangen. In seiner Ansprache sagte der Papst, die Kirche Christi entdecke ihre Bindung zum Judentum,

Abb. 6: Attentat auf die Synagoge von Rom am 9. Oktober 1982.

wie in »Nostra Aetate« – der im Zuge des Zweiten Vatikanischen Konzils verabschiedeten Erklärung über die Haltung der katholischen Kirche zu den nichtchristlichen Religionen – festgestellt: »Die jüdische Religion ist für uns nicht etwas ›Äußerliches‹, sondern gehört in gewisser Weise zum ›Inneren‹ unserer Religion. Zu ihr haben wir somit Beziehungen wie zu keiner anderen Religion. Ihr seid unsere bevorzugten Brüder und, so könnte man gewissermaßen sagen, unsere älteren Brüder.« Am 17. Januar 2010 stattete Papst Benedikt XVI. dem römischen Tempel und dem darin untergebrachten jüdischen Museum einen weiteren Besuch ab; am Sonntag, dem 17. Januar 2016 besuchte Papst Franziskus die Synagoge.

Im Großen Tempel wird in einem oberen Stockwerk nach italienischem Ritus gefeiert, darunter nach sephardischem. Im Untergeschoß des Tempels befindet sich auch das Ritualbad, die Mikwe. In der jüdischen Gemeinde von Rom sind alle sozialen Schichten vertreten – von den Straßenhändlern bis hin zu den Professoren. Das ergibt ein vielfältiges Bild jüdischen Lebens. Heute verzeichnet die jüdische Gemeinde von Rom 13.000 eingeschriebene Mitglieder.

Gedenktafel an der Synagoge für die in Rom gefallenen jüdischen Partisanen

Folgende Namen römischer Juden, die während der nationalsozialistischen Besatzung als Partisanen kämpften und starben, werden auf der Gedenktfafel angeführt: Cesare Astrologo, Franco Cesana, Eugenio Colorni, Elena Di Porto, Emanuele Di Segni, Marco Efrati, Eugenio Elfer, Silvia Elfer, Aldo Finzi, Claudio Fiorentini, Leone Ginzburg, Marco Moscati, Mosè Pace, Cesare Piattelli und Enzo Sereni.

Gedenktafel an der Synagoge für die in den Ardeatinischen Höhlen ermordeten Juden

Von den während des Massakers an den Ardeatinischen Höhlen (vgl. S. 173–175) am 24. März 1943 ermordeten 335 Menschen waren 75 Mitglieder der jüdischen Gemeinde.

Gedenktafel an der Synagoge für die während der Shoah ermordeten Juden

Es wird der sechs Millionen jüdischen Opfer der Shoah, der deportierten 8.000 italienischen und 2.091 römischen Juden gedacht.

Gedenktafel an der Synagoge für die Opfer des Terroranschlags vom 9. Oktober 1982

Die Tafel erinnert an den Terroranschlag, dem der zweijährige Stefano Gaj Taché zum Opfer fiel (vgl. S. 47). Nach dem Gebet wurde er getötet und fast 40 Juden verletzt. »Da mani assassine per odio antisemita« (Von Mörderhänden aus Antisemitismus), ist auf der Tafel zu lesen.

Der Garten des Tempels

Lungotevere dei Cenci

In dem Garten, der den Tempel an drei Seiten umgibt, wachsen Pflanzen, die mit der biblischen Überlieferung verbunden sind: Palmen, Olivenbäume und Zedern sowie Rosensträucher und Orangenbäume. Auch eine Sammlung antiker Marmorspolien ist in dem Garten ausgestellt.

Das jüdische Museum in der Synagoge

Lungotevere dei Cenci

Wertvolle Silbergegenstände, polychrome Marmorkunstwerke und kostbare Stoffe – im jüdischen Museum werden Gegenstände präsentiert, die die Juden im Ghetto für ihre Synagogen gestiftet haben. In laufend stattfindenden Führungen wird erklärt, welche Verwendung diesen Gegenständen innerhalb der liturgischen Riten zukommt. Die Galerie der antiken Marmorspolien zeigt eine Sammlung von marmornen Relikten aus dem 16. bis zum 19. Jahrhundert, die von großer Bedeutung für die Geschichte der jüdischen Gemeinde von Rom sind. Manche der marmornen Dokumente sind Vermächtnisse reicher Familien, andere belegen den Erwerb von Gräbern. Auf einer Inschrift ist das Verbot festgehalten, gesäuertes Brot in die Nähe des koscheren Ofens zu bringen. Auf anderen Inschriften sind Aktivitäten von jüdischen Bruderschaften festgehalten.

Samtstoffe aus der Renaissance sind zu sehen, Stickereien mit Goldfäden und barocke Spitzen. Das Museum besitzt insgesamt an die 1.000 liturgische Gewänder, einige sind ausgestellt, andere in den römischen Synagogen in Verwendung. Die römischen Juden durften die meisten Berufe nicht ausüben, daher konzentrierten sich viele auf die kunstvolle Verarbeitung von Stoffen und Tuch. Kostbare Gegenstände für den Schutz und den Schmuck der Sefer Tora (Torarolle), Torawimpel, Zeigestäbe, Kronen und Rimonim (Granatäpfel) sind Symbole des jüdischen Glaubens und werden im Museum gezeigt. Die Rimonim sind mit Glöckchen versehen, die auf den Beginn des Tora-Lesens aufmerksam machen sollen.

Gipsabgüsse von Steinen aus den Katakomben von Rom und aus der Synagoge in Ostia Antica, mittelalterliche Handschriften und Stadtpläne legen Zeugnis ab von der über 2.000jährigen jüdischen Präsenz in Rom. Ein Saal ist den Ereignissen gewidmet, die die Zeit im Judentum markieren: dem Gebet, dem Sabbat, den Festen und dem Lauf des Lebens. Sprache, Küche, der städtische Raum, Architektur, Bildung und die Organisation von Hilfsleistungen sind Themen ebenso wie die jüdische Emanzipation nach der Gründung des Staates Italien und die Ankunft der jüdischen Flüchtlinge aus Libyen in Rom im Jahr 1967. Unter dem Schutz der UNO und mit Hilfe von HIAS (Hebrew Immigrant Aid Society) und UCEI (Unione delle Comunità Ebraiche Italiane) trafen etwa 4.000 libysche Flüchtlinge in Italien ein. 2.000 zogen weiter nach Israel, während sich der Rest in Rom niederließ.

Portikus der Octavia

Die Portikus der Octavia ist für die Römer der Symbolbau für das alte Ghetto. Die Säulenhalle war eines der prächtigsten Bauwerke des antiken Rom. Nur mehr Überreste der Vorhalle – Propyläen – sind erhalten. Die korinthischen Säulen, die heute noch einen Teil des Gebälks tragen, wurden während Restaurierungsarbeiten unter dem Kaiser Septimius Severus um das Jahr 203 n. Chr. eingefügt. Die große Inschrift auf dem Architrav informiert über diese Restaurierung.

Die Anfänge der Säulenhalle gehen auf die nach dem Jahr 146 v. Chr. von Quintus Caecilius Metellus Macedonicus erbaute Porticus Metelli zurück. Diese antike Säulenhalle des Metellus, die zunächst einen Jupiter- und einen Junotempel umschloss, wurde immer wieder weiterverwendet und umgebaut. Kaiser Augustus ließ die Portikus zwischen 33 und 23 v. Chr. im Namen seiner Schwester Octavia adaptieren.

In der Porticus Octaviae waren eine griechische und eine lateinische Bibliothek und ein Versammlungsgebäude untergebracht. Mitunter tagte der Senat hier. Zahlreiche Statuen schmückten die antike Säulenhalle, darunter die erste, die eine römische Frau darstellte. Es war die Bronzestatue der Cornelia, der Mutter der Gracchen. Der auf dem Titusbogen am Forum abgebildete Triumphzug des Jahres 71 n. Chr., der den Sieg der Römer und die Zerstörung des Tempels in Jerusalem feierte, nahm an der Portikus der Octavia seinen Anfang.

Ferdinand Gregorovius schildert diese Vorgänge im antiken Rom folgendermaßen: »Da ist die Halle der Oktavia. Verfallen und verbaut ragen ihre großen Bogen und Pfeiler hart neben dem Ghetto auf. Hier war es, wo einst Vespasian und Titus den Siegeszug über Israel mit festlichem Schaugepränge einleiteten. Damals stand dort zuschauend ein Jude, Begleiter und Schmeichler des Titus, Flavius Josephus, der bekannte Geschichtsschreiber. Er schämte sich nicht, dem Triumph über sein eignes Volk beizuwohnen, an dem Glanz des Aufzugs sich zu weiden und ihn schmeichlerisch zu beschreiben. Dem niedrigen Judenhöfling verdanken wir die Schilderung jenes Triumphes. ›Nachdem‹, so erzählt er, ›das ganze Heer in Reih und Glied unter seinen Führern bei Nacht herangezogen und vor den Toren, nicht des oberen Palastes, sondern des Isistempels aufgestellt war (dort brachten die Imperatoren die Nacht zu), traten mit Tagesanbruch Vespasian und Titus mit Lorbeerkränzen und im Purpurgewand hervor und schritten nach der Halle der Oktavia. Dort warteten ihrer Ankunft der Senat und die höchsten Beamten sowie die Ritter vom höchsten Rang. Vor den Hallen war eine Bühne angebracht, worauf elfenbeinerne Stühle standen; diese bestiegen die beiden Kaiser und setzten sich, sogleich erhob das Heer ein Jubelgeschrei und pries ihre Taten. Auch die Soldaten waren unbewaffnet, in seidenen Gewändern und mit Lorbeer bekränzt.

Nachdem Vespasian ihren Zuruf empfangen, unterbrach er ihren Jubel und gab das Zeichen zum Schweigen. Sogleich entstand tiefe Stille. Vespasian erhob sich, verhüllte sein Haupt mit dem Gewande und sprach ein Dankgebet. Das gleiche tat Titus. Nach dem Gebet richtete Vespasian an die ganze Versammlung einige Worte und entließ dann die Soldaten zu dem nach herkömmlicher Sitte von den Imperatoren bereiteten Mahl. Er selbst ging nach dem Tor zurück, das den Namen Triumphtor führt, weil es immer bei diesen Gelegenheiten durchzogen ward. Dort genossen sie etwas Speise, zogen die Triumphkleider an, opferten in dem an das Triumphtor angebauten Tempel, und nun begann der Umzug, und zwar mitten durch das Theater, damit das Volk alles desto leichter sehen könnte.‹«

119 Meter breit und 132 Meter lang zeigt die Portikus der Octavia die Schichtungen und Verschachtelungen der verschiedenen Epochen der römischen Geschichte, ist also typisch für die Ewige Stadt. Zwei Säulen an der Front sind ersetzt durch einen Bogen, der den Eingang zur Kirche Sant'Angelo in Pescheria bildet. Im 8. Jahrhundert wurde die Vorhalle in die aktuelle Fassade der Kirche Sant'Angelo in Pescheria eingebunden. Jahrhundertelang befand sich hier ein Fischmarkt, das Forum piscium.

Bei der Portikus der Octavia wurden am 16. Oktober 1943 die jüdischen Gefangenen von den deutschen Besatzern gewaltsam zur Deportation versammelt. Am 16. Oktober 2002 benannte daher der Bürgermeister Walter Veltroni den Platz vor der Portikus in Piazza del 16. Ottobre 1943 um.

Sant'Angelo in Pescheria

Die römisch-katholische Kirche Sant'Angelo in Pescheria ist auf antiken Grundmauern erbaut. Seit dem 8. Jahrhundert ist sie dem Erzengel Michael geweiht. Ihr Beiname *in Pescheria*, der erstmals im 12. Jahrhundert erwähnt wird, verweist auf den Fischmarkt, welcher sich noch in der frühen Neuzeit hier befand und den Juden Arbeitsplätze als Fischhändler bot. Im Jahr 1571 übernahm die Zunft der römischen Fischhändler die Kirche.

Ein düsteres Kapitel in der Geschichte des Ghettos bilden die Zwangspredigten, denen Juden in der Kirche Sant'Angelo in Pescheria beiwohnen mussten. Die in den die Kirche umgebenden Häusern lebenden Juden wurden, auch unter Einsatz von Gewalt, gezwungen, sich jeden Samstag einer Predigt eines Dominikanerpredigers zu unterziehen.

Abb. 7: Eingang zur Kirche Sant'Angelo in Pescheria mit Blick auf das Marcellus-Theater. In der Kirche fanden katholische Zwangspredigten für Juden statt.

Papst Gregor XIII. legte dies in einem Erlass im Jahr 1584 fest. Die Juden sollen sich während dieser Messen die Ohren mit Wachspfropfen verschlossen haben. Wächter passten auf, ob auch zugehört wurde, und wenn sie den Eindruck hatten, dies sei nicht der Fall, schlugen sie die jüdischen Messbesucher. Anfangs wurden Kinder, Frauen und Männer aus dem Ghetto mit Peitschen in die Kirche gedrängt, am Eingang wurden sie abgezählt. Später vereinbarten die Mitglieder der verschiedenen Scole untereinander, wer sich diesem demütigenden Schauspiel abwechselnd zu stellen hatte. Die Zwangsmessen wurden den jüdischen Anwohnern, wenn auch seit 1823 gemildert, bis 1847 auferlegt. Dann schaffte Papst Pius IX. diese Predigten ab.

Der Fischmarkt unter der Portikus der Octavia

Mehrere Brände zogen das antike Bauwerk der Portikus der Octavia in Mitleidenschaft. Der ursprüngliche Baukörper verfiel, bis im Mittelalter auf seinen Ruinen ein großer Fischmarkt, das Forum piscium, errichtet wurde. Am Forum piscium wurde die Kirche Sant'Angelo in Pescheria erbaut, die in die Ruinen der Portikus integriert wurde. An den Fischmarkt erinnert heute nur mehr ein Stein. Er befindet sich rechts vom großen Bogen der Portikus. Daneben ist eine lateinische Inschrift zu lesen. Ihre Übersetzung lautet: »Die Köpfe aller Fische, die länger als diese Steintafel sind, müssen den Konservatoren abgegeben werden, mit den ersten Flossen.« Die Konservatoren waren Mitarbeiter am Kapitol, die ihren Tribut von den Fischhändlern forderten. Es ist anzunehmen, dass der Fischmarkt vielen Juden Arbeit bot. Unter den römischen Juden kursiert heute noch die Anekdote, dass die größten Fische, wenn sie am Kapitol eintrafen, schon durch so viele Hände gegangen waren, dass sie alles andere als frisch waren.

Die Via del Portico d'Ottavia

Via della Pescheria, Straße des Fischmarkts, war der Name der heute größten Straße im ehemaligen Ghetto. Bei der großangelegten städtebaulichen Umgestaltung wurde sie in Via del Portico d'Ottavia umbenannt. Die Straße befand sich außerhalb des ursprünglichen Ghettos und stellte dessen Grenze dar. Die Via del Portico d'Ottavia wird von den römischen Juden *La Piazza* genannt. Sie ist jener Ort, wo man zu Festen und am Sabbat zusammenkommt.

La Casa dei Fabii

Via del Portico d'Ottavia 9

In die Grundmauern, die das Gebäude tragen, ist eine mächtige antike Granitsäule eingebaut, die wahrscheinlich von den Säulenreihen der antiken Porticus des Phillipus stammt, die sich an jene der Octavia anschloss und bis zur heutigen Piazza Mattei reichte. An der Seite des Vicolo Sant'Ambrogio ist eine zugemauerte Türe an der Hauswand zu erkennen, die vermutlich in einen unterirdischen Gang führte, der die Häuser verband.

Das Haus Nummer 9 der Via del Portico d'Ottavia wurde im 14. Jahrhundert errichtet, kurz nach der Renovierung des benachbarten Gebäudes Nummer 13, als dieses seine heutige Form erhielt. Nummer 9 und Nummer 13 sind bekannt als die ›Häuser der Fabii‹, benannt nach den ehemaligen Besitzern. Die Häuser sind durch eine Loggia im ersten Stock verbunden, die zugemauert wurde, um Wohnraum zu schaffen. Wahrscheinlich zwischen dem 16. und dem Anfang des 17. Jahrhunderts wurde im Inneren ein überdachter Gang errichtet. Damals befand sich die Familie der Fabii im Niedergang. Sie mussten einen Großteil ihres Hauses vermieten, einen anderen Teil an den benachbarten Nonnenkonvent Sant'Ambrogio abtreten. Die Fenster des Turms der Fabii aus dem Mittelalter, der in der Renaissance mit dem Haus verbunden worden war, wurden zugemauert. Heute ist der mittelalterliche Turm als solcher mit freiem Auge daher nicht mehr erkennbar.

Il portonaccio

Via del Portico d'Ottavia 13

In dem mittelalterlichen Haus mit seinem weitläufigen Renaissancehof wurde am 16. Oktober 1943 ein Drittel aller Bewohner, insgesamt 35 Personen, verhaftet. Sie gehörten zu den ärmsten Mitgliedern der Gemeinde. Es handelte sich vor allem um alte Menschen, Frauen und Kinder. Weitere vierzehn Bewohner des Hauses wurden in den folgenden Monaten festgenommen. Das Haus erhielt aufgrund der Deportationen den Beinamen *Il portonaccio* (Das schreckliche Portal). Vor dem Eingangstor ist bisher nur ein Stolperstein (vgl. S. 69) für Costanza Sonnino in den Asphalt eingefügt worden. Sie wurde 1909 geboren und am 16. Oktober 1943 deportiert. Wann und wo sie starb, ist nicht bekannt.

Im Erdgeschoß des Hauses, auf der linken Seite, erreichte man über eine kleine Stiege die Wohnung der Familie von Marco Di Veroli und Fortunata Di Porto mit ihren neun Kindern. Die gesamte Familie wurde am 16. Oktober 1943 festgenommen, alle wurden umgebracht. Marco wurde zur Nummer 158545 und starb an einem unbekannten Ort nach dem 22. Januar 1945, wahrscheinlich auf einem der Todesmärsche, zu denen die Häftlinge von den Nationalsozialisten zur Räumung der Konzentrationslager gezwungen wurden.

Vier Familien aus dem Haus Portico d'Ottavia 13 suchten und fanden während der neun Monate der deutschen Besetzung Roms Unterschlupf in einem katholischen Konvent. Einige der Bewohner versteckten sich während der Nächte in Lagerräumen, Kellern und Geschäften, tagsüber versuchten sie sich dem Zugriff der Nationalsozialisten zu entziehen.

Die Historikerin Anna Foa wohnte zwölf Jahre in dem Haus. 2013 veröffentlichte sie ein Buch über die schrecklichen Ereignisse, die in ihrem Wohnhaus stattgefunden hatten. Foa beschreibt das Gebäude mit seinem alten hölzernen Portal, welches sich auf einen weitläufigen Innenhof öffnet, umgeben von Loggien, die an einen Kreuzgang denken lassen. Sie erzählt von einer verschleierten Frau, die die Juden vor den Deutschen rettete, eine Legende, die im Ghetto rund um das Haus kursiert. Das Haus, in dem an die 100 Menschen lebten, war das erste, in das die Nationalsozialisten am 16. Oktober 1943 eindrangen, um 5 Uhr 30 am Morgen. Cesira Limentani, eine Frau, die im zweiten Stock wohnte, packte ihre fünfjährige Tochter, wickelte ihren kleineren Sohn in eine Decke und sprang mit einigen Nachbarn an der Rückseite des Hauses aus dem Fenster. Sie konnten sich retten, indem sie in eine religiöse Einrichtung in der Nähe des Gasometers flohen.

Viele Jahre lang lebte auch der Dichter Elio Fiore in dem Haus. Zuerst bewohnte er die große Wohnung im ersten Stock mit den Fenstern auf die Straße, dann in einer viel kleineren und billigeren Wohnung im Hof. In seinen Gedichten nennt er den großen Innenhof das Paradies, den engen Schacht, auf den sein Fenster ging, das Fegefeuer. Wiewohl katholisch, ist Elio Fiore geprägt von seiner Kindheitserfahrung, als er Zeuge der Deportation der römischen Juden werden musste. Aus dieser Erfahrung entstand für Elio Fiore eine tief empfundene Nähe zum jüdischen Volk. Immer wieder betonte der Dichter sein Bedürfnis, sich zum Zeugen der Leiden dieses Volkes zu machen, im Dienste der Liebe zum Frieden. Elio Fiore lebte im römischen Ghetto, auch um seine Verbundenheit mit der Gemeinde zu zeigen. Er wollte den Juden nahe sein und grüßte immer mit *Shalom*.

Ein wichtiges Zeitdokument ist der Dokumentarfilm »Piazza Giudia« des großen italienischen Journalisten Sergio Zavoli. Er drehte 1963, 20 Jahre nach der Razzia, Bilder des Hauses, auf denen zu sehen ist, wie dieses auch zur Zeit der Razzia ausgesehen hatte. Deutlich wird auch das Leben im ehemaligen Ghetto: Kinder spielen auf der Straße vor dem Haus, Frauen sitzen auf Sesseln am Gehsteig und unterhalten sich, der Hof des Hauses ist dunkel, voller Wäsche und kleiner Karren. Noch sind keine Touristen zu sehen, keine Restaurants und keine Souvenirläden.

Museum der Shoah
La Casina dei Vallati
Via del Portico d'Ottavia 29

Stellvertretend für alle Überlebenden nahmen am 16. Oktober 2015 Sami Modiano und Andra Bucci an der Eröffnung des Museo della Shoa in der Casina dei Vallati teil. Der heutige Sitz des Museums ist

Teil eines Häuserblocks aus dem Mittelalter, dessen Name auf die Familie Vallati zurückgeht, die im 13. und 14. Jahrhundert Eigentümerin mehrerer Gebäude im *rione* Sant'Angelo war. Das Bauwerk verweist architektonisch in die Renaissance. Sein auffallendster Schmuck besteht in dem wertvollen Marmorportal aus dem 16. Jahrhundert. Die Fenstereinfassungen aus Travertin stammen von einem anderen Palazzo und wurden nachträglich eingefügt. Die Rückseite des Gebäudes weist Bauteile auf, die charakteristisch sind für das 13. Jahrhundert. Es gibt eine Loggia im ersten Stock und Arkaden im Erdgeschoß.

Seit einer Renovierung des Gebäudes im Jahr 1933 waren in der Casina dei Vallati Büros der Stadt Rom untergebracht, bis das Museum der Shoah einzog. Ihre Büros betreibt die Stiftung Museum der Shoah in der nahen Via Florida, am Largo Argentina. Die Stiftung verfügt jedoch bereits über Pläne, die den Neubau eines Shoah-Museums im Park neben der existierenden Villa Torlonia an der Via Nomentana vorsehen. Mit diesem Ort würde das Land ein Zeichen setzen, dass es sich seiner Verantwortung stellt. Die Villa Torlonia war die Residenz des faschistischen Staatsoberhauptes Benito Mussolini und ist heute teilweise zum Ziel eines fragwürdigen Duce-Tourismus geworden. Die Finanzierung des 21 Millionen Euro-Projektes müsste jedoch von der Stadt Rom und der Region Latium kommen, die gemeinsam mit der Provinz Rom politisch hinter der Idee des Museums stehen und die fünfzehn Mitarbeiter für den Aufbau finanzieren. Aber Italien muss sparen, und so sind auch andere Standorte im Gespräch, bereits existierende Orte, die adaptiert würden. Die jüdische Kultusgemeinde ist in alle Entscheidungen eingebunden, aber das Budget müsse der Staat zur Verfügung stellen, sagt der Museumsdirektor Marcello Pezzetti.

Es geht aber nicht um das Gebäude selbst, betont Marcello Pezzetti: »Die Architekten glauben an die Monumentalisierung. Wir sind gegen die Monumentalisierung der Shoah. Die Shoah ist das, was wir zeigen. Ein Museum der Shoah heute ist ein Ort, wo gearbeitet wird, wo junge Leute arbeiten, ein Ort für die Schulen, für die Universitäten und für die Gelehrten, die hier Archive vorfinden, wo sie arbeiten können.« Wenn jemand aus dem zukünftigen Museum hinausgeht und sagt, das Museum wäre schön, weil es fantastische Stiegen und einen tollen Eingangsbereich hätte, so hieße das, dass Pezzetti und sein Team alles falsch gemacht haben. »Wenn einer hinausgeht, muss er etwas von der europäischen Geschichte verstanden haben und davon eine Idee bekommen haben, was in der Zukunft gemacht werden soll.«

Ende des Jahres 1943 begann die italienische Regierung, Juden zu deportieren. Den Krieg hatte Italien damals bereits verloren. »Zu diesem Zeitpunkt weiß man in Italien schon ganz genau, dass in Osteuropa drei Viertel der Juden ermordet worden sind und dass mehr als die Hälfte des Judentums Westeuropas in Frankreich, Holland, Belgien ermordet worden waren«, sagt Marcello Pezzetti. Die Verantwortung ist schwerwiegend. Es geht darum, einen Teil der Geschichte bekannt zu machen, den Italien nicht kennt. Das soll in einem Museum gemacht werden, das weder altmodisch noch hypertechnologisiert ist. Fern vom amerikanischen und vom israelischen Modell der Holocaust-Vermittlung will man in Rom neue Wege gehen. »Wir sind Europa. Wir sind Diaspora. Hier sind die Geschichte und die Sensibilität anders. Die Shoah ist auch in den verschiedenen Staaten unterschiedlich verlaufen.«

In der Casina dei Vallati werden indessen regelmäßig Ausstellungen zur jüdischen Geschichte gezeigt. Die Stiftung ist im Besitz der größten Shoah-Bibliothek und -Videothek Europas. Neben der Projektplanung für das Museum sind die Shoah-Stiftungsmitarbeiter in Rom mit Aufklärungskursen für Lehrer, Unterrichtsstunden in den Schulen, Konferenzen und Studienreisen beschäftigt. Sie begleiten Schüler und Politiker.

Manuel Grander aus Vöcklabruck ist Gedenkdiener an der Stiftung Museum der Shoah. Entsandt hat ihn der österreichische Auslandsdienst, der jedes Jahr bis zu 30 Österreicher ins Ausland schickt – von Washington bis nach Shanghai, und eben auch nach Rom. »Mein Tätigkeitsbereich ist sehr vielseitig«, erzählt Manuel Grander, »ich durfte bei der Planung und Realisierung unserer Ausstellung mithelfen, die das Thema ›Die Befreiung der Konzentrationslager‹ hatte.« Die Ausstellung war im Monumento Nazionale a Vittorio Emanuele II, dem markant steinernen weißen Nationaldenkmal Italiens auf der Piazza Venezia zu sehen, das wegen seiner Form im Volksmund oft schlicht die »Schreibmaschine« genannt wird. Auch bei der Planung einer Reise nach Auschwitz half Manuel Grander mit und begleitete eine Gruppe von 500 Schülern aus ganz Italien auf die Gedenkreise zu dem Konzentrationslager.

Das Museum der Shoah dient auch als Anlaufstelle für Holocaust-Überlebende. »Mit Zeitzeugen zu sprechen, das ist etwas sehr Einprägendes und Bewegendes, was ich sicherlich mein ganzes Leben nicht vergessen werde«, sagt Manuel Grander, dem der Gedenkdienst zu verstehen hilft, wie Rassismus und Hass entstehen. »Durch den Gedenkdienst setzt Österreich ein Zeichen, dass wir noch immer an der Vergangenheitsbewältigung mithelfen und dass wir nicht nur Opfer sind, sondern vor allem auch Täter, es ist ein Eingeständnis der Mitschuld am Holocaust. Ich bin fest davon überzeugt, dass es kein besseres Zeichen gibt, als jährlich bis zu 30 Gedenkdiener zu stationieren, die alle dieselbe Nachricht tragen: Niemals wieder!«

Nach Kriegsende wurden die Judenverfolgungen von Seiten der Italiener in der neu gegründeten Republik allzu rasch verdrängt, betont auch Mario Venezia. Er ist der Präsident der Stiftung Museum der Shoah: »Mein Vater, der leider nicht mehr unter uns ist, Shlomo Venezia, ist einer der Zeugen der Shoah. Er war Teil der Sonderkommandos.« Shlomo Venezia wurde gezwungen, in den Verbrennungsöfen zu arbeiten. Es gelang ihm zu entkommen. Nach Jahren des Schweigens begann er Zeugnis abzulegen. Der Antisemitismus der italienischen Faschisten unter Mussolini wird heute oft verharmlost. Die brutale und menschenverachtende Seite wird in der Exekution der schon im Jahr 1938 eingeführten Rassengesetze deutlich erkennbar.

In ihrem Roman »La Storia« schildert die Autorin Elsa Morante (vgl. S. 166f.) 1974 die Ereignisse im Ghetto aus der Perspektive der Betroffenen: »›Nein! Nein, ich will nicht weg!‹ ereiferte sie sich drohend und schlug wild mit den Fäusten gegen die Wagen. ›Hier drin ist meine Familie! Die Familie Di Segni! … Settimio!‹ brach sie mit einemmal aus, stürzte auf einen der Wagen zu und klammerte sich in dem unmöglichen Versuch, die Tür aufzubrechen, an die Eisenstange des Zuges. Hinter dem Gitter war der kleine Kopf eines alten Mannes erschienen. Man sah seine Brille vor dem dunklen Hintergrund aufblitzen, die hagere Nase und seine kleinen Hände, die die Eisenstäbe umklammert hielten. ›Settimio!! Und die anderen?! Sind sie bei dir?!‹«

Von den über 1.000 Juden, die in der gewalttätigen Aktion der nationalsozialistischen Besatzer aus Rom in Konzentrationslager entführt wurden, überlebten nur sechzehn Menschen.

Das Haus des Lorenzo Manili

Via del Portico d'Ottavia 1

Den Palazzo, an dessen Ecke sich die Konditorei Boccione (vgl. S. 62) befindet, ließ 1468 der reiche und kultivierte Römer Lorenzo Manili erbauen. Das Bauwerk trägt nach wie vor seinen Namen. Das liegt auch an der lateinischen Inschrift in großen auffallenden Lettern, die

Elio Toaff

Elio Toaff, Oberrabbiner von Rom, lebte fast ein Jahrhundert lang. Er wurde am 30. April 1915 in Livorno geboren. Dort studierte er im Collegio Rabbinico bei seinem Vater Alfredo Sabato Toaff. Gleichzeitig studierte er auch Rechtswissenschaften an der Universität. Dieses Studium schloss er 1938 ab, mittels einer Ausnahmebestimmung der in jenem Jahr eingeführten Rassengesetzgebung, die vorsah, dass Studierende, die ihr Studium beinahe beendet hatten, dieses noch zu Ende führen durften. Zwischen 1941 und 1943 war Toaff Oberrabbiner in Ancona. Dort verständigte der Pfarrer der nahen Kirche die Familie von der nationalsozialistischen Gefahr. Mithilfe von katholischen Einrichtungen und Familien gelang die Flucht. Toaff schloss sich dem Widerstand an. Nach dem Krieg wurde er Rabbiner in Venedig und unterrichtete an der Universität Hebräisch, bis er 1951 zum Oberrabbiner von Rom berufen wurde. Dieses Amt erfüllte er bis zum 8. Oktober 2001, als er 86jährig die Staffette an Riccardo Di Segni weitergab. 2005 wurde Elio Toaff zum Senator auf Lebenszeit gewählt.

»Die Rabbiner der ersten Hälfte des 20. Jahrhunderts standen an der Spitze eines extrem assimilierten, toleranten Judentums«, stellt Massimo Giuliani, Professor für jüdische Philosophie fest. »Nach dem Krieg fand eine zunehmende Rückkehr zum Judentum statt, eine Wiederannäherung an die Religion. Toaff erlebte all diese Veränderungen, die Rückkehr zu den Quellen. Heute hat sich die römische Kultusgemeinde wieder erholt, von der Shaoh und von der Konversion ihres Rabbiners Israel Zolli [vgl. S. 71]. Toaff kam zu einem Zeitpunkt, als es darum ging, wieder aufzubauen, er war der geistliche Führer einer Gemeinde, die auch untergehen hätte können.«

Der Höhepunkt des wirkungsmächtigen Rabbinats von Elio Toaff war der Besuch von Johannes Paul II. in der Synagoge am 13. April 1986: »Gemeinsam betraten wir den Tempel. Ich schritt mitten durch das schweigende Publikum hindurch, wie im Traum, der Papst an

die Fassade überziehen und oberhalb der Auslage der Konditorei beginnt: »Zu dem Zeitpunkt, als die Stadt Rom in ihrer antiken Form wieder geboren wird / erbaute Lorenzo Manili, als Zeichen der Liebe zu seiner Stadt / über alten Fundamenten auf dem Judenplatz / für sich und für seine Nachkommen dieses Haus / welches den Namen manilianisches trägt / so groß, wie es ihm sein mäßiger Reichtum erlaubte.«

Abb. 8: Der erste Besuch eines Papstes in der Synagoge in Rom: Johannes Paul II. trifft den Rabbiner Elio Toaff.

meiner Seite, dahinter die Kardinäle, Prälaten und Rabbiner. Ein ungewöhnlicher Zug, und ganz gewiss einmalig in der langen Geschichte der Synagoge. Wir schritten auf die Tevà und wendeten uns an das Publikum. Nun entbrannte der Applaus. Ein sehr langer und befreiender Applaus, nicht nur für mich, sondern für das ganz Publikum, welches endlich die umfassende Bedeutung dieses Momentes verstand. Der Applaus entbrannte neuerlich, als der Papst sagte: ›Ihr seid unsere bevorzugten Brüder, und, auf gewisse Weise, könnte man sagen, ihr seid unsere älteren Brüder.‹« (vgl. S. 47f.)

Datiert ist die Inschrift mit dem Jahr 2221 – der Summe aus der Addition des legendären Gründungsdatums Roms 753 v. Chr. und dem tatsächlichen Baujahr 1468. Anfang des 20. Jahrhunderts zog Attilio Piperno, der Bäcker des Viertels im Haus des Lorenzo Manili ein.

Ehemalige Metzgerei von Enrico De Angelis
Via del Portico d'Ottavia 1

An dieser Adresse befand sich am 16. Oktober 1943 die Metzgerei von Enrico De Angelis. Der Metzger versteckte am Tag der Razzia 42 Juden hinter dem zugezogenen Laden seines Geschäftes. Er wurde dafür als Gerechter unter den Völkern in Yad Vashem geehrt.

Pasticceria Boccione
Via del Portico d'Ottavia 1

Die Konditorei Boccione ist bekannt als *forno kosher*, die koshere Bäckerei. Nachmittags, nach 16 Uhr, werden hier die berühmten *bruscolini*, gesalzene und geröstete Kürbiskerne, noch warm in Papiertüten verkauft. Ein urrömischer Snack, war doch das Knabbern von Kürbiskernen traditionell sehr beliebt in der Stadt.L

In der Bäckerei, deren Name durch kein Schild ersichtlich ist, wird auch die legendäre süße *pizza ebraica*, die jüdische Pizza, aus einem mürben Teig mit kandierten Früchten, Pinienkernen, Mandeln und Weintrauben so lange gebacken, bis sie an den Rändern und am Boden schwarz ist. Kuchen gefüllt mit Ricotta und Weichselmarmelade ist eine weitere Spezialität von Boccione. Besonders empfehlenswert sind auch die *ginetti*, einfache, längliche Kekse, die in Milch getaucht verzehrt werden. Hier wird nur nach Rezepten, die auf das engste mit der jüdisch-römischen Tradition verbunden sind, gebacken. Alles ist kosher.

Bar Totò
Via del Portico d'Ottavia 2

Die Bar Totò ist seit 1890 im Besitz der Familie Pavoncello. »Mit der Einführung der Rassengesetze wurde der Familie die Lizenz entzogen«, erzählt Emilia Pavoncello, die in der Bar an der Kassa sitzt. »Nach 1944 haben wir die Lizenz wieder zurückbekommen.« Der Name der Bar erinnert an Anselmo Pavoncello, genannt Totò, dem Bruder der Großmutter von Emilia Pavoncello: »Totò lieferte sich den Deutschen aus, als er erfuhr, dass seine Frau gefangen genommen worden war.«

Auf einem Stein an der Hausmauer neben dem Eingang zur Bar ist auf Hebräisch und Italienisch zu lesen: »Gebt den Waisen«. Darüber befindet sich ein Schlitz für Spenden. Das so gesammelte Geld geht an das ehemalige Waisenhaus, die heutige Kinderbetreuungseinrichtung Il Pitigliani in Trastevere (vgl. S. 97–99). Über der eingebauten

Sammelbüchse und der Inschrift ist ein von den Grabmälern auf der Via Appia stammendes Relief eingemauert, welches vier Köpfe der Familie des Lorenzo Manili versinnbildlichen soll. So will es die mündliche Überlieferung im Ghetto.

Abb. 9: Die Inschrift »date per gli orfani« (»Gebt den Waisen«) auf Hebräisch und Italienisch neben dem Eingang der Bar Totò.

Die Pasticceria Austriaca La Dolceroma und die Osteria Giggetto

Via del Portico d'Ottavia 21a

Seitdem sein Großvater Luigi Ceccarelli im Jahr 1922 die Osteria Giggetto am Portikus der Octavia erwarb, lebt die Familie von Stefano Ceccarelli im Ghetto. Stefano Ceccarelli bäckt neben dem Giggetto in seiner Pasticceria Austriaca-Torten. Gelernt hat er das unter anderem in Wien im Hotel Regina und in Klagenfurt im Hotel Musil. »Mein Großvater Giggetto war zunächst als Eisenbahner im Staatsdienst angestellt, dann haben ihn die Faschisten entlassen, weil er nicht der Partei beitreten wollte«, erzählt Stefano Ceccarelli. »So kamen meine Großeltern aus Velletri nach Rom und eröffneten diese Osteria mitten im jüdischen Viertel.«

Giggetto Ceccarelli war ein exzellenter Koch, und seine Frau Ines arbeitete mit ihm rund um die Uhr in der Osteria. Giggetto gewann als Vertreter der römisch-jüdischen Küche auch einen Wettbewerb im Viertel, weil er es schaffte, die meisten Artischocken kunstgerecht in kürzester Zeit zu entblättern. Die Osteria Giggetto war nie ein jüdisches Restaurant, auch wenn hier die Artischocken auf jüdische Art (vgl. S. 65) serviert werden, aber sie ist das Lokal mit der längsten Geschichte und auch das bekannteste im Ghetto. Anfangs brachten die Gäste oft ihr Mittag- oder Abendessen selbst mit und bestellten nur den Wein. In den vier Wohnungen über dem Giggetto wohnten damals 60 Personen. »Unsere Familie hat Juden in ihrer Wohnung versteckt. Als die Deutschen kamen, lag meine Urgroßmutter krank im Bett, die Deutschen sahen das Kreuz, entschuldigten sich und gingen, so konnten viele gerettet werden«, erzählt Stefano Ceccarelli.

Giggetto war schon vor dem Krieg berühmt, und nach dem Krieg waren die Ceccarellis in einer privilegierten Position, da es nur mehr wenige Lokale gab. 1956 starb Großvater Giggetto an einer Herzattacke. Stefano Ceccarellis Vater konnte nach der 7. Klasse die Schule nicht mehr besuchen, weil seine Arbeitskraft im Familienbetrieb gebraucht wurde. Ende der 1980er Jahre beschloss der junge Stefano, Kuchen für Giggetto zu backen und eröffnete eine eigene Pasticceria neben dem Giggetto. Die Pasticceria Austriaca La Dolceroma wurde mit ihrem österreichischen Sortiment zu einem Referenzpunkt für das kulinarische Rom. Stefano lernte im Park der Villa Pamphilj eine Österreicherin kennen, die beiden heirateten und bekamen vier Kinder.

Aus Butter, Schokolade und Eiern von Freilandhühnern und viel biologischem Mehl entstehen täglich traditionelle Backwaren am Portikus der Octavia. Die *torta di ricotta e visciole*, die Dobostorte und die Sachertorte sind wichtige Produkte von La Dolceroma, ebenso wie das Vollkornbrot. Auch Topfen und Buttermilch, die sonst in Italien schwer zu bekommen sind, können über die Pasticceria Austriaca bezogen werden.

Negozio Leone Limentani
Via del Portico d'Ottavia 48

»Einer unserer Vorfahren gründete vor sieben Generationen dieses Geschäft, er begann Geschirr und Besteck zu verkaufen, das war im Jahr 1820. Seit damals wurde diese Aktivität immer an die Söhne weitergegeben«, erzählt Gian Luca Misano, dessen Mutter eine Limentani war und der heute als Manager mit einigen weiteren Familienmitgliedern die Kunden im weitläufigen Geschäft betreut. 1820 beginnt die Geschichte von Limentani, damals jenseits des Flusses in Trastevere, bis das Geschäft an den Portikus der Octavia verlegt wurde. Mehrere weitläufige Kellerräume von vier verschiedenen Gebäuden wurden verbunden und zusammengelegt. »Mein Urgroßvater konzentrierte sein Sortiment auf wertvolle Gläser, Kristallwaren und Porzellan«, sagt Gian Luca Misano. »Heute sind wir nach knapp 200 Jahren eine Referenz in Rom für kostbare Tischwaren.« Wie der Handel mit Tellern und Gläsern begann und über die bewegte Geschichte der Familie im Ghetto, hat Misanos Onkel Davide Limentani das Buch »Der Scherbenhändler des Papstes« geschrieben. Mit der Hauptstadtwerdung Roms im Jahr 1870 wurde es Leone Limentani erlaubt, mit einem päpstlichen Pass, der heute noch immer im Laden aufbewahrt

Artischocken auf jüdische Art und mehr. Die römisch-jüdische Küche

Die Blütenstände der Artischocken sind ein typisch römisches Gemüse. *Carciofi alla giudìa*, Artischocken auf jüdische Art, sind das bekannteste Gericht der hebräisch-römischen Küche.

Die äußeren Blätter der frischen Artischocken werden mit einem speziellen gebogenen Messer weggeschnitten, sodass eine runde blumige Form entsteht. Manche meinen, gerade diese Art, die Artischocke zuzuschneiden, sei der Grund für ihre Bezeichnung *alla giudìa*, da sie an die rituelle Beschneidung erinnere. Damit sich die Artischocken nicht verfärben, werden sie in Zitronenwasser eingelegt, dann kurz gekocht. Die gekochten und abgekühlten Artischocken werden aufgedrückt und, wenn sie offen und flach sind, in ausreichend Öl frittiert. Die äußeren Blätter werden dadurch knusprig und nehmen ihre typische, gekräuselte Form an.

In Rom gibt es heute viele Restaurants und Imbisse, die koshere Gerichte anbieten, und viele Geschäfte, wo Produkte, die von den verschiedenen Rabbinern kontrolliert werden, zu kaufen sind. Kosher zu essen wird auch von vielen Nichtjuden geschätzt, denn die Verbindung zur traditionellen römischen Küche ist eine sehr enge, auch die Qualität der verwendeten Zutaten ist hoch. Das Angebot an Gerichten ist vielfältig, vor allem entstammen sie der nordafrikanischen kulinarischen Tradition und auch jener in der Stadt verwurzelten, der jüdisch-römischen Küche. *Giudaica-romanesca* wird die römisch-jüdische Küche genannt, gleich dem Dialekt der Gemeinde. Die Gerichte aus der jüdischen Küche der Stadt fanden praktisch alle Eingang in den Kanon der kapitolinischen Kochkunst.

Zu den typischen Gerichten zählen das *Stracotto di manzo* (wörtlich bedeutet es zerkochtes Rindfleisch), die *Concia di zucchine* (Zucchini gebraten in Öl, Weißweinessig und bestreut mit Petersilie), *Aliciotti con l'indivia* (Sardellen mit Endiviensalat), Nudeln mit Bohnen oder Kartoffeln und Omelettes. Heute stehen in den meisten kosheren Restaurants von Rom auch Gerichte aus der nordafrikanischen Küche – Humus, Couscous, Falafel und Shwarma – auf der Speisekarte.

wird, das Ghetto zu verlassen. Nach dem Zweiten Weltkrieg musste das Geschäft von Neuem aufgebaut werden.

Die Limentani decken wichtige Tafeln, richten große Häuser reicher Römer ein – und nicht nur diese. Service aus berühmten Porzellanmanufakturen wie Limoges, Herendt und Maissen, Geschirr, französische Kristallgläser, Silberbesteck und Tafelschmuck werden auf den 1.000 Quadratmetern angeboten. Die Teile des Services können hier auch mit Monogrammen personalisiert und dekoriert werden. Der Schah von Persien, Evita Perón, zahlreiche Botschaften und päpstliche Haushalte deckten sich bei Limentani mit den kostbaren Teilen ein. Wert gelegt wird auf einen klassischen Stil. Heute sind es vor allem klare Linien und geometrische Dekors, die bei den Kunden am besten ankommen. Hochzeitslisten liegen auf, und auch Restaurants und Hotels zählen zu Limentanis Klientel. »Für mich ist eine schön gedeckte Tafel ein kultischer Ort und, wie diese Tafel richtig zu decken ist, das haben wir in unserer DNA«, stellt Gian Luca Misano fest.

Gedenktafel für Clelia Frascati

Via del Portico d'Ottavia 49

Die Gedenktafel für Clelia Frascati wurde von der Stadt Rom 2010 an der Hauswand angebracht. Ihr Mann Settimio Calò arbeitete als fliegender Händler; er hatte im Ghetto den Beinamen *Il cavaliere* bekommen, weil er sich gerne die Aura eines Gentleman verlieh. Am Morgen des 16. Oktober 1943 ging er mit anderen Männern auf die Tiberinsel, zur Zigarettenverteilung, erzählt man sich im Ghetto. Als er zurückkam, fand er seine Frau Clelia Frascati nicht mehr vor. Sie und ihre zehn Kinder im Alter von sechs Monaten bis zu 22 Jahren waren deportiert worden, mit ihnen ein zwölfjähriger Neffe, der bei der Familie übernachtet hatte. Alle kamen in den Vernichtungslagern um.

Kulturpalast

Via del Portico d'Ottavia 73

Im Kulturpalast der jüdischen Gemeinde befindet sich die staatlich anerkannte jüdische Schule mit der »Volksschule Vittorio Polacco«; rund vierhundert Kinder besuchen diese. Die »Mittelschule Angelo Sacerdoti« besuchen rund 300 Schüler und das »Gymnasium Renzo Levi« frequentieren etwa 280 Schüler. Etwa zehn Prozent der Schüler sind nichtjüdischen Glaubens. Hier finden abends auch Hebräischkurse statt. In der Schule befindet sich auch ein etwa 80 Quadratmeter großer Gebetsraum mit einem kleineren Matroneum. Hier wird morgens vor dem Unterricht und am Sabbat gebetet.

Im September 2017 fand im Kulturpalast, im Tempel und Museum zum zehnten Mal das Internationale Festival Jüdischer Literatur und Kultur statt. In diesem Rahmen wird alljährlich in verschiedenen Veranstaltungen über kulturelle, soziale und philosophische Themen, wie zum Beispiel die wissenschaftliche und technologische Innovation nachgedacht. Die erste Nacht des Festivals ist der Kabbalah gewidmet. In dieser Nacht der Kabbalah stehen Musik, Theater, Literatur und Kulinarik auf dem Programm, um die Verbindung zwischen der Hauptstadt Rom und dem jüdischen Rom zu feiern. 2017 trat kurz vor Mitternacht Yarona Pinhas auf, die einzige Frau in Italien, die sich mit der Kabbalah befasst. Sie erklärte in einer Art Theatermonolog die schöpferische Kraft des hebräischen Alphabets und die tiefgehende Bedeutung, die in jedem Buchstaben enthalten ist. Die Schriftsteller Simonetta Agnello Hornby, Francesca Nocerino und Pierpaolo Pinhas Punturello sprachen über die versprengte Identität der Juden in Süditalien.

Der Eintritt in das Jüdische Museum ist in der Nacht der Kabbalah kostenlos; auch Führungen im Ghetto und in der Synagoge finden statt.

Zwei antike Säulen an der Hausfassade

Via Sant'Angelo in Pescheria 5

Zwei mächtige Säulen mit korinthischen Kapitellen sind in das Haus eingebaut. Sie stammen aus dem Tempel der Juno Regina in der Portikus der Octavia. Von den Gebäuden gegenüber aus sind diese Spolien noch teilweise sichtbar.

VIA DELLA REGINELLA

Die Via della Reginella, die Straße der kleinen Königin, ist heute für das alte Ghetto die typischste aller Straßen. Wahrscheinlich vermittelt sie auch am besten eine Vorstellung von den beengten und bedrängten Lebensbedingungen im extrem dicht bebauten und von unzähligen Menschen bewohnten alten Ghetto. Vorstellbar wird auch die Dunkelheit, die in beinahe allen Behausungen hier herrschte. Am Beginn des 19. Jahrhunderts erweiterte Papst Leo XII. den Bereich des Ghettos und bezog die Via della Reginella und die Via di Sant'Ambrogio bis zur Piazza Mattei mit ein. Bei dieser Gelegenheit wurden auch drei neue Eingänge ins Ghetto geschaffen: jener der »Reginella«, jener eines Abschnittes des Fischmarktes und das große Tor der Piazza Giudia.

Zwischen den Nummern 29 und 30 der Via della Reginella ist die marmorne Umrahmung eines Portals zu erkennen. Es handelt sich um den ältesten Teil des Palazzo Costaguti. Heute befindet sich ein Fenster mit eisernem Gitterkreuz in dem ehemaligen Portal. Hier wird erkennbar, dass die Erweiterung des Ghettos dazu führte, den Eingang des Palastes außerhalb der Grenzen des abgeschlossenen Ghettobereichs auf die Piazza Mattei zu verlegen. Auf diese Weise wurden die Bewohner des Palazzo Costaguti von den Einschränkungen, den die Bevölkerung des Ghettos unterworfen war, ausgenommen.

Die Herkunft der Straßenbezeichnung »Reginella« liegt im Dunkeln. Vielleicht bezieht sie sich auf den Namen des antiken Tempels der Juno Regina, der zwischen dem Portikus der Octavia und der heutigen Via della Tribuna di Campitelli stand. Manche Überlieferungen meinen auch, dass sich der Name auf die Wahl der schönsten Bewohnerin des *rione* bezog, die eben Reginella, die kleine Königin, genannt wurde.

Wohnung von Settimia Spizzichino

Via della Reginella 2

Settimia Spizzichino ist die einzige Frau unter 1.022 römischen Juden, die die Deportation vom 16. Oktober 1943 überlebt hat. Ihre Memoiren widmete sie im Jahr 1996 den 47 Mädchen, die mit ihr in Auschwitz gefangen waren und dort getötet wurden. Bis 1938 wohnte ihre Familie in Tivoli. Als die Rassengesetze eingeführt wurden, floh die Familie nach Rom. Der Vater eröffnete ein Geschäft beim

Pantheon, wo Settimia Spizzichino als Verkäuferin arbeitete. In ihrer Lebenserinnerung legte sie Zeugnis ab; über den Morgen des 16. Oktober schreibt sie: »Wir hatten 20 Minuten, um uns fertig zu machen und Gold, Schmuck und Essen für acht Tage Reise mitzunehmen.« Es folgten zwei Tage im Collegio Militare, dann Deportation und Gefangenschaft in den Konzentrationslagern Auschwitz und Bergen-Belsen, wo es für sie noch schlimmer wurde. Aber auch nach der Rückkehr nach Rom, in die einst vertraute Via della Reginella, verfolgen sie ihre Erfahrungen: »Ich schlief schlecht, die Träume quälten mich. Jede Nacht befand ich mich wieder in Auschwitz; ich erwachte zitternd und dachte: ›Warum? Im Lager träumte ich immer von zu Hause, und jetzt, wo ich hier bin, träume ich in Auschwitz zu sein. Werde ich jemals Frieden finden?‹«

Vor dem Haus erinnern vier Stolpersteine an Ada und Giuditta Spizzichino, Grazia di Segni und Rossana Calò.

Stolpersteine

Die Stolpersteine sind eine Initiative des deutschen Künstlers Gunter Demnig, die ihren Anfang 1995 mit den ersten Gedenksteinen in Köln nahm. So wie in anderen europäischen Städten sollen auch in Rom im Gefüge der Stadt die Namen der Bürger, die in den Vernichtungslagern der Nationalsozialisten ermordet wurden, erkennbar sein. Im Straßenpflaster werden Steinquader mit einer Messingtafel eingefügt, auf welcher der Name und die Lebensdaten der Deportierten eingraviert sind. Die Stolpersteine erinnern an alle Opfergruppen des Nationalsozialismus.

2010 begann Gunter Demnig sein Projekt in Rom. Anfang 2012 berichtete die römische Ausgabe des »Corriere della Sera«, dass der 41jährige Apotheker Aldo S. drei Gedenksteine für die ermordeten Schwestern Spizzichino in der Via Santa Maria in Monticelli 67 herausreißen hatte lassen. Die drei Mädchen waren von einem Nachbarn verraten und von den Besatzern am 4. Mai 1944 festgenommen worden – einen Monat vor der Befreiung Roms durch die Alliierten. Aldo S. wurde von den Carabinieri als Urheber des vandalischen Aktes ausfindig gemacht. Er entschuldigte sich bei der Familie der Opfer, der jüdischen Gemeinde und der Stadt Rom.

Inschrift zur Bruderschaft Santissimo Salvatore und der Scola Nova
Via della Reginella 5

Auf der Hausfassade hält eine Inschrift fest, dass die Bruderschaft des Santissimo Salvatore in Sancta Sanctorum, eine der ältesten Bruderschaften Roms, die Hauseigentümerin war und den Fruchtgenuss der Scola Nova, eine der fünf Synagogen im Ghetto, zusprach. Da die Päpste den Juden das Immobilieneigentum verboten, waren die Häuser im Ghetto im Besitz von christlichen Privatpersonen oder religiösen Einrichtungen. Das Mietrecht wurde in den jüdischen Familien durch Vererbung weitergegeben. War kein Erbe mehr ausfindig zu machen, fiel es oft an die Scole.

Der Schildkrötenbrunnen
Piazza Mattei

Die Piazza Mattei befindet sich auf einer städtebaulichen Achse aus der Renaissance, die vom Kapitol ausgehend über die Piazze Lovatelli und Campitelli in die Piazza Mattei mündet. Hier am Ende der Via della Reginella bildet sie den Abschluss des Ghettos. Der Schildkrötenbrunnen ist kunsthistorisch gesehen ein Werk der ausgehenden Renaissance. Er wurde zwischen 1581 und 1584 von Taddeo Landini gebaut, wahrscheinlich nach Plänen von Giacomo della Porta. Rund um die Erbauung des Brunnens wird in Rom eine langlebige Legende erzählt: Herzog Mattei, der Hausherr des benachbarten Palazzos und ein leidenschaftlicher Spieler, verlor in einer Nacht sein ganzes Vermögen. Sein zukünftiger Schwiegervater gab ihm daraufhin den Rat, sich eine andere Braut zu suchen. Um zu beweisen, dass selbst ein ruinierter Mattei noch immer in der Lage sei, Großartiges zu leisten, habe er diesen Brunnen in einer Nacht erbauen lassen.

Jedenfalls gelang es Muzio Mattei durchzusetzen, dass der Brunnen im Zuge der Verlängerung der *Aqua Virgo*-Wasserleitung nicht auf der heute nicht mehr existierenden Piazza Giudia aufgestellt wurde, sondern vor dem Palast der Familie Mattei.

Im Palazzo Mattei wurden während der nationalsozialistischen Razzien sechzehn Juden versteckt. Die Hausherrin Giulia Afan de Rivera bestach drei Nazisoldaten, als diese den Palazzo durchsuchen wollten, und schützte so das Leben ihrer Gäste.

Wohnhaus des Rabbi Israel Zolli

Via di San Bartolomeo de' Vaccinari 19

In diesem Haus wohnte der als Israel Anton Zoller 1881 im ukrainischen Brody geborene Oberrabbiner der israelitischen Kultusgemeinde während der deutschen Besetzung. Rabbi Zolli, wie er italianisiert hieß, hatte sich bei Freunden versteckt und auch die Mitglieder der Gemeinde aufgefordert, sich zu verstecken. Sein Haus war das erste, in das die Nazis gewaltsam eindrangen. Sie fanden den Oberrabbiner jedoch nicht mehr vor. Zolli verließ seine Wohnung in der Via di San Bartolomeo de' Vaccinari und fand Unterschlupf in der Päpstlichen Universität Gregoriana. Dort trat Israel Zolli vom Judentum zum Christentum über. Seine Tochter Miriam berichtete von Drohbriefen und beleidigenden Anrufen, als die Nachricht bekannt wurde, dass der Oberrabbiner konvertiert war. »Nieder mit den Zollis – Tod dem Verräter« wurde auf die Hauswände geschmiert.

Als Christ führte Zolli die Vornamen Eugenio Pio. Er starb 1956 in Rom.

Marcellus Theater

In den Bögen des Marcellus Theater waren Metzgerläden, Schreinereien, Gerber, Lumpen- und Seidenhändler untergebracht und auch die ersten Stände von Geldwechslern. Im Mittelalter wurde das Theater von der Familie der Pierleoni als Wohnhaus genutzt. Diese Familie sorgte für die Sicherheit der Handwerker und Händler im Umkreis, darunter auch der jüdischen.

Durch die Familie Pierleoni ist das Marcellus Theater auch mit der Polemik rund um Anaklet II. (1130–1138), den Gegenpapst von Innozenz II., verbunden. Anaklet II. stammte aus der Familie Pierleoni, weshalb ihm vorgworfen wurde, jüdische Wurzeln zu haben. Sein Stammbaum wurde zurückgeführt auf Baruch, einen zum Christentum übergetretenen Juden. Die Geschichte zeigt die enge Verbindung zwischen jüdischen und christlichen Familien. Heute noch heißt ein Abschnitt des Lungotevere nach der Pierleoni-Familie.

Die Kirche San Gregorio della Divina Pietà

Früher trug die Kirche den Namen San Gregorio al Ponte Quattro Capi, der heilige Gregor bei der Vierköpfe-Brücke. Ihre Fassade liegt an der heutigen Piazza Gerusalemme, Jerusalem-Platz, wenige Schritte von der ältesten steinernen Tiberbrücke, der Fabrizius-Brücke (vgl.

Der judeo-römische Dialekt

Judeo-römisch ist ein Dialekt der judeo-romanischen Sprachgruppe, zu der all jene Sprachen zählen, die zwischen dem 16. und 19. Jahrhundert von den italienischen Juden in den verschiedenen Ghettos gesprochen wurden. Ihr gemeinsames Charakteristikum sind Sprachstruktur und Wörter, die aus dem Hebräischen stammen. Mit der Öffnung der Ghettos in der zweiten Hälfte des 19. Jahrhunderts war die Sprache vom Aussterben bedroht, weil eine sprachliche Assimilierung stattfand und die Sprache nach und nach auch nicht mehr von den Juden untereinander verwendet wurde. Dem Dichter Crescenzo Del Monte ist es zu verdanken, dass dieser Dialekt zu einer Literatursprache wurde. Heute haben auch viele junge Leute begonnen, in judeorömischer Sprache zu schreiben.

Crescenzo Del Monte wurde 1868 im römischen Ghetto geboren. Er schrieb Sonette im jüdisch-römischen Dialekt und wird bezugnehmend auf seinen Zeitgenossen, den römischen Volksschriftsteller Belli, auch der »Giochino Belli des jüdischen Roms« genannt. Del Monte verarbeitete in seinen Sonetten die Öffnung des Ghettos und die Entwicklung hin zu ersten emanzipatorischen Schritten und ersten Assimilierungstendenzen, die durch die Gewährung der Bürgerrechte nun möglich waren. Ein weiteres Thema für ihn waren auch die Veränderungen, die sich ab 1870 durch die Eingliederung Roms in den neu entstandenen italienischen Nationalstaat einstellten. In anderen

S. 79), entfernt. Die auf den Grundmauern des Hauses der altrömischen Familie Anicia wohl im 12. Jahrhundert erbaute Kirche ist dem Heiligen Papst Gregor I. geweiht, weil dessen Vater ein Haus in der Nähe besessen hatte. Bei einer Renovierung der Kirche im Jahr 1858 wurde eine zweisprachige Inschrift – auf Hebräisch und Lateinisch – an der Fassade angebracht: »Ich recke den ganzen Tag lang meine Hand aus zu einem ungehorsamen Volk, das seinen Gedanken nachwandelt auf einem Wege, der nicht gut ist.« Es handelt sich um eine antijüdische Deutung aus dem Alten Testament. Die Bibelstelle Jesaja 65,2 ist eine Klage über das Fehlverhalten des jüdischen Volkes. Ferdinand Gregorovius schreibt, ein konvertierter Jude habe das Zitat an der Kirchenfassade anbringen lassen, um die Menschen im Ghetto täglich zu ermahnen.

In seinem Film »Im Jahre des Herrn« aus dem Jahr 1969 erzählt der Regisseur Luigi Magni von den Zwangspredigten in der Kirche San

Werken erzählt er von den Schikanen, denen die Juden in der Vergangenheit ausgesetzt gewesen waren.

Crescenzo Del Monte schrieb aber auch Sonette im allgemeinen Romanesco, dem von der nicht-jüdischen Bevölkerung Roms gesprochenen Dialekt. Diese Zweisprachigkeit eröffnete ihm auch bessere berufliche Perspektiven. So schrieb er etwa den Anhang zu Giacomo Blusteins »Storia degli ebrei in Roma«. Er war überhaupt der erste Gelehrte, der sich mit dem Judeo-Romanesco beschäftigte, und übersetzte auch einige Texte von Dante und Boccaccio in diese Sprache.

Del Monte war sehr stolz auf seine italienische Identität und die Bürgerrechte, die die Juden nun errungen hatten. Vor allem während des Ersten Weltkriegs entwickelte er sich zum italienischen Patrioten. Er brachte sogar dem Aufkeimen des Faschismus eine gewisse Sympathie entgegen. Sein Tod im Jahre 1935 ersparte ihm, die Weiterentwicklungen mitverfolgen zu müssen, und bewahrte ihn vor den Auswirkungen der Rassengesetze von 1938 und den damit verbundenen späteren Verfolgungen und Deportationen.

Heute ist es Alberto Pavoncello, Regisseur, Autor und Direktor des Teatro Giudaico Romanesco, der es sich zum Ziel gemacht hat, Theaterstücke, die sich vor allem mit der Thematik »Minderheiten« beschäftigen, in Judeo-Romanesco aufzuführen. Erklärtes Ziel Pavoncellos ist es, Judeo-Romanesco als Sprache zu erhalten und die nachkommenden Generationen darin zu unterrichten.

Gregorio della Divina Pietà, mittels derer die Juden zur Konversion gedrängt wurden. Tatsächlich fanden die Predigten jedoch wohl erst in der Kirche Santissima Trinità dei Pellegrini beim Campo de' Fiori statt, später in San Benedetto alla Regola und in Sant'Angelo in Pescheria, jener Kirche, die zwischen den korinthischen Säulen der Portikus der Octavia eingezwängt ist (vgl. S. 52). Abgeschafft wurden die Zwangspredigten von Pius IX.

Am Tiber, auf Höhe der Tiberinsel beim Ponte Fabricio oder Quattro Capi und beim Portikus der Octavia, Piazza delle Cinque Scole, leben Juden seit der Antike ohne Unterbrechung. Die Bevölkerung wuchs ab dem 13. Jahrhundert stark an, als viele Juden aus Trastevere, der ersten Ansiedlung der Juden von Rom, in das Ghetto zogen.

Il Ghettarello – Das zweite Ghetto

Monte Savello

Bis ins frühe 18. Jahrhundert gab es neben dem Ghetto noch einen weiteren Häuserblock, der ebenfalls einen umgrenzten Wohnraum für die jüdische Gemeinde darstellte. Wenige Schritte von der Kirche San Gregorio della Pietà befand sich am Monte Savello das *Ghettarello* oder *Macelletto*, das zweite Ghetto der Stadt, welches lange Zeit hindurch in Vergessenheit geraten war. Erst vor wenigen Jahren wurden einige Kartons im Archiv der jüdischen Gemeinde wieder durchgesehen und so erinnerte man sich an das *Ghettarello*, wo sowohl Juden als auch Christen in einem abgeschlossenen Bereich wohnten, schreibt Gabriele Isman am 4. April 2013 in einem Artikel in der römischen Ausgabe der Zeitung »La Repubblica«. Auch im *Ghettarello* war eine Synagoge, eine Scola, in Betrieb. Sie hieß Scola dei Quattro Capi, nach der benachbarten Brücke, später Scola di Porta oder Portaleone. Kurz nachdem er zum Papst gewählt worden war, bestimmte Klemens XII. am 9. Mai 1731 die Schließung des *Ghettarello.* Diese Bestimmung des Papstes wurde von der Glaubenskongregation dem Oberrabbiner Sabato Di Segni mitgeteilt. Die Vertreter der Gemeinde protestierten vergeblich. Nach der Schließung der sechsten Schule pochten sie auf eine Reduktion eines Sechstels der Abgaben an den Papst. Außerdem wollte man die Cinque Scole, die fünf Schulen, entsprechend vergrößern, da nun neue Familien hinzugekommen waren. Insgesamt 1.017 Personen versammelten sich jetzt zum Gebet. Die Cinque Scole wären zu eng, argumentierte die Gemeinde. Der Kirchenstaat ließ die Räumlichkeiten von Sachverständigen ausmessen, die zu dem Schluss gelangten, dass 1.123 Personen darin Platz fänden. Im Jahr 1735 wurden also die dazu gekommenen 180 Familien aus dem aufgelassenen *Ghettarello* auf die bestehenden fünf Synagogen aufgeteilt.

Vom *Ghettarello* sind heute nur mehr einige Überreste durch Ausgrabungen sichtbar; ein Ofen und ein antiker Säulenrest sind zu erkennen. Der Großteil der Grundmauern ist jedoch durch den Lungotevere und die Endstation der Buslinie 63 überbaut worden.

Piazza delle Cinque Scole

Die Piazza delle Cinque Scole wurde im 15. Jahrhundert von Giacomo della Porta erschaffen. Hier steht auch der Palazzo der Familie Cenci. Beatrice Cenci, genannt die weiße Frau, ist eine wichtige Frauengestalt in der römischen Überlieferung. Sie wurde 1599 unter Duldung von Papst Klemens VIII. auf der Engelsbrücke hingerichtet, weil sie ihren tyrannischen Vater Francesco ermordet hatte.

Am Beginn des 16. Jahrhunderts waren hier neun oder zehn Synagogen belegt. Aus diesen wurden sieben, als 1557 auch die Scola Tedesca, die Deutsche Schule, verschwinden musste, weil dort ein verbotener hebräischer Text entdeckt worden war. Im Jahr 1566 waren unter dem Pontifikat von Pius V. fünf Synagogen übrig geblieben. Sie wurden in einem einzigen Gebäude vereinigt, das danach den Namen *le Cinque Scole*, die fünf Schulen, erhielt. Die Schulen hießen: Tempio, Nova, Siciliana, Castigliana und Catalana. Ihre Namen bringen die unterschiedliche Abstammung der Gläubigen ebenso wie die Rituale ihrer spanischen, italienischen und französischen Mitglieder zum Ausdruck. Das Gebäude der fünf Schulen befand sich am äußersten nordwestlichen Rand des Ghettos und wurde aus der Verbindung von zwei unterschiedlichen Bauwerken zwischen der Piazza delle Cinque Scole, der Via Catalana und der Via Fiumara gebildet.

Um diesen Bereich in einen ausschließlich für die Juden bestimmten zu verwandeln, wo Christen nicht wohnen durften, mussten einige Häuser und Kirchen abgerissen und die ansässigen Christen verdrängt werden. Für die Umsetzung des Verbots von Immobilieneigentum im Ghetto wurde auf ein altes jüdisches Rechtsinstrument zurückgegriffen: die *cazacà*, eine Art des Besitzes, die dann in in die *jus cazacà* überging – ein Recht, welches verkauft, mit Hypotheken belegt und vererbt werden konnte. Im 17. Jahrhundert wurden kleinste Teiler einer *cazacà* im Erbweg weitergegeben. Dabei handelte es sich oftmals nur um einen Bettplatz. Um dem Bevölkerungswachstum Raum zu geben, wurden die Häuser viel höher gebaut. Sie zählten oft bis zu sechs oder sieben Stockwerke, hatten sehr niedrige Decken und waren voll von Zwischenwänden und Zubauten aller Art. Solche Häuser sind heute noch im Ghetto von Venedig zu sehen.

Der ärmste Teil des Ghettos befand sich am Tiber, auf der Via Fiumara und den angrenzenden Gässchen, wo vom damals noch nicht regulierten Ufer der Tiber Keller und untere Geschoße überschwemmte.

Die Pestepidemie des Jahres 1656 wütete besonders heftig im Ghetto und machte der Überbevölkerung für einige Jahrzehnte den Garaus. Viele Wohnungen standen leer, wenngleich die Gemeinde, die für die Vermietungen zuständig war, auch für die leeren Wohnungen Abgaben zu leisten hatte. Ende des 17. Jahrhunderts wuchs die Bevölkerung wieder überproportional an, obwohl viele wohlhabendere Juden es vorzogen, Rom zu verlassen. Die magische Grenze von 5.000 Einwohnern ist nach übereinstimmender Meinung der Historiker jedoch nie wesentlich überschritten worden.

Das Gebäude mit den fünf Synagogen, wo die verschiedenen Richtungen des jüdischen Glaubens aufgeteilt nach Herkunft und Ritus gepflegt wurden, ist nicht mehr erhalten. Der Papst hatte angeordnet, dass die Juden nur einen einzigen Tempel nutzen durften, daher wurde ein Gebäude mit nur einem Eingang errichtet, aber darin befanden sich verschiedene, reich ausgestattete Synagogen. Ein Brand – möglicher Weise mutwillig gelegt – markierte das Ende der Cinque Scole.

Hier wie auch beim Ponte Fabricio wurde das Ghetto zwischen 1886 und 1904 gemäß des Bebauungsplanes der Stadt Rom von 1873 bis auf Straßenniveau abgerissen. Die neuen Gebäude wurden zum Teil auf den alten Grundmauern aufgebaut. Für den Besuch empfiehlt es sich, den Plan, der auf Grundlage des Gregorianischen Katasters von 1816 erstellt wurde und der im jüdischen Museum im Großen Tempel (vgl. S. 49f.) ausgestellt ist, zu konsultieren. Auf dem Plan sind in roter Farbe die derzeitigen Gebäude markiert, darunter ist in schwarz das Gassengewirr des alten Ghettos zu erkennen. Von 30.000 Quadratmetern waren 24.000 mit Wohnraum bedeckt. Die darin wohnende Bevölkerung stellte die am dichtesten zusammengedrängte in der Stadt Rom dar.

Der Klagebrunnen

Piazza delle Cinque Scole

Auf der Piazza delle Cinque Scole befindet sich ein Brunnen, der auch als der Klagebrunnen bekannt ist. Dieser Name bezieht sich auf die Kirche Santa Maria del Pianto, die heilige Maria von der Klage, deren Fassade auf die Piazza delle Cinque Scole gerichtet ist. Der Brunnen stand zunächst auf der Piazza Giudia. Als im Rahmen der Bauarbeiten im ehemaligen Ghetto im Jahr 1880 die Piazza Giudia geschleift wurde, wurde der Brunnen abgebaut. Teile wurden in einem anderen Brunnen auf dem Gianicolo verwendet, bis der Klagebrunnen im Jahr 1930 in seiner ursprünglichen Form wieder in der Nähe des ehemaligen Ghettobereiches zusammengesetzt wurde. Heute ist beim Brunnen eine Inschrift angebracht, die an die Wiederaufstellung erinnert.

Jahrhundertelang war der Brunnen eine wichtige Frischwasserquelle für das Ghetto. Im Jahr 1587 wurden die Restaurierungsarbeiten an einem antiken Aquädukt abgeschlossen. Die Wasserleitung bekam nun den Namen Acqua Felice, da die Arbeiten an der Leitung unter dem Papst Sixtus V., mit bürgerlichem Namen Felice Peretti, durchgeführt wurden. Von dem Viminal- und dem Quirinalshügel wurde die Leitung bis hin zur Tiberinsel instandgesetzt. Entlang der Acqua Felice wurden mehrere Brunnen aufgestellt. Im gerade festgesetzten Ghetto bestand großer Wasserbedarf, da es noch keinen Brunnen gab und sich der nächste Brunnen jenseits des Flusses an der Piazza Santa Maria in Trastevere befand.

Der Architekt Giacomo della Porta entwarf 1591 im Auftrag von Papst Gregor XIII. den Brunnen für das Ghetto. Pietro Gucci führte ihn in den folgenden zwei Jahren aus. Der Marmor stammte vom Tempel des Serapis, einem antiken Heiligtum, das sich auf dem Quirinalshügel befunden hatte.

Im Zentrum des Brunnens befindet sich ein mächtiges gewölbtes Steinbecken. In dessen Mitte ragt ein Pilaster auf, der wiederum eine steinerne Wanne trägt, auf der vier Gorgonen-Köpfe angebracht sind. Das Wasser fließt in dünnen Strahlen vom oberen in das untere Steinbecken. Das größere Becken ist mit den Adelswappen von Beamten aus dem Jahr 1593 versehen.

Via Santa Maria del Pianto

Auf dieser Straße wurde am 16. Oktober 1943 Marcella Perugia festgenommen. Die 23jährige war hochschwanger, sie wurde mit ihrer Schwester Clelia und den beiden Kindern Pacifico und Giuditta, sechs und sieben Jahre alt, ins Collegio Militare gebracht. Dort brachte sie ihr Kind zur Welt, das namenlos starb. Im Februar 1944 verhafteten die Nazis hier auch Erina Fornaro.

Ferdinand Gregorovius, der Chronist aus dem 19. Jahrhundert, stellte eine Verbindung zwischen dem Namen der Kirche, heilige Maria vom Weinen, und der Geschichte des Platzes her: »Am Platz der Tränen steht ein alter Palast zwischen zwei Kirchen. Auf der einen sagt die Inschrift, daß sie der Maria des Weines geweiht sei, auf der anderen steht der grausenerregende Name des Erbauers, Francesco Cenci. Es ist der Palast der Cenci – hier erfaßt den Betrachter Grauen, gedenkt er der schönen Beatrice Cenci, des Francesco unglücklicher Tochter, der Mörderin eines ungeheuerlichen Vaters. Der Palast blickt über den Judenplatz hinweg gerade auf die Synagoge, in der an Festtagen die Psalmen und die Klagelieder der Hebräer sich hören lassen.«

Die Emanzipation der römischen Juden

1870 begann der Emanzipationsprozess der römischen Juden. Nach Jahrhunderten der Isolation im Ghetto – zwischen 1555 und 1870 – war der Weg in die bürgerliche Freiheit langwierig und voller Hindernisse. Die meisten Juden waren sehr arm, erst nach und nach bildete sich eine bürgerliche Schicht von Ärzten, Anwälten und Ingenieuren heraus.

1871 zählte das italienische Parlament elf jüdische Abgeordnete. 1874 waren es fünfzehn, 1921 neun Abgeordnete und 1948 waren nur mehr vier Abgeordnete jüdischen Glaubens.

1871 wurden zwei Juden Stadträte am Kapitol, einer von ihnen war Samuel Alatri. Die Wahl Ernesto Nathans zum Bürgermeister im Jahr 1907 wurde als ein Zeichen der öffentlichen Anerkennung der jüdischen Gemeinschaft innerhalb der Stadt gewertet.

Der 16. Oktober 1943

Mit dem Abschluss der Lateranverträge am 11. Februar 1929 zwischen dem Heiligen Stuhl und dem Königreich Italien verlieren die Juden ihren Status als gleichberechtigte Religionsgemeinschaft. Die katholische Religion wird als Staatsreligion privilegiert, obwohl am Marsch auf Rom 1922 viele jüdische Italiener teilgenommen haben. Mit der Radikalisierung des Regimes verändert sich das gesamte gesellschaftlich-politische Klima. Die expansive Kolonialpolitik und das neue lateinische Imperium, die der Ministerpräsident Benito Mussolini 1936 proklamiert, stehen im Fokus. Es werden eine extrem rassistische Gesetzgebung und eine Apartheitspolitik durchgeführt.

1938 wird schrittweise die rassistische Gesetzgebung eingeführt, die in Einzelbestimmungen zum Teil noch radikaler ist als die nationalsozialistische. Die Juden werden zu einer Fremdbevölkerung erklärt und aus bestimmten Berufszweigen, aus den Universitäten, dem öffentlichen Dienst und auch aus bestimmten Wirtschaftszweigen hinausgedrängt. Die Umsetzung erfolgt jedoch weniger strikt als angekündigt, es findet keine Gewaltkampagne wie in Deutschland statt. Auch der Judenstern als Zeichen der Diskriminierung wird in Italien nicht eingeführt. Die Faschisten überschreiten von sich aus nicht die letzte Schwelle, sie ergreifen keine Maßnahmen zur Deportation und zur Auslöschung.

Der kritische Moment tritt nach der erzwungenen Abdankung Mussolinis im Sommer 1943 ein, als Anfang September 1943 die Deutschen Italien besetzen. Nun beginnt eine gezielte Politik der Vernichtung. Diese ist von den Deutschen initiiert. Vom Reichssicherheitshauptamt

Ponte Fabricio – Fabrizius-Brücke

Die älteste steinerne Brücke über den Tiber führt zur Tiberinsel und stammt aus dem Jahr 62 v. Chr. und trägt drei Namen: Ponte Fabricio, nach dem altrömischen Beamten Lucius Fabricius, der ihren Bau veranlasste; Ponte die Quattro Capi (Brücke der vier Köpfe), weil vier steinerne Köpfe auf ihr angebracht sind. Sie stellen angeblich die Köpfe vierer Architekten dar, die ob der Renovierung der Brücke in Streit gerieten und von Papst Sixtus V. enthauptet, aber mit einem steinernen Denkmal auf der Brücke verewigt worden sein sollen. Der dritte Name lautet Pons Juaeorum (Die Brücke der Juden), weil sie zum jüdischen Ghetto führte.

erfolgt die Planung, Italien in die Shoah zu integrieren. Im Oktober wird ein kleiner Stab von Berlin nach Rom geschickt, unter Führung von Theodor Dannecker, einem Experten der Judenvernichtung. Er setzt mit etwa sieben Mitarbeitern, die auf Judenjagd spezialisiert sind, die in Berlin geplanten Maßnahmen um.

In Rom, der größten jüdischen Gemeinde, beginnen die Deutschen mit der Deportation, an einem Samstag, dem letzten Tag von Sukkot, dem Laubhüttenfest. Der Polizeikommandant Herbert Kappler, der Stadtkommandant Rainer Stahel und der stellvertretende deutsche Botschafter Eitel Friedrich Möllhausen waren alle dafür, die Judendeportation zu unterbinden, nicht aus Judenfreundlichkeit, sondern aus praktischen Gründen. Tausende von Flüchtlingen kamen in Rom an. Schon unter militärischen Gesichtspunkten war es kontraproduktiv, die Juden zu deportieren. Zudem hatte man Respekt vor dem Papst. In einem berühmten Telegramm kabelte der deutsche Vatikan-Botschafter Ernst von Weizsäcker: »Wir sind hier unter den Fenstern des Papstes, da können wir diese Judenpolitik nicht durchführen.«

Im Vorfeld des 16. Oktober riss Theodor Dannecker das Ruder an sich. Er hielt die Militärs dazu an, ihm durch Polizeieinheiten Unterstützung zu liefern. Dann wurde eine Razzia durchgeführt, in der man alle Mitglieder der jüdischen Gemeinde deportieren wollte. Diese Razzia ist das schlimmste Ereignis im Rahmen der Shoah in Italien. Ab halb sechs Uhr früh fuhren Polizeieinheiten in der ganzen Stadt vor und trieben 1.265 Personen anhand von Listen, die von den italienischen Behörden zur Verfügung gestellt wurden, zusammen. Die Gefangenen wurden in das Collegio Militare in Trastevere gebracht, von dort aus wurden am 18. Oktober mehr als 1.000 Menschen nach Auschwitz deportiert.

KAPITOL

Auf dem Kapitol wurde der Vorstand der jüdischen Gemeinde jahrhundertelang am ersten Tag des Karnevals gezwungen, eine demütigende Huldigungszeremonie über sich ergehen zu lassen, die der deutsche Schriftsteller Ferdinand Gregorovius folgendermaßen beschreibt: »Am ersten Sonnabend des Karnevals pflegten die Häupter der Juden als Deputation der Judenschaft Roms vor den Konservatoren auf dem Kapitol zu erscheinen. Sie warfen sich vor ihrem Sessel nieder, und kniend überreichten sie einen Blumenstrauß und 20 Skudi, mit der Bitte, dies zur Auszier des Ballons zu verwenden, auf welchem der römische Senat auf der Piazza del Popolo seinen Sitz nahm. In gleicher Weise gingen sie zu dem Senator und flehten ihn nach hergebrachter Sitte um die Vergünstigung an, ferner in Rom bleiben zu dürfen. Der Senator setzte seinen Fuß auf ihre Stirn, befahl ihnen aufzustehen, und sagte nach hergebrachter Formel, daß die Juden in Rom nicht aufgenommen, doch aus Barmherzigkeit geduldet seien.«

Erst 1847 schuf Pius IX. diese entwürdigende Zeremonie ab. Nach der Gründung des Staates Italien, Emanzipation der Juden, Faschismus und Shoah ist sich heute die Stadt Rom ihrer Verantwortung gegenüber der jüdischen Gemeinde bewusst. Alljährlich, Anfang November, organisiert die Stadt Rom eine Gedenkreise nach Auschwitz-Birkenau unter dem Leitgedanken »Ohne Erinnerung gibt es keine Zukunft«. 128 Schülerinnen und Schüler von 32 römischen Schulen waren 2017 gemeinsam mit der Bürgermeisterin Virginia Raggi und mit den beiden Überlebenden Sami Modiano und Tatiana Bucci unterwegs, um Krakau, sein jüdisches Viertel Kazimierz mit der Synagoge und die Vernichtungslager aufzusuchen. Auch Vertreter der Kultusgemeinde und der Fondazione Museo della Shoah nehmen an der Fahrt teil. »Wir müssen die historische Erinnerung lebendig halten, denn sie dient dazu, dass das, was in der Vergangenheit geschehen ist, nie wieder passiert«, erklärt die Bürgermeisterin. Es geht ihr um das intensive Nachdenken über die dunkelsten Kapitel der Menschheit, denn sie will eine Gemeinschaft leben, die auf Zusammenhalt und gegenseitigen Respekt aufbaut.

Im Jahr 2017 fand die Fahrt nach einer missbräuchlichen und vulgären Verwendung des Bildes von Anne Frank durch Anhänger des

Fußballclubs Lazio Rom statt. Deshalb nahmen auch der Präsident des italienischen Fußballverbandes und der Verantwortliche für die Entwicklung der Jugend im Fußballverband an der Gedenkreise teil. »Was vor kurzem in den Stadien stattgefunden hat, können wir nicht ignorieren«, meint Virginia Raggi. »Das ist kein Fußball, das ist kein Sport.« Um gegen Antisemitismus, Hass und Gewalt aufzutreten und zu besseren Menschen heranzuwachsen, reisen die Schüler nach Auschwitz und Birkenau: »Damit zwischen Gut und Böse alle wissen, auf welcher Seite sie stehen«, betont die Bürgermeisterin.

Kapitolinische Museen

In den Kapitolinischen Museen befindet sich eine Inschrift auf Semitisch und Griechisch, die aus der Katakombe von Monteverde (vgl. S. 176) stammt. Besondere Fundstücke sind auch das Fragment einer Säule aus der Kaiserzeit, die im jüdischen Friedhof in Trastevere wiederverwendet worden war. Dieser Friedhof befand sich an der Porta Portese und war unter dem Namen Campus Iudeorum bekannt. Hier wurden vom Frühmittelalter bis zum Jahr 1645 die jüdischen Bestattungen durchgeführt. 1645 wies Papst Innozenz X. aufgrund des zunehmenden Verfalls des Friedhofs der jüdischen Gemeinde einen neuen Ort am Aventin, heute Rosengarten von Rom (vgl. S. 161), zu. Einige Epitaphe aus dem Friedhof von Trastevere sind in den Kapitolinischen Museen ausgestellt, sie sind in Hebräisch verfasst und auf die Jahre 1560 bis 1576 datiert.

UM DIE VIA DEL CORSO

Die erste Wohnung von Clara Sereni

Via di Ripetta 155

Clara Sereni wird im Jahr 1946 als Tochter jüdisch-antifaschistischer Eltern in Rom geboren. Ihr Vater Emilio Sereni trat 1926 dem PCI, der kommunistischen Partei Italiens, bei und wurde nach Kriegsende unter der Regierung von Alcide De Gaspari zweimal Minister, 1948 Senator. Ihre Mutter Xenia Silberberg (später Marina Sereni) war Autorin und wurde durch ihr Werk »Tage unseres Lebens« bekannt.

In der Via di Ripetta 155 bezieht die junge Clara Sereni ihre erste eigene Wohnung. Von ihrem Leben in der Zeit zwischen 1968 und 1977 erzählt die Autorin in ihrem 2015 erschienenen Roman »Via di Ripetta 155«. Es ist die Zeit des Terrorismus in Italien, als Folge der gescheiterten Utopien des Jahres 1968. Clara Sereni beschreibt das gesellschaftliche Leben der idealistischen Jugend von Rom, die sich in einer Aufbruchsstimmung befindet und deren Hoffnungen enttäuscht wurden.

Ihre frühen literarischen Arbeiten sind vor allem vom politischen Engagement ihrer Eltern, aber ebenso von ihrem eigenen politischen Denken und das ihrer ganzen Generation geprägt, was besonders in ihrem Erstlingswerk »Sigma Epsilon« (1974) evident wird. Clara Sereni arbeitet auch als Übersetzerin aus dem Französischen und schreibt als Journalistin für die Tageszeitungen »L'Unità« und »Il Manifesto«.

Sie hat sich auch aufgrund der psychischen Erkrankung ihres Sohnes Matteo im sozialen Bereich engagiert. Seit 2009 ist sie Präsidentin der Stiftung Città del sole – Onlus. Im Jahre 2004 spielte sie an der Seite von Matteo auch im Dokumentarfilm »Un silenzio particolare« mit, den ihr Ehemann Stefano Rulli drehte und der diese psychische Erkrankung ihres Sohnes und den Umgang der Familie mit dieser Erkrankung im Alltag zum Thema hat.

Die Autorin Natalia Ginzburg im italienischen Parlament

Palazzo Montecitorio

Im Jahr 1983 kam in Italien ein Buch auf den Markt, das zu heftigen Diskussionen Anlass gab: »Die Familie Manzoni«. Es ist ein dokumentarischer Roman, der seinen Ausgang in der Biographie Alessandro

Manzonis, des Autors von »Die Verlobten« nimmt. Die Autorin ist Natalia Ginzburg. Sie wird im Erscheinungsjahr von »Die Familie Manzoni« als Abgeordnete ins italienische Parlament gewählt, als unabhängige Kandidatin auf der Liste der kommunistischen Partei. Als Abgeordnete macht sich Natalia Ginzburg stark für Frauenrechte, für das Recht zur Adoption, für Minderheiten und Häftlinge.

Die 1916 in Palermo geborene Schriftstellerin entstammte der jüdischen Triestiner Familie Levi. Ihr Vater und ihre drei Brüder wurden als Antifaschisten verfolgt und inhaftiert. 1942 erschien Natalia Ginzburgs erster Roman »Die Straße in die Stadt« unter dem Pseudonym Alessandra Tornimparte. 1945 wurde der Roman wieder aufgelegt, jetzt unter dem bürgerlichen Namen der Autorin. Natalia Ginzburg war in erster Ehe mit Leone Ginzburg verheiratet, der im Februar 1944 von deutschen Soldaten im Gefängnis Regina Coeli in Trastevere gefoltert und ermordet wurde. Davon erzählt sie in ihrem Roman »Die kaputten Schuhe«.

In ihrem vielleicht populärsten Roman »Familienlexikon« entwickelt Natalia Ginzburg die Geschichte der antifaschistischen jüdischen Familie Levi in Turin, die einen eigenen innerfamiliären Wortschatz in ihrer Kommunikation entwickelte. Ginzburg arbeitete neben ihrer Tätigkeit als Schriftstellerin auch für den Verlag Einaudi, wo sie die italienische Ausgabe von »Das Tagebuch der Anne Frank« zur Publikation vorschlug und vorbereitete.

Als ihr Abgeordnetenmandat 1987 wieder bestätigt wurde, sprach sie sich mit Vehemenz gegen die Entsendung italienischer Kriegsschiffe in den persischen Golf aus. »Gewalt bringt Gewalt hervor, Waffen bringen Waffen hervor. Rebellieren wir also, und versuchen wir, dieses wahnsinnige und kriminelle Unterfangen aufzuhalten«, sagte Natalia Ginzburg in ihrer Rede vor dem Parlament. In ihrem letzten Text behandelt sie die Geschichte der Adoption der Serena Cruz, ein Aufsehen erregender Adoptionsfall, der zu heftigen öffentlichen Kontroversen geführt hat.

In Pier Paolo Pasolinis Film »Das 1. Evangelium – Matthäus« aus dem Jahr 1964 ist Natalia Ginzburg als Maria Magdalena zu sehen.

Redaktion der Literaturzeitschrift »Botteghe Oscure«
Palazzo Caetani, Via delle Botteghe Oscure 32

»Botteghe Oscure« hieß eine internationale Literaturzeitschrift, in der in Rom zwischen 1948 und 1959 jeweils im Frühjahr und Herbst Dichtung und Prosa auf Englisch, Französisch, Italienisch, Deutsch und Spanisch erschienen. Die Autorin, Journalistin, Kunstsammlerin und Mäzenin Marguerite Caetani, eine in den USA geborene naturalisierte Italienerin, förderte mit ihrer Zeitschrift vor allem junge und wenig bekannte Autoren, indem sie ihnen oft mehr Platz und Honorar zugestand als den bekannteren Kollegen. In den »Botteghe Oscure« erschienen etwa Texte von W.H. Auden, Italo Calvino, Albert Camus, Truman Capote, Günter Grass, Octavio Paz, Pier Paolo Pasolini und Dylan Thomas ebenso wie einige Kapitel von »Der Leopard« von Giuseppe Tomasi di Lampedusa. Ingeborg Bachmann veröffentlichte in »Botteghe Oscure« erstmals die Gedichte »Hôtel de la Paix« und »Exil«. Die österreichische Autorin versuchte auch intensiv, Marguerite Caetani zu überzeugen, Gedichte des damals noch unbekannten Paul Celan in ihrer Zeitschrift zu veröffentlichen.

Marguerite Caetani vertraute 1948 die Chefredaktion der Zeitschrift Giorgio Bassani an. Caetani brachte Bassani, der sich selbst als Lyriker sah, dazu, Prosa zu schreiben. In der Folge wurde er zum literarischen Chronisten der zerstörten jüdischen Lebenswelt seiner norditalienischen Heimatstadt Ferrara und schrieb mit dem Roman »Die Gärten der Finzi-Contini« Weltliteratur. Viele von Bassanis Texten erschienen erstmals in den »Botteghe Oscure«, so auch die Erzählung »Die lange Nacht von 43«, die die fünfte in Bassanis Sammlung der »Ferrareser Geschichten« wurde. Darin zeigte er die Dynamik in der tief gespaltenen Gesellschaft Italiens zwischen Faschismus und Antifaschismus auf.

Während seiner Tätigkeit für »Botteghe Oscure« arbeitete Bassani auch an Filmdrehbüchern. 1955 zog er sich mit Pier Paolo Pasolini in die Berge zurück, um das Drehbuch für Luis Trenkers »Flucht in die Dolomiten« zu verfassen. 1956 wurden die »Fünf Ferrareser Geschichten« mit dem renommierten Literaturpreis Premio Strega ausgezeichnet. »Die Nacht von Ferrara« wurde vom Regisseur Florestano Vancini verfilmt.

Das kulturelle Engagement von Giorgio Bassani, der schon während des Krieges als Antifaschist aktiv war, ist weitreichend. So zählt er auch zu den Gründern der Vereinigung Italia Nostra, die den Schutz der Natur und Kultur Italiens zum Ziel hat.

1958 veröffentlichte Bassani »Die Brille mit dem Goldrand«, worin er die Geschichte zweier gesellschaftlicher Außenseiter verknüpft, jene des jüdischen Erzählers und die des homosexuellen Protagonisten Athos Fadigati. In die Literaturgeschichte geht auch ein Sonntagsausflug Bassanis mit Freunden und Familie in das etruskische Cerveteri ein. Dieser Ausflug bildet den Auftakt von »Die Gärten der Finzi-Contini«. Dieses epochale Werk, das die Welt der vornehmen jüdischen Familie Finzi-Contini in Ferrara und ihren Untergang durch den Faschismus auf eindrucksvolle Weise erzählt, veröffentlichte Bassani im Jahr 1962, nachdem er die Redaktion der »Botteghe Oscure« im Palazzo Caetani bereits für immer geschlossen hatte. Er taucht tief ein in die Erinnerung – es geht um Moral, die intellektuelle Erfahrung und um Politik. Der Roman schlug ein, nach nur fünf Monaten waren schon 100.000 Exemplare verkauft.

1964 erschien im Verlag Einaudi Bassanis Roman »Hinter der Tür«. Im selben Jahr wurde Bassani als Kandidat der sozialistischen Partei Vizepräsident der RAI, des staatlichen italienischen Rundfunks. Er widmete sich vor allem dem Kulturprogramm. Zwei Jahre später erfuhr Bassani auf einer Reise, dass die RAI-Direktion Posten besetzt hatten, ohne ihn zu konsultieren, woraufhin er sich sofort aus der RAI und aus der sozialistischen Partei zurückzog.

1968 veröffentlichte Giorgio Bassani seinen letzten Roman »Der Reiher«, für den er im darauffolgenden Jahr mit dem Premio Campiello ausgezeichnet wurde. 1970 erschien der Film »Der Garten der Finzi-Contini« in der Regie von Vittorio de Sica und mit Helmut Berger und Dominique Sanda in den Hauptrollen des sensiblen Geschwisterpaares. 1987 kam die Bassani-Verfilmung »Brille mit Goldrand« des Regisseurs Giuliano Montaldo heraus. Giorgio Bassani starb am 13. April 2000 im Ospedale San Camillo in Rom. Sein Grab befindet sich am jüdischen Friedhof von Ferrara.

UM DIE PIAZZA NAVONA

Archivio Storico Capitolino
Piazza dell'Orologio 4

Hier befinden sich Akten, die in den Jahren zwischen 1536 und 1640 entstanden sind. Sie sind unter dem Titel »Notai ebrei«, jüdische Notate, zusammengefasst. Alle Akten wurden von Juden, Rabbis, verfasst, zumeist auf Hebräisch, teilweise auf Italienisch mit hebräischen Buchstaben geschrieben.

Testamente und Vermächtnisse, Heiratsdokumente, Scheidungen, Berichte über häusliche Gewalt und auch eine Adoptionsurkunde machen den Fondo Notai ebrei zu einer spannenden Quelle für das Alltagsleben vor und nach der Einrichtung des Ghettos, wobei in diesem Zusammenhang festzustellen ist, dass sich Juden auch oft zur Streitbelegung an christliche Gerichte wandten – auch das wird im Fondo Notai ebrei deutlich.

Aus diesen Akten kann beispielsweise die Zahl von 3.500 Bewohnern des Ghettos, erhoben in der 1591 durchgeführten Volkszählung, bestätigt werden. Berichtet wird vom Lebensalltag, etwa von Spielen, Tanz, Barbieren, koscherem Fleisch und verschiedenen Kleidungsstücken. Festgehalten wird in einem Text auch, dass Lehrer ihre Schüler nicht zu heftig schlagen sollen, in einem anderem werden die Lehrer ermahnt, nicht zu gestatten, dass die Schüler die Einrichtungsgegenstände der Synagogen beschädigen.

Aus Eheverträgen ist hier zu erfahren, dass im 16. Jahrhundert die durchschnittliche Mitgift einer jüdischen Braut 150 Scudi betrug, drei Jahresgehälter eines Facharbeiters und etwa gleich viel, wie römische christliche Mädchen derselben sozialen Schicht zur gleichen Zeit erhielten. Die Akten bestehen aus Mietverträgen, Lehrlingsvereinbarungen und allen möglichen Streitfällen und Dokumenten rund um die Synagogen. Bekannt ist beispielsweise der Streit um die Mietzahlungen zwischen der Scola Nova und der Scola Tedesca, nachdem letztere vom Vikar geschlossen worden war, weil in ihr verbotene Bücher auftauchten.

Archivio di Stato di Roma

Sammlung Jüdische Bankiers
Corso del Rinascimento 40

Die Aktensammlung Banchieri ebrei im Archivio di Stato deckt den Zeitraum von 1585 bis 1691 ab und ist in 90 Bänden zusammengefasst. Die Akten bestehen aus Notariatsprotokollen und Prozessakten. Sie bilden die wirtschaftliche und gesellschaftliche Wirklichkeit ab und sind eine umfassende Quellensammlung zur Rekonstruktion des jüdischen Lebens in der Stadt der Päpste in der frühen Neuzeit.

Mit der Einrichtung des Ghettos 1555 wurde die Pfandleihe einer von zwei Berufen, der Juden bis 1682 nie verboten wurde, der andere war der Handel mit gebrauchten Gegenständen. Zu Beginn des 16. Jahrhunderts war Rom ein lebendiges Finanzzentrum. Diese Entwicklung war durch die Ankunft vieler unterschiedlicher Einwanderer aus verschiedenen Nationen entstanden, die soziale Mobilität war hoch, die alten römischen Familien hatten an Einfluss verloren. Die Juden bildeten, bevor sie ins Ghetto gezwungen wurden, eine der sogenannten »Nationen« und waren gut mit dem sozialen und wirtschaftlichen Leben der Stadt verflochten.

Aus den Notariatsakten gehen die Berufe hervor, denen die Juden im 16. und 17. Jahrhundert vor allem nachgingen: Weber, Schneider, Färber, Hutmacher, Spengler, Schmiede, Schuster und Sattler. Viele waren auch im Handel mit alten und neuen Kleidern tätig. Eine weitere typische Aktivität im Ghetto war die Erneuerung von Matratzen, eine höchst beschwerliche Tätigkeit. Der Arzt und Schriftsteller Bernardino Ramazzini berichtet im 17. Jahrhundert, er habe viele Handwerker kennengelernt, die an dieser Arbeit zugrunde gingen und an unheilbarer Auszehrung starben.

Hoch war die Zahl der Juden, die sich der Vergabe von Krediten und der Pfandleihe widmeten. Viele von ihnen gehörten den von den katholischen Königen von der iberischen Halbinsel vertriebenen sephardischen Familien an. »Dies führte zu einer wesentlichen Verbesserung der tristen wirtschaftlichen Situation, die das Leben der Juden in Rom im 14. und 15. Jahrhundert bestimmt hatte«, stellt Claudio Procaccia fest. Die maximale Anzahl von jüdischen *banchieri* wurde von Papst Gregor XIII. auf 40 festgesetzt. Ende des 16. Jahrhunderts wurde sie auf 70 erhöht, in der zweiten Hälfte des 17. Jahrhunderts war sie jedoch auf 20 gesunken. Die anonyme Schrift »Il vero stato degli Hebrei di Roma«, wahrscheinlich von einem extrem gut informierten

Mitglied der päpstlichen Verwaltung verfasst, schätzte das Gesamtvermögen der *banchieri* im Jahr 1668 auf 800.000 Scudi. Zur selben Zeit verfügte einer der reichsten christlichen Geschäftsmänner, Giuseppe Giustiniani, über 500.000 Scudi. Einige Kardinäle werden wohl ein noch größeres Vermögen ihr Eigen genannt haben.

Rita Levi Montalcini und Carlo Levi im Senat der italienischen Republik
Palazzo Madama

Die Medizinerin und Neurobiologin Rita Levi Montalcini wurde 2001 als zweite Frau zur italienischen Senatorin auf Lebenszeit ernannt. 1986 wurde sie mit dem Nobelpreis für Medizin ausgezeichnet – als erste Nobelpreisträgerin erreichte sie ein Lebensalter von über 100 Jahren.

Rita Levi Montalcini wurde am 22. April 1909 in Turin in eine sephardische Familie geboren, als Tochter des Ingenieurs, Elektrotechnikers und Mathematikers Adamo Levi und der Malerin Adele Montalcini. Ihre Zwillingsschwester Paola machte sich als Malerin einen Namen. Als ihr Kindermädchen Giovanna unheilbar an Krebs erkrankte, beschloss die 19jährige Rita Medizin zu studieren. Nach ihrem Studium widmete sie sich der Grundlagenforschung.

Nach der Unterdrückung durch den Faschismus und der Befreiung leitete Rita Levi Montalcini in Rom das Laboratorium für Zellbiologie des Nationalen Forschungsrates. In ihrer Forschungsarbeit entdeckte sie Faktoren zum Zellwachstum und prägte zusammen mit Viktor Hamburger den Begriff Neurotrophin. Der Nobelpreis erging an sie aufgrund der Isolierung und Charakterisierung des Nervenwachstumsfaktors.

Carlo Levi wurde zweimal in den italienischen Senat gewählt. Aus großbürgerlicher assimilierter Familie in Turin stammend, hatte Levi dort zunächst Medizin studiert und auch als Assistenzarzt gearbeitet, sich dann aber für Politik und Malerei entschieden. Carlo Levi repräsentiert ein zutiefst kulturelles und politisches italienisches Judentum, in dem die religiösen Aspekte vollkommen in den Hintergrund gerückt sind. Sein Roman »Christus kam nur bis Eboli«, der 1945 erschien, schildert die Situation des aus der Geschichte gefallenen Süditalien, wie er sie als vom faschistischen Regime in die Region Basilikata verbannter selbst erlebt hatte. Der Roman begründete Carlo Levis Weltruf als Autor. Er hatte gemeinsam mit Nello und Carlo Roselli 1929 die antifaschistische Gruppe »Gerechtigkeit und Freiheit« gegründet und leitete diese mit Leone Ginzburg. Wegen dieser politischen

Abb. 10: Rita Levi Montalcini (rechts) mit Hillary Clinton, Tullia Zevi und Sophia Loren.

Betätigung wurde er 1935 nach Süditalien verbannt. Als er im nächsten Jahr aufgrund einer Generalamnestie freigelassen wurde, ging er ins Exil und leitete die Gruppe »Gerechtigkeit und Freiheit« von Paris aus. 1941 kehrte er nach Florenz zurück und wurde gefangen genommen, nach dem Ende des Mussolini-Regimes und seiner Freilassung schrieb er in Florenz »Christus kam nur bis Eboli«. Nach dem Zweiten Weltkrieg zog er nach Rom, wo er in der Künstlervilla Strohl-Fern bis zu seinem Tod 1975 wohnte und arbeitete.

UM DEN CAMPO DE' FIORI

Plakette »Die Seiten brennen, aber die Buchstaben fliegen«
Campo de' Fiori

In Ferrara wurde der Proselyt Joseph Saralvo gefangen genommen. Ihm wurde zur Last gelegt, er hätte verbotenerweise Beschneidungen durchgeführt. Saralvo wurde nach Rom gebracht und am 19. Februar 1583 am Campo dei Fiori lebendig als Häretiker verbrannt. Heute erinnert die Statue von Giordano Bruno an die zahllosen grausamen Hinrichtungen in Mitten des Platzes. Giordano Bruno, zu dessen revolutionärem Weltbild auch das Studium der Kabbalah beigetragen hatte, war am 17. Februar 1600 an eben jener Stelle auf dem Scheiterhaufen als Ketzer verbrannt worden. Die österreichische Dichterin Ingeborg Bachmann hat den schrecklichen Vorgängen auf dem Marktplatz in ihrem meisterhaften Essay »Was ich in Rom sah und hörte« ein literarisches Denkmal gesetzt – ein Plädoyer dafür, die Sinne zu gebrauchen, die Augen zu öffnen, zu sehen und zu lernen.

2011 weihten der Oberrabbiner der jüdischen Gemeinde von Rom, Riccardo di Segni, und der Kulturstadtrat von Rom, Dino Gasperini, eine Gedenktafel ein, die an die Talmud-Verbrennung vom 9. September 1553 gemahnt. Als »Holocaust des Talmud« bezeichneten die Zeitgenossen die Talmud-Verbrennung in Rom am Campo de' Fiori und auch die weiteren Verbrennungen, die in anderen italienischen Städten folgten.

Unter die Mitglieder der jüdischen Gemeinde, die 2011 der Einweihung der Gedenktafel auf dem Markt beiwohnten, mischten sich auch viele Touristen, für die der Campo de' Fiori heute ein Hauptanziehungspunkt in der Stadt ist. Vormittags, während des Markttreibens, ist die Plakette unter den Ständen verborgen. Erst wenn die Verkäufer ihre hölzernen Läden und die Sonnenschirme abgebaut haben, ist die Tafel am Boden zu sehen. Auf der Tafel ist ein Satz aus dem Talmud eingraviert, der daran erinnert, wie die antiken Römer nach der Zerstörung des Tempels in Jerusalem Rabbiner zum Tod verurteilten und die Gesetzesrollen verbrannten. Das Zitat lautet: »Die Seiten brennen, aber die Buchstaben fliegen.«

Abb. 11: Eine Plakette am Boden des Campo de' Fiori erinnert an die Talmud-Verbrennung in Rom.

Abb. 12: Alljährlich wird am Campo de' Fiori der Verbrennung Giordano Brunos gedacht. An dieser Stelle fanden auch die Talmud-Verbrennungen statt.

Tafel am Farnese-Kino mit dem Gedicht »Campo de Fiori« von Czesław Miłosz

Campo de' Fiori

Auf einer Tafel am Farnese-Kino ist das Gedicht »Campo de Fiori« des polnischen Dichters Czesław Miłosz zu lesen, darunter der Kommentar: »Im Jahr 1943, in Warschau angesichts des in Flammen stehenden Ghettos, verband er in diesem berühmten Gedicht die Einsamkeit der sterbenden Juden mit jener Giordano Brunos, der am Campo de' Fiori im Jahr 1600 auf dem Scheiterhaufen starb.« Miłosz schrieb das Gedicht 1943, als im Warschauer Ghetto der Aufstand der Juden stattfand.

Kirche und Priesterkolleg Santa Maria dell'Anima

Via di Santa Maria dell'Anima 66

Im 14. Jahrhundert wurde in der Nähe des Tibers ein Hospiz mit angeschlossenem Oratorium für die deutschsprachigen Pilger gegründet. Das Oratorium wurde 1431 bis 1433 durch Spenden zu einer gotischen Kirche erweitert. Von 1499 bis 1542 wurde es durch einen repräsentativen Neubau ersetzt. Die deutsche Nationalkirche trägt den Namen

Santa Maria dell'Anima und verfügt heute über einen beträchtlichen Immobilienbesitz von rund 20 Palazzi im Zentrum von Rom.

Ein dunkles Kapitel der Geschichte der deutschen Kirche in Rom markiert die Zeit des Rektorats von Monsignore Alois Hudal, eines mit den Nazis sympathisierenden österreichischen Prälaten. In seinem 1936 veröffentlichten Buch »Die Grundlagen des Nationalsozialismus« behauptete Hudal, dass Christentum und Nationalsozialismus durchaus miteinander vereinbar seien. Hudal war zwischen 1937 und 1952 Rektor des Kollegs von Santa Maria dell'Anima und befreundet mit den Kardinälen Nicola Canali und Rafael Merry del Val. Auf Empfehlung des Letztgenannten hin fand Hudal Eingang in verschiedene vatikanische Kongregationen. Papst Pius XII. hatte sich schon, als er noch Kardinal war, von dem österreichischen Bischof distanziert, weil dieser sich dem Nationalsozialismus zugeneigt zeigte, schreibt Andrea Riccardi. Für viele deutsche Geheimdienstmitarbeiter, die in Rom auf Informationssuche waren, war der Rektor von Santa Maria dell'Anima ein wichtiger Anlaufpunkt. Als die Deutschen Rom besetzten, nahm die Person des Rektors an Bedeutung zu. Hudal war der Ansicht, dass der Vatikan während der Besetzung nur auf dem Papier neutral war, faktisch aber jene Kräfte unterstützte, die gegen die Deutschen gewandt waren, indem er Flüchtlinge im Lateran und in anderen kirchlichen Einrichtungen unterbrachte.

Nach dem Krieg war es der Rektor Alois Hudal, der mehreren hochrangigen Nazis, darunter auch Erich Priebke – der als SS-Offizier am Massaker in den Ardeatinischen Höhlen beteiligt war (vgl. S. 173–175) und dort eigenhändig Geiseln erschossen hatte – zur Flucht verhalf. 1952 wurde Hudal als Rektor von Santa Maria dell'Anima abberufen.

Schwester Pascalina Lehnert, die Vertraute des Papstes Pius XII., meint in ihrer Autobiographie »Ich durfte ihm dienen«, es sei Alois Hudal gewesen, der dem deutschen Schriftsteller Rolf Hochhuth seinen Stoff für das Stück »Der Stellvertreter« geliefert habe. Hudal, so schreibt Pascalina Lehnert, habe sich damit beim Papst für seine Absetzung gerächt.

Die Geschichte des Alois Hudal lieferte auch den Stoff für den Roman »Stillbach oder die Sehnsucht« der Südtiroler Schriftstellerin Sabine Gruber.

TIBERINSEL

Das jüdische Krankenhaus auf der Tiberinsel

Die Besiedelung der Tiberinsel geht zurück bis zu den Anfängen der Stadt Rom. Heute noch ist auf der Tiberinsel ein mittelalterlicher Geschlechterturm zu erkennen, die Torre Gaetani, das Relikt einer mittelalterlichen Wehranlage. Im 12. Jahrhundert gehörte die Torre Gaetani vermutlich der ursprünglich jüdischen Familie Pierleoni.

Die Tiberinsel wird seit jeher für die Behandlung von Kranken genützt. Neben dem Krankenhaus Fatebenefratelli, dem Krankenhaus der Barmherzigen Brüder, wohin viele Juden während der Nazibesetzung 1943 und 1944 flüchteten, befindet sich auch ein jüdisches Krankenhaus auf der Insel. Eine erste jüdische Krankenhilfeorganisation, die Opera Pia Ebraica entstand in Rom im Jahr 1600. Sie half mit medizinischen Mitteln der jüdischen Bevölkerung, die durch den Einschluss im Ghetto vom Zugang zu den christlichen Hospizen ausgeschlossen war. Die Opera Pia Ebraica bestand bis 1884 und half den Kranken an ihren Wohnstätten.

Während der Choleraepidemie des Jahres 1834 wurde aus Angst vor der Verbreitung der ansteckenden Seuche den Juden ein Lazarett zugestanden. Dieses befand sich im Palazzo Cenci, beim Ghetto. 1884, nach der Einigung Italiens und nachdem ein Mitglied der jüdischen Gemeinde gestorben war, weil er in den öffentlichen Spitälern keine Aufnahme fand, wurde der Gemeinde das alte Kloster bei der Kirche San Bartolomeo als Krankenhaus überlassen. Die Tiberinsel wurde als ein Ort mit besonderer Heilkraft angesehen. Schon Titus Livius und Ovid berichten vom Äskulaptempel auf der Insel. Das jüdische Krankenhaus konnte seine Aktivitäten aufgrund von Zuwendungen und Hilfe der jüdischen Organisationen und Bruderschaften ausweiten.

Im Zweiten Weltkrieg versteckte der Arzt Giovanni Borromeo fünf Mitglieder der Familien Almagià, Ajò und Tedesco im Krankenhaus auf der Tiberinsel. Bereits in den 1920er Jahren weigerte sich Borromeo, Mitglied der faschistischen Partei zu werden, was seiner Karriere hinderlich war. In der Folge soll Giovanni Borromeo mehr als 100 römische Juden und Flüchtlinge gerettet haben, indem er vorgab, sie litten an der ansteckenden Krankheit Morbus K. Diese Krankheitsbezeichnung in den Akten des Krankenhauses bezieht sich der Überlieferung nach auf die Kriegsverbrecher Herbert Kappler, Gestapo-Kommandant von Rom, und Albert Kesselring, den Oberbefehlshaber Süd. Die deutschen Soldaten mussten dabei unweigerlich an »Morbus Koch«, also an Tuberkulose, denken, was sie davon abhielt, die Krankenstationen weiter zu durchsuchen. Giovanni Borromeo wurde als Gerechter unter den Völkern in Yad Vashem aufgenommen.

Die Tiberinsel war ein strategisch wichtiger Ort in der Zeit, als Rom offene Stadt war und die deutsche Besatzung für Grauen sorgte. Im Krankenhaus der Barmherzigen Brüder auf der Tiberinsel wurden nicht nur die jüdischen Patienten des jüdischen Krankenhauses untergebracht. Auch der katholische Gewerkschafter Achille Grandi wurde dort versteckt, der Ende Mai 1944 einer Razzia entkommen war, die eigentlich dem zu dem Zeitpunkt abwesenden General Angelo Odone gegolten hatte. Im Krankenhauskomplex war man politisch und im Untergrund aktiv. An das Kloster San Bartolomeo wandten sich viele Flüchtlinge aus dem Ghetto und wurden von hier aus in andere Unterkünfte geschickt.

Das Schild, das das jüdische Krankenhaus als solches auswies, wurde entfernt. Im Krankenhaus befand sich auch eine Synagoge. Rabbi David Panzieri kam während der neun Monate der Besetzung jeden Abend aus seinem Haus am Campo de' Fiori auf die Tiberinsel in die Synagoge des Krankenhauses zum Gebet. Der über 80 Jahre alte Panzieri war, nachdem der Oberrabbiner Israel Zolli untergetaucht war, für die Juden Roms eine wichtige Bezugsperson. Erzählt wird, dass deutsche Soldaten einmal in das Haus des Rabbiners Panzieri eindrangen, diesen beim Gebet mit *taled* und *tefillin* vorfanden. Er soll sich zu ihnen umgewandt und ihnen bedeutet haben, zu warten. Als er mit dem Gebet fertig war, waren die Soldaten wieder gegangen.

Nach der Schließung der Großen Synagoge wurden Rosch ha-Schana und Jom Kippur auf der Tiberinsel gefeiert. Die Krankenschwester Dora Focaroli brachte die im jüdischen Krankenhaus liegenden jüdischen Patienten in Sicherheit, erzählt Andrea Riccardi in seinem Buch »Der längste Winter«. Patienten mit besserem Allgemeinzustand wurden in das benachbarte Krankenhaus der Barmherzigen Brüder gebracht, die schweren Fälle in das Ospedale San Camillo und die älteren Menschen blieben im nunmehr verdeckt operierenden jüdischen Krankenhaus auf der Tiberinsel.

Dora Focaroli versteckte viele jüdische Familien im Turm des Krankenhauses. Die Flusspolizei, die auf der Insel eine Station hatte, deckte das heimliche Treiben auf der Insel. Gegenüber den deutschen Besatzern wurde versichert, dass sich auf der Insel keine Juden befänden.

Im Krankenhaus der Barmherzigen Brüder wurden Juden auch auf Empfehlung von Vittorio Emanuele Sacerdoti aufgenommen, einem jüdischen Arzt, der dort 1941 trotz der Rassengesetze angestellt worden war. Am 16. Oktober 1943 beobachtete Sacerdoti die Razzia von den Fenstern des Krankenhauses aus, die auf das Ghetto hinausgingen. Sofort ließ er die ersten Flüchtlinge aufnehmen. Ein Ordensbruder, der damals noch Novize war, erinnerte sich daran, dass zahlreiche Juden aus dem Ghetto auch nach dem 16. Oktober im Krankenhaus Zuflucht suchten, wenn weitere Razzien drohten. Denn viele lebten dort weiterhin, weil es für sie keine andere Lösung gab.

Heute ist die Synagoge auf der Tiberinsel dem Rabbi David Panzieri und Amadio Fatucci, Märtyrer des Massakers an den Ardeatinischen Höhlen (vgl. S. 173–175), geweiht. Das Ospedale Israelitico, das inzwischen mit dem staatlichen Krankensystem verbunden ist, eröffnete im Jahr 1970 ein neues Gebäude im Viertel Magliana. Dort wird die medizinische Arbeit ohne Unterscheidung nach Religion oder ethnischer Zugehörigkeit ausgeübt. Das historische Gebäude auf der Tiberinsel wurde eines der Ambulatorien des Krankenhauses und ist sein rechtlicher und administrativer Sitz.

Als am 9. Oktober 1982 Mitglieder der Abu Nidal-Terrorgruppe ein Attentat auf die Synagoge verübte, wurden die Verwundeten in das israelitische Spital auf der Tiberinsel gebracht. Der zweijährige Stefano Gaj Taché starb, dreizehn Verletzte konnten jedoch durch die Nähe des Hospitals auf der Insel zum Ort des Anschlags im Ghetto gerettet werden (vgl. S. 47).

TRASTEVERE

Schon im 2. Jahrhundert v. Chr. wohnten Juden in Rom, und zwar im heutigen Stadtteil Trastevere. Der Grund dafür ist, dass das antike Rom aus dreizehn Vierteln bestand, die eine aus der Sicht der römischen Religion heilige Zone darstellten, das Viertel Trastevere jedoch befindet sich jenseits des Tibers. Hier konnten sich auch die Juden niederlassen. Durch die frühe Ansiedelung in Rom sind die römischen Juden weder als sephardisch noch als aschkenasisch zu bezeichnen.

In der mittelalterlichen Topographie von Rom findet sich die rua Juadeorum, die Judenstraße, in der Nähe der Basilika Santa Cecilia. An dieser Straße befand sich die größte mittelalterliche Synagoge, die bei einem Brand in der Mitte des 13. Jahrhunderts zerstört wurde.

Das Haus im Vicolo dell'Atleta

Die enge Gasse der Vicolo dell'Atleta mutet heute noch mittelalterlich an, auch wenn die meisten der umliegenden Gebäude in späteren Jahrhunderten erbaut wurden. Ein Haus jedoch stammt aus dem 13. Jahrhundert, mit ihren Loggien und Säulenbögen wurde sie als die Synagoge von Nathan ben Jechiel identifiziert, die in den Quellen für das 11. Jahrhundert belegt ist. Anna Esposito, Professorin für mittelalterliche Geschichte an der Universität La Sapienza, bezweifelt diese Zuschreibung jedoch. Auf der mittleren Säule an der Fassade ist eine Inschrift aus hebräischen Buchstaben zu sehen: Nathan Chay. Nathan gründete tatsächlich eine Synagoge in Trastevere. Im Jahr 1265 brach ein Brand in der Synagoge aus, durch den die Einrichtung und die heiligen Texte zerstört wurden. Von da an hielt die römische Gemeinde lange Zeit zur Erinnerung an das tragische Ereignis eine Fastenzeit ein. Das Gebäude wurde mit einem quadratischen Mauerwerk errichtet, eine Bauweise, die zu Beginn des 13. Jahrhunderts entwickelt wurde. Es ist also offensichtlich, dass es sich bei diesem Bauwerk nicht um die Synagoge von Nathan ben Jechiel handeln kann, da das Mauerwerk erst aus dem 13. Jahrhundert stammt.

Die hebräische Inschrift ist nichts Auffälliges, da im Mittelalter Trastevere das jüdische Viertel war und unter den Mitgliedern der jüdischen Gemeinde, im Unterschied zu den Christen, die Fähigkeit zu schreiben, weit verbreitet war. Der Name der Inschrift bezieht sich vermutlich auf einen anderen Nathan. Eventuell gehörte die Säule tatsächlich zur Synagoge von Nathan ben Jechiel gehörte und wurde nach dem Brand von 1265 hier wiederverwendet.

Kongregations-Palast

Piazza di San Callisto

Im Herzen von Trastevere befindet sich der Palast der heiligen römischen Kongregationen, Sitz einer der neun Kongregationen der römischen Kurie. Die Kongregationen, eingerichtet im 17. Jahrhundert, sind für die Errichtung neuer Kirchen ebenso zuständig wie für die Ernennung von Bischöfen und apostolischen Beamten.

Aufgrund des exterritorialen Status konnten die Prälaten im Zweiten Weltkrieg in den Büros und Wohnungen an die 100 Juden und Verfolgte unterbringen. Der Palast und Trastevere wurden nicht so streng kontrolliert wie der Vatikan. Einzelpersonen konnten hier autonom entscheiden. Daher gibt es auch keine detaillierten Überlieferungen über die tatsächliche Belegung des Palastes.

Im Kongregations-Palast überlebte der spätere außerordentliche Beauftragte der jüdischen Gemeinde Rom, Silvio Ottolenghi, zusammen mit einigen Glaubensgenossen die deutsche Besetzung.

Il Pitigliani

Via dell'Arco De' Tolomei 1

In Trastevere wurde auf Betreiben des Barons Giorgio Levi delle Trezze und seiner Frau Xenia 1902 ein Waisenhaus gegründet. Zwischen 1927 und 1929 erfolgte ein großangelegter Neubau nach Plänen des Architekten Dario Del Monte, in dem fortan auch Mädchen aufgenommen wurden. In den 1930er Jahren, vor der Einführung der Rassengesetze, beschloss das Ehepaar Giuseppe und Violante Pitigliani, das kinderlos geblieben war, seinen Besitz dem jüdischen Waisenhaus zu vermachen, unter der Bedingung, dass dieses ihren Namen tragen sollte. Im Pitigliani wurden auch Kinder aus anderen Städten aufgenommen. Aus dem reichhaltigen Archiv haben die Mitarbeiterinnen Angelina Procaccia und Sandra Terracina und die Direktorin des Pitigliani, Ambra Tedeschi, einen umfassenden Band zusammengestellt, der die Geschichte dieser bedeutenden philanthropischen Einrichtung Roms dokumentiert und für den viele der ehemaligen im Pitigliani betreuten Kinder interviewt wurden.

Abb. 13: Il Pitigliani, Außenansicht.

2008 wurde das Pitigliani nach einer umfassenden Renovierung wieder zu einem Zentrum des jüdischen Lebens in Rom. »In Italien gibt es kein zweites Zentrum dieser Art«, sagt Ambra Tedeschi, »wir bieten ein umfassendes Service für die Gemeinde hier, mit Gruppen von Senioren, Sportgruppen und Kindergruppen für Zwei- bis Sechzehnjährige. Hilfe bei den Hausübungen, Theateraufführungen, Tanz und Keramikarbeit stehen bei uns auf dem Programm.«

In der Zeit als Waisenhaus suchte und fand das Pitigliani auch Arbeitsplätze für die Kinder, die hier aufgewachsen waren, oft wurden sie auch nach Israel vermittelt. Zu ihnen gehört auch Stella Sestieri, die 1927 geboren wurde und mit acht Jahren ins Pitigliani kam, weil ihre Mutter nicht mehr allein für sie sorgen konnte. Heute lebt Stella Sestieri in Haifa. Jedes Jahr im Mai reist sie mit ihren Kindern nach Rom und besucht auch das Pitigliani. Hier trifft sie sich mit Alberto Sed, der ihr in den Jahren im Pitigliani ein Bruder geworden ist. Sed wurde im Zweiten Weltkrieg deportiert, konnte aber überleben. Seine Geschichte hat Roberto Riccardi aufgeschrieben und 2009 unter dem Titel »Sono stato un numero. Alberto Sed racconta« als Buch veröffentlicht.

Abb. 14: Das Kinderheim Il Pitigliani zur Zeit seiner Erbauung.

Abb. 15: Stella Sestrieri und Alberto Sed verbrachten ihre Kindheit im Waisenhaus Il Pitigliani.

Collegio Rabbinico
Lungotevere Sanzio 14

Das Collegio Rabbinico Italiano (Beth haMidrash larabbanim haitalqi) ist jene Schule, wo Rabbiner und Lehrer ausgebildet werden. Darüber hinaus ist es auch ein Ort der Verbreitung der traditionellen jüdischen Kultur in Italien. Die Bezeichnung Collegio soll daran erinnern, dass hier bis vor kurzem Studenten unterschiedlicher regionaler Herkunft untergebracht waren. Drei verschiedene Richtungen werden im Collegio unterschieden: die Rabbinische Schule, das Studium des Hebraismus und das Seminar Davide Almagià.

Massimo Giuliani, der an der Universität Trient und am Collegio Rabbinico in Rom unterrichtet, erzählt: »Im Herbst 1943 entzogen die Nazis die alten Bibliotheken des Collegio Rabbinico und der Jüdischen Kultusgemeinde von Rom. Gleich nach dem Krieg, 1946, wurde die Bibliothek des Collegio Rabbinico wiedergefunden und den italienischen Juden zurückgegeben. Die Bibliothek der jüdischen Gemeinde von Rom wurde aber nie wiedergefunden. Ich selbst führte Archivrecherchen

Immanuel Romano aka Manoello Giudeo

Immanuel Romano, der jüdische Dante genannt, lebte zur selben Zeit wie Dante Alighieri und war ebenfalls ein Dichter. Er schrieb auf Hebräisch, Latein und Volgare. Er ist in Rom rund um das Jahr 1261, vielleicht – wie die Forschung jüngst annimmt – auch 1292 geboren. In seinen Schriften nimmt er oft auf seine Heimatstadt Bezug. Er war wie sein Vater Rabbiner und stammte aus der bedeutenden Familie Zifronì, die ihre Wurzeln im südlichen Latium hat. Als junger Mann studierte Immanuel Romano auch bei Benyamin ben Jeḥiel, einem Arzt, was zur Vermutung führte, dass er selbst als Arzt praktizierte. Gewiss ist, dass er in Rom die rabbinischen Studien verfolgte, denn er entwickelte zunächst eine intensive Produktion als Kommentator von biblischen und philosophischen Texten, der Dichtung widmete er sich später.

Immanuel Romano heiratete Ester, Tochter von Šemuel, dem Oberrabbiner von Rom. Mindestens zwei Kinder bekamen die beiden: Mosè, der als Kind starb und dem der Vater eine Elegie widmete, und Šelomoh. Wann genau Immanuel Rom verließ, ist nicht bekannt, sicher ist aber, dass er sich an Orte begab, wo es eine wachsende jüdische Gemeinde gab, die oft aus Rom selbst zugewandert war. Dokumentiert sind die Orte Fabriano, Gubbio, Perugia, Orvieto, Ancona, Camerino und zuletzt Fermo. Dort stellte Immanuel Romano am in Maryland durch. Die Amerikaner hatten nämlich in Offenbach bei Frankfurt ein großes Sammellager für Bücher und Kulturgüter, die von den Nazis in Europa geraubt worden waren, eingerichtet. Meine Recherchen führten jedoch zu keinem Ergebnis.« Massimo Giuliani gelangt aufgrund seiner Recherchen zu einer Schlussfolgerung: »Vielleicht sind die Bücher in einem anderen Lager unter der Kontrolle der Roten Armee gelandet und in die Sowjetunion gebracht worden. Aber das ist nur eine Hypothese.« Dieses Kapitel der Zerstörung der hebräischen kulturellen Erinnerung harrt noch seiner Aufklärung.

Derzeit wird im Collegio Rabbinico an der ersten vollständigen und kommentierten Übersetzung des Talmud gearbeitet. Die Arbeit von italienischsprachigen Rabbinern in aller Welt wird im Collegio zusammengeführt. »Das Projekt der Übersetzung des Talmud ins Italienische ist ein Ausdruck des derzeit stark wachsenden Interesses an der jüdischen Kultur, ihren Traditionen, Riten und Schriftwerken«, stellt der Projektleiter Rabbi Gianfranco Di Segni fest. »Dieses Interesse ist sowohl auf jüdischer Seite als auch auf Seiten der nichtjüdischen Italiener sehr groß.«

Ende seines Lebens die »Maḥberot« zusammen und lebte unter dem Schutz jüdischer Bankiers, galt er doch als der bedeutendste Tora-Experte seiner Zeit. Er hielt sich auch am Hof des Cangrande della Scala in Verona auf, vielleicht sogar gleichzeitig mit Dante Alighieri. Kommentare der heiligen Texte und Dichtung waren die beiden Felder, in denen Immanuel Romano besonders hervortrat. Auch schrieb er eine Grammatik »Sefer Boḥan«, welche heute als Manuskript in der Bibliothek von Parma erhalten ist.

Der literaturgeschichtlich wichtigste Beitrag von Immanuel Romano sind jedoch die »Maḥberot«. Dieses sein Hauptwerk ist in 28 Kapitel eingeteilt. Prosa und Verse wechseln einander ab. Er selbst erzählt, wie in Fermo nach dem Purim-Mahl im Kreise der Feiernden ein einziger Wunsch entstand, nur in Versen und geschliffener Prosa zu sprechen. Die Themen der 28 Kapitel sind höchst unterschiedlich, sie reichen von Autobiographischem bis hin zu einer Einteilung der Menschen in jene, die für die Hölle, und jene, die für das Paradies bestimmt sind. Dieser letzte Teil erinnert ganz offensichtlich an Dantes »Divina Commedia«. Von der Kritik hervorgestrichen wurden jedoch vor allem die Bezüge zur Tradition der jüdischen Dichtung, deren Themen und Stil Immanuel Romano aufgriff. Von Seiten der Päpste wurden die »Maḥberot« auf den Index der verbotenen Bücher gesetzt.

Abb. 16: Deckengemälde im Bibliographischen Zentrum der UCEI, Jüdisches Horoskop von Lele Luzzati.

UCEI – Union der italienischen jüdischen Kultusgemeinden
Lungotevere Raffaello Sanzio 9

Die UCEI (Unione delle Comunità Ebraiche Italiane) ist eine Non Profit-Organisation, die die 21 jüdischen Kultusgemeinden Italiens und deren Mitglieder mit dem Zweck vertritt, ihr kulturelles, künstlerisches und soziales Leben zu bereichern. Schützen, Vertreten und Voranbringen sind die drei Leitworte in der Arbeit des UCEI, das auch den gemeinsamen und koordinierten Auftritt vor der Regierung und den anderen staatlichen Einrichtungen organisiert, um die jüdischen Interessen zu wahren.

Einen Teil des UCEI bildet das Bibliographische Zentrum, das aus einer Bibliothek und aus einem historischen Archiv besteht und wo viele Materialien über das Leben der Juden in Italien im Laufe der Jahrhunderte gesammelt werden. Das Bibliographische Zentrum steht Forschern, Professoren und Doktoranden nach Vereinbarung offen. Gisèle Lévy ist verantwortlich für die Bibliothek und den Forschungsservice und gibt kompetent Auskunft und bibliographische Unterstützung.

Im UCEI ist heute auch die Bibliothek des Collegio Rabbinico (vgl. S. 100f.) untergebracht. Am 13. Oktober 1943 waren deutsche Soldaten mit Sachverständigen für wertvolle Bücher in das Collegio Rabbinico eingedrungen und befahlen den Mitarbeitern, alle Bücher herauszugeben. Sechs Lastwägen transportierten die Bibliothek des Collegio und der Jüdischen Gemeinde ab. Die Bücher der Rabbiner wurden in Offenbach bei Frankfurt nach dem Krieg wiedergefunden und restituiert. Die Bibliothek der Jüdischen Gemeinde ist verschollen.

Die Union der italienischen jüdischen Kultusgemeinden in Rom bietet auch ein Masterstudium zu den Themen jüdische Kultur und Kommunikation an. Die hebräische Sprache, Bibelkunde und rabbinische Tradition, Kabbalah, Feste und Riten, Philosophie und Geschichte des Judentums werden unterrichtet ebenso wie Kommunikation und Kino. Die Vortragenden zählen zu den Top-Experten auf ihrem Gebiet.

Gefängnis Regina Coeli

Via della Lungara 29

Das bekannteste Gefängnis von Rom befindet sich in einem Gebäude aus der Mitte des 17. Jahrhunderts, wo zuerst ein Konvent untergebracht war. 1881 wurde das Gefängnis am Tiber eingerichtet und nach Maria, der Himmelskönigin, benannt.

Hier wurde der bedeutende Intellektuelle und Antifaschist Leone Ginzburg festgehalten und gefoltert. Dem späteren italienischen Staatspräsidenten Sandro Pertini, der ebenfalls in Regina Coeli als Partisane gefangen war, flüsterte Ginzburg, nachdem er grausam gefoltert worden war, zu: »Wehe, wenn wir nach dem Ende des Krieges das gesamte deutsche Volk für die Niedertracht einiger weniger beschuldigen müssen. Wir müssen zwischen Volk und Nazis unterscheiden.« Am 5. Februar 1944 starb Leone Ginzburg im Gefängnis an den Folgen der Folterungen.

Ginzburg wurde am 4. April 1909 in Odessa in eine gebildete jüdische Familie geboren. In der Familie lebte auch die Italienerin Maria Segré, die den Kindern Französisch und Italienisch beibrachte. So entstand die Verbindung der Familie zu Italien, häufige Ferienaufenthalte in Viareggio kennzeichneten das Familienleben. 1914, nach dem Ausbruch des Ersten Weltkriegs, blieb der nur fünfjährige Leone in Italien mit Maria Segré, die ihm eine zweite Mutter wurde. In der Folge

Raffaella Di Castro

Raffaella Di Castro ist Philosophin und habilitierte Professorin für Moralphilosophie. Sie hat mehrere Bücher über die Auswirkungen der Shoah in Italien und vor allem in Rom geschrieben. Das erste war eine Sammlung von Zeugnissen der Juden der ersten Generation, von den Kindern der Opfer und Augenzeugen der Shoah. Dieses Projekt wurde vom Fonds der Schweizer Banken für Opfer der Shoah gefördert. Zwischen 1998 und 2000 interviewte Di Castro die Überlebenden. Dieses Projekt führte sie weiter zu einer Erforschung der dritten Generation. »Als ich jeden Tag fünf oder sechs Geschichten von Juden der ersten Generation hörte«, erzählt Raffaella Di Castro, »wurde ich mir meiner eigenen Erinnerung als Jüdin der dritten Generation bewusst. Die Erinnerung der Großeltern wird auf die Eltern übertragen und dann auf uns Enkel.«

Raffaella Di Castro veröffentlichte auch das Tagebuch ihres Großvaters, das er schrieb, als er als U-Boot lebte, weil er sich vor den Nationalsozialisten verstecken musste. »Bei der Präsentation des Tagebuches wurde mir plötzlich klar, dass für mich die Erinnerung an die Verfolgungen in der Shoah wie ein eigenes Erlebnis waren«, stellt die Enkelin fest. »Das sagen alle Interviewten der dritten Generation. Es ist, als ob das Mädchen, das verfolgt wurde und sich auf der Flucht vor den Faschisten und Nazis verstecken musste, nicht meine Mutter war, sondern als ob ich selbst das war. Es besteht also eine extrem starke Identifikation, eine extrem starke Fusion.«

Als Raffaella Di Castro die Geschichten der Shoah in Italien aufnahm, begann sie Rom mit anderen Augen zu sehen. Sie ging durch die Straßen und dachte: Hier wurde ein Kind deportiert, hier fand die Denunziation durch einen Faschisten statt. Vor ihrem Projekt war die Erinnerung abstrakt. »Ich erinnere mich etwa, dass ich wusste, dass meine Familie eine Zeitlang in einem Dorf in der Nähe von Rom versteckt war, in Magliano Sabina«, berichtet Raffaella Di Castro. »Der Ort existierte für mich nicht, er war wie ein mythologischer Ort für mich.« Inzwischen wird in Magliano Sabina am Shoah-Gedenktag eine gemeinsame Andacht für Raffaella Di Castros Großvater organisiert. Aus dem Tagebuch des Großvaters erstellte Di Castro eine Bühnenfassung, Lesungen mit Musik wurden veranstaltet. Erinnerung sei etwas Fragiles, betont Raffaella Di Castro: »Wir befinden uns jetzt in einer dritten Phase der Erinnerung, im Verhältnis zur zeitgenössischen Erinnerung und der Erinnerung nach dem Zweiten Weltkrieg. Der Übergang der Erinnerung geht aus von der vollkommen privaten, stillen Erinnerung, in welcher die Erinnerung an den Widerstand gegenüber der Erinnerung an die Shoah vorherrschte. Heute sind wir in einer Phase der institutionalisierten Erinnerung, mit dem Risiko der Banalisierung, der Stereotypisierung und der Sättigung.« Die dritte Phase der Erinnerung ist gekennzeichnet vom Verschwinden der direkten Zeugen, es ist der Übergang von der Ära der Zeugen in die Ära nach den Zeugen, die Ära der Zeugen der Zeugen. »Die Kritik der reinen Vernunft« von Immanuel Kant und die Werke von Primo Levi und Walter Benjamin sind die theoretische Grundlage, auf der Raffaella Di Castro ihre Studien aufbaut.

Durch den Übergang von einer intimen Erinnerung innerhalb der Personen und Familien in die Phase der durch die Medien vermittelten Erinnerung entsteht ein Gefühl der Befreiung. Ihr eigenes Buch über die dritte Generation sei ein Kind seiner Zeit, sagt Raffaella Di Castro. Es hätte nicht geschrieben werden können, wenn nicht dieser Übergang von der privaten Erinnerung in die öffentliche stattgefunden hätte. Erst als alle sich zu erinnern begannen, konnte auch die Philosophin selbst sich erinnern. Sie sagt, ein Mensch allein könne nicht erinnern. Viele Zeitzeugen begannen erst in der Familie zu erzählen, nachdem sie in den Schulen oder in der Öffentlichkeit erzählt hatten. Raffaella Di Castro ging in ihrer Forschung von Walter Benjamin aus, der sagt, die Erinnerung müsse revolutionär sein, sie müsse den Messias auf die Erde bringen. Die Erinnerung muss demnach die Gegenwart verändern und paradoxerweise auch die Vergangenheit. Es gilt so zu handeln, als ob man die Vergangenheit beeinflussen könnte.

der Oktoberevolution verließ schließlich die gesamte Familie Ginzburg Russland und zog nach Turin. Leone wurde zum Besuch der russischen Schule nach Berlin geschickt. Dort las er täglich den »Corriere della sera« und kommentierte in seinen Briefen an die Familie die internationale Lage und die politische Situation Italiens. 1922, als Dreizehnjähriger schrieb er einen Brief an den Herausgeber des »Corriere della sera«, um diesen auf einige Fehler in einem Artikel hinzuweisen.

In Turin studierte Ginzburg Rechtswissenschaften. Bis er die italienische Staatsbürgerschaft zuerkannt bekam, enthielt er sich jeder politischen Aktivität. Die Staatsbürgerschaft stellte für ihn die Voraussetzung dar, an der Politik teilzunehmen, indem er sich klar gegen jeden Nationalismus und für eine tiefgreifend verwurzelte europäische Identität aussprach. In seinen Übersetzungen russischer Literatur und den literaturwissenschaftlichen Texten zur russischen Literatur zeigte er die authentische europäische Natur dieser Werke auf. Am 12. Februar 1938 heiratete Leone Ginzburg Natalia Levi (vgl. S. 82f.).

Palazzo Salviati

Via della Lungara 82–83

Erbaut im Auftrag von Filippo Adimari auf einem Weingarten des Orazio Farnese, ist dieser Palast eines der wichtigsten Jugendwerke des Architekten und Malers Giulio Romano. Der Palazzo Salviati entstand wohl rund um das Jahr 1520. Für Giulio Romano ist es das erste selbstständige Projekt, das er nach dem Tod seines Lehrers Raffael verwirklicht. Vertikale Reihen von Steinquadern gliedern die lang gestreckte Fassade in fünf Teile. Das große zentrale Eingangsportal ist von einem Balkon überdacht. Für die Innenausstattung entwarf Giulio Romano im ersten Stock eine Kapelle im Stil von Bramante. Der Palast wechselte schon im 16. Jahrhundert mehrmals den Besitzer. Im Jahr 1571 starb in dem Gebäude der Söldnerführer Ascanio della Corgna.

1794 stirbt Kardinal Gregorio Salviati, der letzte männliche Nachkomme der Familie Salviati. Der Palast geht nach der Heirat von Marcantonio IV. und Anna Maria, der Nichte des Kardinals Salviati, in den Besitz der Familie Borghese über. Weitere Besitzwechsel folgten, bis der Kirchenstaat im Jahr 1840 den Palast erwarb, ihn für ein Archiv verwendete und einen botanischen Garten pflanzen ließ.

Im Zuge der teilweisen Enteignung des Kirchenstaats durch den Staat Italien im Jahr 1870 wird im Palast Salviati ein Militärgericht und die Militärakademie der Stadt Rom untergebracht.

Abb. 17: Gedenken wir gemeinsam. Trauerfeier am 16. Oktober 2017.

Abb. 18: Schildträger führen den Zug vom Petersplatz
in das Collegio Militare an.

Während des Zweiten Weltkriegs und der nationalsozialistischen Besatzung wurden in der damaligen Militärakademie zwischen dem 16. und dem 18. Oktober 1943 die über 1.000 Juden, die bei der Razzia in Rom gefangen genommen worden sind, bis zur Deportation festgehalten. An diese schreckliche Freiheitsberaubung, die für beinahe alle mit dem Tod enden sollte, erinnert die Vereinigung »Ricordiamo Insieme – Gedenken wir gemeinsam« alljährlich mit einem Trauerzug. Treffpunkt ist der Obelisk am Petersplatz. Gezählt 1.000 Schritte werden von Vertretern der jüdischen Gemeinde, der katholischen Kirche und der Staaten Italien und Deutschland unter Polizeischutz zurückgelegt. Dies macht deutlich, dass es nur 1.000 Schritte waren von der Wohnung des Papstes Pius XII. bis zum damaligen Collegio Militare, wo die jüdischen Deportierten festgehalten wurden. Das Ziel des Trauerzuges ist der Palazzo Salviati, in dessen Hof die Teilnehmer eine 40-minütige Audioaufnahme mit den Namen aller Deportierten hören. Eine eindringliche Litanei des Leidens.

Am 16. Oktober 2017 stellte die deutsche Botschafterin Susanne Wasum-Rainer in ihrer Ansprache bei der Trauerbekundung im Collegio Militare fest: »Die gemeinsame Erinnerung an diese Menschen, von denen nur sechzehn zurückkehrten, darunter eine Frau, Settimia Spizzichini, vereint uns. Ich blicke mit Dankbarkeit und auch mit ein wenig Stolz auf die Erinnerungsarbeit der vergangenen Jahrzehnte zurück.« Die Botschafterin wiederholte auch die Worte des ehemaligen deutschen Bundespräsidenten Joachim Gauck: »Versöhnung ist ein wertvolles Gut, sie kann nur als ein Geschenk empfangen werden.« Die Organisatoren des Erinnerungszuges sind das aus Deutschland nach Rom übersiedelte Ehepaar Friederike und Tobias Wallbrecher, die die Vereinigung »Gedenken wir gemeinsam« ins Leben gerufen haben.

Heute ist der Salviati-Palast der Sitz des Instituts für hohe Studien der Verteidigung, das über eine umfangreiche Spezialbibliothek rund um militärische Themen und geopolitische Strategien im Allgemeinen verfügt.

VATIKAN

Ricordiamo insieme – Gedenken wir gemeinsam

Obelisk auf der Piazza San Pietro

1.000 Schritte hat der in Rom lebende und aus Deutschland stammende Arzt Tobias Wallbrecher vom Obelisken, dem Zentrum der Piazza San Pietro, bis zum Collegio Militare in Trastevere gezählt. Am 16. Oktober jeden Jahres gehen Tobias Wallbrecher und seine Frau Friederike mit einer Gruppe zum Collegio Militare. Die italienische Polizei begleitet den Trauerzug, an dem 2017 auch der deutsche Kardinal Walter Kasper teilgenommen hat. Im Collegio Militare werden die Namen aller dort zwischen 16. und 18. Oktober 1943 festgehaltenen Menschen, von denen fast alle ermordet wurden, in einer Audioaufnahme zu Gehör gebracht. 40 Minuten dauert die Verlesung der über 1.000 Namen. Im Akt des Erinnerns kommen Zeitzeugen und Vertreter von Institutionen zu Wort und auch die Botschafterin der Bundesrepublik Deutschland, Susanne Wasum-Rainer, drückt die Trauer von Seiten der Bundesrepublik mit ihrer Teilnahme aus.

Vatikanische Museen

Jüdisches Lapidarium, Viale Vaticano 1

Die jüdische Inschriftensammlung des Vatikan ist eine der bedeutendsten vatikanischen Sammlungen antiker Inschriften. Sie umfasst fast alle 200 Inschriften, die bei den Ausgrabungen der jüdischen Katakombe von Monteverde gefunden wurden. Die Katakombe, die mindestens seit dem 17. Jahrhundert bekannt ist, wurde erst ab Anfang des 20. Jahrhunderts gründlich erforscht.

Die Sammlung, zu der weitere vereinzelte Fundstücke gehören (wie die Kapitelle der Synagoge des antiken Portus), stellt den wertvollsten und geschlossensten Bestand jüdischer Grabinschriften der Diaspora dar und ist eine wahre Fundgrube an Informationen darüber, wie die jüdische Gemeinde Roms im 3. und 4. Jahrhundert n. Chr. gelebt hat. Die Sprache der Gemeinde war Griechisch. Das soziale und religiöse Leben mit seinen Zeremonien und kulturellen Riten ist durch die Symbole der Menorah und des Lulav dokumentiert. Auch die Namen von Mitgliedern der Gemeinde und ihre Verwandtschaftsbeziehungen

Abb. 19: Trauerbekundung im Collegio Militare.

sind hier zu erfahren. In den vatikanischen Museen sind 137 Inschriften aus der Katakombe von Monteverde aufbewahrt.

Die Inschrift der Primitiva ist auf einer Marmorplatte, die im 18. Jahrhundert in Trastevere gefunden wurde, zu lesen. Die Platte wurde in der Kirche der heiligen 40 Märtyrer in der Via di San Francesco a Ripa wieder verwendet. Sie diente ursprünglich wohl zum Verschließen eines sogenannten Backofengrabes, einer tief in die Mauer eingelassenen Wandnische. Dieser Grabtypus war sehr häufig in den jüdischen Katakomben. Die Verwendung der Platte in Trastevere weist darauf hin, dass sie aus der Katakombe von Monteverde stammte. Zu lesen ist der Name von Primitiva, die gemeinsam mit ihrem Neffen Euphrenon bestattet wurde. Der Text endet mit »(Mögen) sie ruhen in Frieden«. Auf der Platte sind auch die Menorah, Öllampen, der Etrog, eine Zitrusfrucht und der Lulav, ein Feststrauß aus Palmwedeln, Myrtenzweigen und Bachweidenruten, zu sehen. Der Lulav wurde für das jüdische Laubhüttenfest Sukkot verwendet. Auch auf der Inschrift der Salutia ist eine Menorah mit einer brennenden Öllampe auf jedem ihrer Arme abgebildet. Daneben ist eine stilisierte Darstellung der teilweise offenen Tora mit eingerollten Seitenenden zu erkennen.

Die Inschrift des Ioustos gilt einem Knaben. Auf der in poetischen Versen verfassten Inschrift ist die Klage des Adoptivvaters festgehalten. Die Inschrift des Ioudas erinnert an ein im Alter von nur sieben Monaten verstorbenes Kind. Auch auf dieser Inschrift sind Symbole des Judentums zu erkennen, zudem sind drei Vögel auf der Platte zu sehen. Die Inschrift der Regina schließlich stammt ebenfalls aus der jüdischen Katakombe von Monteverde, auch sie wurde später wiederverwendet und ist in zwei Teile zerschnitten worden. Regina lebte im 3. Jahrhundert. In poetischen Versen wird sie von ihrem geliebten Gatten gepriesen: »Erneut dazu bestimmt, zurückzukehren ins Licht, darf sie hoffen, in der verheißenen Ewigkeit zu neuem Leben geboren zu werden, sie, die den Sitz im ehrwürdigen Garten verdiente.« Diese Formulierung, die das Leben nach dem Tod anspricht, und das Fehlen von Bildern und Symbolen haben Zweifel daran aufkommen lassen, dass die Frau zur jüdischen Gemeinde gehörte. Doch eine der Tugenden der Verstorbenen wird besonders betont, die »Befolgung der Gesetze« – diese Formulierung überzeugte die Forscher, dass es sich auch bei Regina um eine Angehörige des jüdischen Glaubens handelte.

Der Vatikan als Festung

»Wenn auch der Lateran die höchste Anzahl an Gästen aufzuweisen hatte, war auch die der Flüchtlinge, die im Vatikan untergebracht wurden, beträchtlich«, schreibt der Historiker Andrea Riccardi in seinem Buch »Der längste Winter«. Am Vorabend der Befreiung Roms verzeichnet eine Liste der 160 im Vatikan einquartierten Personen 40 Juden. Fünfzehn von ihnen waren getauft. Andere taufte der Kanoniker Federico Fioretti während der Zeit im Untergrund.

Im Seligsprechungsprozess für Pius XII. sagte Giovanni Stefanori, der Kammerdiener des Papstes, aus, ihn habe eines Abends um 22 Uhr Monsignore Beretti angerufen und ihm mitgeteilt, dass der Sakristan von Sankt Peter gestorben sei, der Juden in der Canonica von Sankt Peter versteckt hatte. Er habe berichtet: »Kardinal Canali wollte vier Juden wegschicken, die besagter Hochehrwürdiger im Haus aufgenommen hatte. Um 23 Uhr ließ mich der Papst, der von mir in Kenntnis gesetzt worden war, Kardinal Canali anrufen, um ihm zu sagen, er solle den Befehl zur Räumung vertagen und dass Monsignore Montini an den folgenden Tagen mit ihm sprechen würde.« Der Papst schaltete Monsignore Montini ein, der für die Aufnahme von Flüchtlingen war, somit übernahm Pius XII. nicht den Kurs Kardinal Canalis, stellt Andrea Riccardi fest.

Nicola Canali ist die zentrale Person der Gruppe derer, die gegen die Beherbergung von Flüchtlingen waren. Kardinal Canali, der Hauptverantwortliche für die zivilen Fragen des Vatikans, legte die Befugnisse seines Amts sehr weit aus. Er wollte über alles informiert werden, was im Vatikan geschah. Die Schweizergarde, die die Mauern überwachte, wurde personell aufgestockt. Maschinengewehre wurden verteilt, um die Festung Vatikan zu schützen. Scherzhaft sprach man im Vatikan von einer »Canali-Linie«.

Vatikanisches Geheimarchiv

Der Direktor des Vatikanischen Geheimarchivs ist Sergio Pagano. Er gehört dem Barnabiten-Orden an und hat vor seinem Studium an der Paläographischen Schule des Vatikan Theologie studiert. »Das Vatikanische Geheimarchiv steht offen für Forscher jeder Religion, jeder politischen Ansicht und nationalen Zugehörigkeit. Hierher kommen protestantische Forscher ebenso wie Agnostiker, Juden, Moslems und natürlich viele Katholiken aus allen Ländern der Erde.« Als Sergio Pagano sein Amt als Präfekt des Vatikanischen Archivs antrat, ließ er ein Pergamentlager zu seinem Büro umwandeln. Die lange Fensterfront des riesigen rechteckigen Raumes blickt auf den mit Palmen bepflanzten Innenhof. Auf mehreren großen Bildschirmen neben seinem Schreibtisch überblickt Präfekt Pagano die verschiedenen Räume des Archivs. Mittels zahlreicher Videokameras werden die Gelehrten kontrolliert, um Diebstähle und Schäden zu verhindern. Die Forschung wird jedoch nicht eingeschränkt, betont Sergio Pagano: »Wir hatten hier Gelehrte, die auf der Basis unserer Dokumente gegen das Papsttum geschrieben haben. Im Zusammenhang mit dem letzten Weltkrieg schrieben sie sehr negativ über die Haltung Pius' XII. zur Judenverfolgung. Diese Gelehrten wählten oft nur eine Seite der Darstellung, die Dokumente, die den Papst entlastet hätten, verwendeten sie nicht. Wir akzeptieren das, weil wir die Arbeit der Historiker nicht beurteilen.«

Vatikanisches Geheimarchiv, Akten des Pontifikats Pius' XII.

Zur Erforschung des Handlungsspielraums und der tatsächlichen politischen und diplomatischen Entscheidungen von Pius XII. harren die Wissenschaftlerinnen und Wissenschaftler auf die Freigabe der vatikanischen Akten aus dem Pontifikat Papst Pius XII. (1939–1958). Der

Der Brief der Edith Stein an den Papst

»Heiliger Vater! Als ein Kind des jüdischen Volkes, das durch Gottes Gnade seit elf Jahren ein Kind der katholischen Kirche ist, wage ich es, vor dem Vater der Christenheit auszusprechen, was Millionen von Deutschen bedrückt. Ist nicht diese Vergötzung der Rasse und der Staatsgewalt, die täglich durch den Rundfunk den Massen eingehämmert wird, eine offene Häresie? Ist nicht der Vernichtungskampf gegen das jüdische Blut eine Schmähung der allerheiligsten Menschheit unseres Erlösers, der allerseeligsten Jungfrau und der Apostel?«

Dieser Brief der Jüdin Edith Stein, die katholische Nonne geworden war, ist eines der brisantesten Dokumente aus dem Vatikanischen Geheimarchiv. Edith Stein wendet sich im Jahr 1933 an den Papst und fordert ihn auf, klar und deutlich Position gegen den Nationalsozialismus zu beziehen. Pius XI. lässt seinen Nuntius in Deutschland, Eugenio Pacelli, der später als Pius XII. selbst Papst werden sollte, am 20. April 1933 nur ganz allgemein antworten: »Ich stelle anheim, die Einsenderin in geeigneter Weise wissen zu lassen, dass ihre Zuschrift pflichtmäßig Seiner Heiligkeit vorgelegt worden ist. Ich bete zu Gott, dass er in diesen schwierigen Zeiten seine Heilige Kirche in seinen besonderen Schutz nehme und allen Kindern der Kirche die Gnade des Starkmuts und großherziger Gesinnung verleihe, welche die Voraussetzungen des endlichen Sieges sind.«

Stand der Vorbereitung sei mittlerweile »an einem guten Punkt« angelangt, sagt der Leiter des Vatikanischen Geheimarchivs, Bischof Sergio Pagano, in einem Interview der Katholischen Nachrichtenagentur in Rom. Noch sind die Bestände von rund 30 Archiven vatikanischer Botschaften zu erschließen. Die Entscheidung, wann diese Archivbestände für die Forschung freigegeben werden, obliegt dem Papst. Papst Franziskus bekundete wiederholt seine Bereitschaft, die Akten für die Forschung freizugeben, sobald deren von Benedikt XVI. begonnene Katalogisierung abgeschlossen sei. Derzeit arbeitet rund ein Dutzend der insgesamt 50 bis 60 Mitarbeiter des Geheimarchivs an der Katalogisierung der Akten über Pius XII., berichtet Radio Vatikan am 8. Februar 2017. Kritiker werfen Pius XII. vor, er habe angesichts der nationalsozialistischen Judenvernichtung geschwiegen. Seine Verteidiger weisen darauf hin, dass dieser Papst zahlreiche Juden gerettet und keineswegs geschwiegen habe.

Hermine Speier, die deutsche Jüdin, die in den Vatikan floh

Bei den Recherchen für ihr Buch »Die Frauen im Vatikan« fand Gudrun Sailer, österreichische Journalistin im deutschsprachigen Programm von »Radio Vatikan«, heraus, dass 1934 eine deutsche Jüdin im Vatikan angestellt wurde, und zwar gerade weil sie Jüdin war. Auf diese Weise schützte der Vatikan die Frau vor den nationalsozialistischen Repressalien. Hermine Speier wurde in der Folge eine der ersten Dienstnehmerinnen, deren vertragliche Beziehung zum Papststaat durch arbeitsrechtliche Vorschriften, Dienstvertrag, Pensionsanspruch und Krankenversicherung geregelt wurde.

1934 war die deutsche Archivarin in Rom arbeitslos geworden, nachdem ihr Dienstvertrag mit dem Deutschen Archäologischen Institut nach der Machtergreifung Hitlers in Deutschland 1933 umgehend gekündigt worden war. Das Institut als Außenstelle des Deutschen Reichs befolgte die neuen rassistischen Gesetze Deutschlands.

»Der Institutsleiter kann Hermine Speier nicht halten«, erzählt Gudrun Sailer, »er versucht sie zu schützen, aber es gelingt ihm nicht. Aber er streckt anderswo die Fühler für sie aus. Und er kommt auf die scheinbar abwegige Idee, eine jüdische Frau im Vatikan unterzubringen.« Der Direktor des Deutschen Archäologischen Instituts fragte also seinen Bekannten, den Direktor der Vatikanischen Museen, Bartolomeo Nogara, ob er nicht etwas für die Frau tun könnte. Hermine Speier verfügte über hochspezialisierte wissenschaftliche Qualifkationen als erste Fotothekarin in der Archäologie. »Wäre Hermine Speier nicht hinausgeschmissen worden, er hätte sie glatt abwerben müssen, weil sie die beste war in ihrem Feld, in der Archäologie«, sagt Gudrun Sailer. Hermine Speier hatte das Glück, dass Bartolomeo Nogara mit Papst Pius XI. befreundet war. Der Direktor der Vatikanischen Museen wohnte neben dem Papst im Apostolischen Palast. Papst und Museumsdirektor einigten sich über die Anstellung der Deutschen. Pius XI., der selbst ein Gelehrter war, antike und mittelalterliche Handschriften studiert hatte, erkannte sofort, dass eine Fotothek im Vatikan notwendig war.

Eng wurde es für Hermine Speier erst, als in der Staatsverwaltung des Vatikan, dem Governatorat, Kardinal Nicola Canali auf den Plan tritt: »Nicola Canali war eine zwielichtige Gestalt. Er war ein großer Freund des Faschismus und hat bei Bartolomeo Nogara schriftlich angefragt, was das soll, diese deutsche Jüdin im Vatikan, wie das kommt.

Nogaras Antwort ist erhalten. Sie zeigt, wie er alle Geschütze auffährt, um die Anstellung dieser Frau im Vatikan zu verteidigen.« Zu diesem Zeitpunkt war Hermine Speier bereits getauft. Sie hatte um die Taufe gebeten, sich bei einem deutschen Benediktinerpater darauf vorbereitet und sie am 13. Mai 1939 am Aventin in der Benediktinerabtei Sant'Anselmo empfangen. Anwesend waren Bartolomeo Nogara und Hermine Speiers Verlobter Umberto Nobile, der berühmte Luftschiffkonstrukteur und Nordpolforscher.

1938 wurden vom faschistischen Italien antijüdische Gesetze eingeführt. Juden wurden gegängelt, schikaniert, an den Rand gedrängt. Viele flüchteten nun aus Rom ins Exil nach England, Afrika, Neuseeland oder Amerika. Die Faschisten versuchten, sich der Juden zu entledigen, mit allen Mitteln – im Gegensatz zu den Nationalsozialisten allerdings nicht durch Mord und Vernichtung. »Erst als ihre eigenen Landsleute, die Deutschen, in Rom einfallen«, berichtet Gudrun Sailer, »muss Hermine Speier um ihr Leben fürchten.« 1943 war es für eine Flucht zu spät, es blieb nur noch unterzutauchen, in einem Nonnenkloster an der Via Salaria, bei Benediktinerinnen ganz in der Nähe der Katakomben der Heiligen Priscilla.

Während der neun Monate der deutschen Besetzung Roms, von September 1943 bis Juni 1944, blieb Hermine Speier untergetaucht. »Was uns heute irrwitzig erscheint, ist, dass sie regelmäßig ihr Versteck verlässt und etwa zur Beichte geht, zu ihrem Beichtvater Pater Augustinus Meier, dem späteren Kardinal«, weiß die Vatikanjournalistin. Hermine Speier ging an ihren Arbeitsplatz im Vatikan und hin und wieder auch in ihre Wohnung am Gianicolo.

Der Razzia und den Verhaftungen am 16. Oktober 1943 entging sie, weil sie offensichtlich gewarnt worden war. Sie war eine von mindestens 6.000 Jüdinnen und Juden, die während der Besatzung in katholischen Einrichtungen, Schulen und Klöstern versteckt wurden.

Bis zu ihrer Pensionierung 1966 blieb Hermine Speier im Vatikan. Von der Mitte der 1950er Jahre bis in die Mitte der 1970er Jahre gab sie den sogenannten »Helbig-Führer« durch die öffentlichen archäologischen Sammlungen Roms heraus, ein Projekt, das der in Rom lebende Archäologe Wolfgang Helbig begründet hatte. In dieser Funktion leitet Speier mehrere Generationen junger deutscher Archäologen an. Viele von ihnen äußern sich noch heute voller Dankbarkeit über Hermine Speier, die deutsche Jüdin im Vatikan.

Vatikanisches Geheimarchiv, Fotothek

Die Gründung und der Aufbau der Fotothek des Vatikanischen Geheimarchivs gehen auf die am 28. Mai 1898 als Jüdin in Frankfurt am Main geborene Archäologin Hermine Speier zurück (vgl. S. 114f.).

Palazzo San Carlo

Im Palazzo San Carlo im Vatikan, wo auch die Beichtväter wohnten, bezog Ernst von Weizsäcker mit seiner Familie 1944 eine Wohnung. Weizsäcker war der deutsche Botschafter, also der Vertreter des deutschen Reiches im Vatikan. Er wurde im Nürnberger Prozess angeklagt – verteidigt unter anderem von seinem Sohn Richard von Weizsäcker.

»Ernst von Weizsäcker ist ein sehr zwiespältiger Charakter, man kann bis heute in viele Punkte nicht hineinleuchten«, sagt Martin Baumeister, Direktor des Deutschen Historischen Instituts in Rom. »Man kann davon ausgehen, dass sich Weizsäcker nicht dafür eingesetzt hat, um die Judendeportation zu verhindern.«

Der Campo Santo Teutonico als Zufluchtsort 1943/44

Der Campo Santo Teutonico ist ein extraterritorialer Bereich der Vatikanstadt auf italienischem Staatsgebiet. Vorbei an der linken Säulenreihe der Bernini-Kolonnaden öffnet sich ein Eingang in den Vatikan-Staat, die Porta Sant'Uffizio. Sie wird von zwei Schweizer Gardisten in blau-orange gestreiften Uniformen bewacht. Sie geben den Weg frei zum Campo Santo Teutonico. Er steht im Eigentum einer deutschsprachigen Bruderschaft und verfügt über einen Friedhof, eine Kirche und ein weitläufiges Gebäude, wo ein Priesterseminar, eine Nonnengemeinschaft und seit 1888 auch die römische Abteilung der wissenschaftlichen Görres-Gesellschaft untergebracht sind. Während der deutschen Besatzung Roms im Zweiten Weltkrieg war der Campo Santo Teutonico ein Ort des organisierten Widerstands gegen die Nazis und ein Bereich des Schutzes für politisch Verfolgte.

Jeder achte der römischen Juden und jeder vierte von den in die Stadt geflohenen Juden fiel während des Nationalsozialismus und Faschismus den Deportationen zum Opfer. Diese Zahlen wären noch viel größer, hätten nicht Bevölkerung und Klerus Verstecke zur Verfügung gestellt und Fluchthilfe geleistet, sagt Stefan Heid, Monsignore, Universitätsprofessor für Kirchengeschichte und frühchristliche Archäologie sowie Direktor des im Campo Santo beheimateten römischen Instituts der Görres-Gesellschaft.

Im Buch »Orte der Zuflucht und personeller Netzwerke« arbeitete Stefan Heid als Herausgeber die Kriegszeit im Campo Santo wissenschaftlich auf: »Hier am Campo Santo, am Kolleg, wohnte seit 1938 ein irischer Priester, Hugh O'Flaherty, der zunächst einmal als kleiner Angestellter der Glaubenskongregation arbeitete und hier am Campo wohnte, der dann aber eine Karriere nahm, die niemand erwartet hätte. Er hat nämlich während der deutschen Besetzung 1943/44 aus eigenem Antrieb wohl das größte Hilfswerk unter den Flüchtlingen organisiert, das Rom damals hatte. Man geht davon aus, dass er etwa 6.000 Menschen effektiv geholfen hat, vielen auch das Leben gerettet hat. Man nannte das am Campo Santo immer nur ›Die Organisation‹. Er organisierte für tausende von versteckten Deutschen, Italienern, Briten, Iren, Franzosen, jedweder Nationalität und auch Religion die Verpflegung, die wechselnden Unterbringungen, das Versteck, das Herausschleusen und weitergehende Hilfe.«

Stefan Heid zeigt jenes geschichtsträchtige Zimmer am Campo Santo Teutonico, von welchem aus Hugh O'Flaherty sein beachtliches Hilfswerk organisierte. »In einer britisch-US-amerikanischen Verfilmung verkörpert Gregory Peck Hugh O'Flaherty. Der Titel des Films lautet ›Im Wendekreis des Kreuzes‹. Auch Frauen fanden am Campo Santo Teutonico innerhalb der vatikanischen Mauern Schutz vor der politischen Verfolgung. Eva Maria Jung kam aus Berlin, sie war in der studentischen Jugend engagiert, und zwar gegen den Nationalsozialismus. Sie fiel da sofort auf. Sie musste fliehen und kam auf abenteuerlichen Wegen nach Rom. Zuletzt kam sie während der deutschen Besetzung an den Campo Santo. Sie hat darüber einen sehr lebhaften Bericht geschrieben, den wir auch in dem Buch abgedruckt haben. Etwa, dass die Flüchtlinge damals in dem sogenannten Oratorium in den frühchristlichen Sarkophagen schliefen, weil sie nicht genug Betten hatten für all die Leute, legten sie sich einfach in die Sarkophage rein.«

Der Nationalsozialismus löste eine enorme Fluchtbewegung aus Deutschland aus. Etwa 20.000 Verfolgte oder Gefährdete sind nach Italien geflüchtet. Die Gefährdungslage war erst dramatisch, als die deutsche Besatzung ab September 1943 kam. Nun herrschte regelrechte Panik. »Das hat zu zahlreichen Hilfsaktionen geführt, und auch zu Verzweiflungsaktionen«, betont Heid, »jedenfalls hat hier der Campo Santo Teutonico, also das deutsche Kolleg auch eine nicht unerhebliche Rolle gespielt.«

Hubert Jedin

Das von Stefan Heid und Michael Matheus herausgegebene Buch »Orte der Zuflucht und personeller Netzwerke« bringt einen Gesamtüberblick über eine Vielzahl von Personen, die am Campo Santo Teutonico Schutz und Unterkunft fanden. Unter ihnen war auch der bedeutende Kirchenhistoriker Hubert Jedin, Autor der Geschichte des Konzils von Trient. Er flüchtete 1933 vor den Rassengesetzen aus Breslau nach Rom an den Campo Santo Teutonico, weil das NS-Regime ihn als Halbjuden verfolgte. Hier konnte er seine wissenschaftliche Forschung fortsetzen.

UM DIE PIAZZA DI SPAGNA

Casa di Goethe
Via del Corso 18

Im Herbst 1943 befindet sich im ersten Stock des Hauses Via del Corso 18 – heute Museum Casa di Goethe, das einzige deutsche Museum außerhalb der Bundesrepublik – die römische Niederlassung der Mailänder Firma »Mario Alberto SPA«. Filialleiter ist der Jude Guido Zabban, der bereits nach der Einführung der Rassengesetze 1940 von der Resistenza einen falschen Ausweis bekam, um seine jüdische Herkunft zu verbergen. Auch ist seine Frau Elda mit der Gattin des hohen Polizeibeamten Oscar Uccelli befreundet. Die Familie wird gewarnt, verlässt im Oktober 1943 ihre Wohnung und kann so der Razzia entkommen. Die Söhne Fausto und Paolo werden unter falschem Namen im katholischen Internat San Giuseppe de Merode an der Spanischen Treppe eingeschleust, die Mutter taucht bei einer alten Dame als Haushälterin unter. Guido Zabban versteckt sich im Haus an der Via del Corso. Autorina Severini-Molinari, die Portierin des Hauses, versteckt Zabban neun Monate lang in einem Verschlag unter der Treppe zwischen Erdgeschoß und erstem Stock, immer in der Angst, von den acht Mietern im Haus verraten zu werden. 2008 wird Autorina Severini-Molinaris Name vom Staat Israel als Gerechte unter den Völkern auf dem Berg des Gedenkens in Yad Vashem in Jerusalem eingeschrieben.

Bibliotheca Hertziana – Max-Planck-Institut für Kunstgeschichte
Via Gregoriana 28

Ab dem Jahr 1889 ist die 1846 in Köln geborene Henriette Hertz gemeinsam mit dem Ehepaar Frida (geb. Loewenthal) und Ludwig Mond als Mieterin von Teilen des Palazzo Zuccari nahe der Spanischen Treppe dokumentiert. In dem vom Maler Federico Zuccari rund um das Jahr 1600 erbauten Palast, mit einem manieristisch-schaurigen Monstermaul als ursprüngliches Eingangstor des Gartens des Palazzo Zuccari, ruft Henriette Hertz einen Salon ins Leben, einen kulturellen Treffpunkt, der Musik, Kunst und Literatur gewidmet ist. Gemeinsam mit dem Kunsthistoriker Ernst Steinmann beginnt Hertz

Abb. 20: Salon von Henriette Hertz.

Abb. 21: Salon der Bibliotheca Hertziana während der NS-Besetzung.

den Aufbau einer Forschungsbibliothek zur italienischen und insbesondere römischen Kunstgeschichte. Hertz erwirbt den Palazzo Zuccari und die angrenzende Casa dei Preti.

Bei ihrem Tod im Jahr 1913 hinterlässt Henriette Hertz den von ihr inzwischen angekauften Palazzo Zuccari mitsamt eines Stiftungskapitals und der von ihr angelegten Sammlung von 5.000 Büchern und 12.000 Fotografien zur italienischen Kunst der Kaiser-Wilhelm-Gesellschaft. Testamentarisch legt sie die Widmung als Forschungsinstitut für Kunst- und Kulturgeschichte fest. Allein die Fotothek der Bibliotheca Hertziana ist bis heute auf einen Bestand von mehr als 800.000 Fotografien angewachsen. Während der Zeit des Nationalsozialismus werden alle Erinnerungen an die jüdische Stifterin des Forschungsinstituts entfernt. Im Juli 1941 schreibt der aus einer jüdischen Familie in Litauen stammende Kunsthistoriker Bernard Berenson, der in Harvard studiert hatte und nun in Fiesole bei Florenz sammelte und forschte, in seinem »Entwurf eines Selbstportraits«: »Die Hertziana dient derzeit der Nazipropaganda und nicht irgendeiner Art von Kultur«.

»Unter dem Direktor Werner Hoppenstedt, NSDAP-Mitglied, wurde der Name Hertz im Institut ausgelöscht«, berichtet der Kunsthistoriker und Hertziana-Forscher Christoph Glorius, der sich heute mit der Aufarbeitung der NS-Zeit in der Hertziana befasst. Zwischen 1940 und 1953 waren die Bücher aus Rom nach Österreich gebracht worden. Am 30. September 1944 wurde der Palazzo Zuccari von der italienischen Regierung mit Einverständnis der Alliierten beschlagnahmt. 1945 bezog eine Delegation des Internationalen Roten Kreuzes den ersten Stock des Gebäudes und organisierte Hilfsaktionen und Flüchtlingsunterstützung. 50.000 Reisedokumente, die Flüchtlingen, unter ihnen auch Holocaust-Überlebende, die Ausreise ermöglichten, wurden unter der Leitung von Hans Wolf de Salis im Palast ausgestellt. Aber auch ehemalige SS-Angehörige und Kriegsverbrecher bekamen – häufig auf Empfehlung von Bischof Alois Hudal (Santa Maria dell'Anima) oder Pater Krunoslav Draganović (San Girolamo degli Illirici) – eine Reiseerlaubnis, darunter auch der ehemalige SS-Hauptsturmführer Erich Priebke. Priebke war am Massaker in den Ardeatinischen Höhlen beteiligt (vgl. S. 173–175) und wurde 1998 in Rom zu lebenslanger Haft verurteilt, die in Hausarrest umgewandelt wurde.

Erst durch das 1953 geschlossene Adenauer-De Gasperi-Abkommen zwischen Italien und Deutschland wurden die beschlagnahmten deutschen Institute in Rom von den westlichen Alliierten an die Bundesrepublik Deutschland zurückgegeben.

Die Bibliotheca Hertziana wurde ein Institut der Max-Planck-Gesellschaft, der Nachfolgeorganisation der Kaiser-Wilhelm-Gesellschaft. Der ursprüngliche, an die Stifterin gedenkende Name, Bibliotheca Hertziana, wurde erneut eingesetzt. Bibliothek und Fotothek sind bis heute auf einen Bestand von über 300.000 Büchern und mehr als 800.000 Fotografien angewachsen. Die Forschungen des Instituts widmen sich heute der italienischen Kunst in toto und ihrer globalen Ausstrahlung, ausgehend vom Mittelalter bis in die Gegenwart. Über 100 Mitarbeiter und Gäste sind in der Struktur des römischen Forschungsinstituts eingebunden, dazu kommen täglich zahlreiche Bibliotheksbesucher.

Das Studio von Federico Fellinis Psychoanalytiker Ernst Bernhard

Via Gregoriana 12

Hajim Menahem, »der Trost des Lebens«, wird 1896 in eine chassidische, aus Galizien nach Berlin eingewanderte Familie geboren. Er nimmt den Namen Ernst Bernhard an, studiert Medizin und wird nach seiner Ausbildung zum Kinderarzt Therapeut nach C. G. Jung, mit dem er auch 1935 in Zürich zusammenarbeitet. Nach der Einführung der nationalsozialistischen Rassengesetze will Bernhard zunächst nach London flüchten. Es wird ihm verweigert, sich wie Sigmund Freud in England niederzulassen, da Bernhards Praxis der Vermischung von Psychoanalyse mit Chiromantie und Karten- und Handlesen von den Engländern als für zu esoterisch befunden wird.

Dem Mythos von Goethes »Italienischer Reise« folgend flüchtet Ernst Bernhard mit seiner Frau Dora nach Rom und bezieht eine Wohnung in der Via Gregoriana 12. 1940 wird er in Rom verhaftet und in italienischen Lagern interniert, bis er durch Intervention des Tibetologen Giuseppe Tucci 1941 freigelassen wird und so der Deportation nach Deutschland entkommt. Das Ehepaar Bernhard hält sich in seiner römischen Wohnung versteckt und wartet auf den Abzug der Nazis. Nach dem Krieg werden die Wohnung und das Studio von Ernst Bernhard zu einem wichtigen Anziehungspunkt für eine Vielzahl von Menschen. In der Via Gregoriana 12 gehen die unterschiedlichsten Intellektuellen, Patienten und Schüler, Künstler und Ärzte, Schriftsteller und angehende Analytiker ein und aus, darunter auch so bedeutende Künstler wie Federico Fellini, Giorgio Manganelli und Natalia Ginzburg.

Federico Fellini behandelt seine regelmäßigen Treffen mit Ernst Bernhard diskret, es ist eine für ihn äußerst wichtige und intime Beziehung. Bernhard führt Fellini in die Traumdeutung ein, regt ihn zum Verfassen von »Das Buch der Träume« an. Psychoanalytische Aspekte, Träume und Erinnerungen werden so zentral im Schaffen des Regisseurs. Bernhard beruhigt Fellinis Angstzustände, die auf übersinnliche Erfahrungen des Regisseurs folgen, und führt die überbordenden Phantasien Fellinis auf ihre psychologische Grundlagen zurück. Nach Ernst Bernhards Tod 1965 erkrankt Fellini schwer und bricht die Dreharbeiten zum Film »Il viaggio di G. Mastorna« unwiderruflich ab. Er wird seine psychoanalytischen Sitzungen in Parioli wieder aufnehmen, bei Ernst Bernhards Schülerin Eleonora Trevi. Maurizio de Benedictis, Regisseur und Filmwissenschafter an der Universität La Sapienza hat »Il viaggio di G. Mastorna« 2016 nach jahrelangen Recherchen fertiggestellt.

Gedenktafel für Ferdinand Gregorovius

Via Gregoriana 12

Der deutsche Historiker und Mediävist Ferdinand Gregorovius ist vor allem für sein Werk »Wanderjahre in Italien« bekannt, in dem er seine Reisen durch das Bel Paese in den Jahren 1856 bis 1877 erzählt. Darin ist auch ein Abschnitt mit dem Titel »Der Ghetto und die Juden von Rom« enthalten.

Die Stadt Rom ließ an seinem Wohnhaus eine Gedenktafel anbringen: »Von 1860 bis 1874 lebte in diesem Haus Ferdinand Gregorovius, deutscher Historiker der Stadt Rom und deren Ehrenbürger, der in Solidarität und mit Verständnis den Italienern Gerechtigkeit widerfahren ließ wie auch ihrer Geschichte und ihrer Zeit.«

Babington's Tea Room

Piazza di Spagna 23

In Babington's Tea Room schrieb der deutsch-jüdische Schriftsteller Hermann Kesten (1900–1996) eines seiner erfolgreichsten Bücher: »Dichter im Café«. Kesten hat mehrere Jahrzehnte in Rom gelebt, in der Stadt am Tiber entstand ein Großteil seines Werks. Nach Verfolgung und Exil fühlte sich Kesten in der italienischen Hauptstadt wohl, er war fest verankert in der literarischen Szene der Dolce Vita-Jahre. Der Schriftsteller genoss die Mischung von Anonymität und Öffentlichkeit. »Rom sieht wie ein einziges kontinuierliches Kaffeehaus aus«,

Abb. 22: Toni und Hermann Kesten in den Kapitolinischen Museen.

stellte Kesten fest. Zu seinen Lieblingscafés zählten das Doney an der Via Veneto, das Rosati an der Piazza del Popolo und eben Babington's Tea Room.

Kestens Bücher wurden in mehr als 30 Sprachen übersetzt, in den USA gehört er zu den meist gelesenen deutschen Schriftstellern. Kesten, der 1900 geboren wurde und 1996 starb, wird zu Recht als eine Jahrhundertgestalt bezeichnet. Aufgewachsen in Nürnberg, wurde er zunächst Cheflektor in Berlin, ehe er 1933 ins Exil gezwungen wurde. 1940 flüchtete er in die USA und rettete dort gemeinsam mit Thomas Mann vom Nazi-Regime verfolgte Autoren. Nach dem Krieg trug er wesentlich zu den gesellschaftspolitischen Debatten in der eben gegründeten Bundesrepublik bei.

Kesten empfand das Treiben auf den Straßen als inspirierend, vor allem das Kaffeehausleben hatte es ihm angetan, er war entzückt, in Rom zu sein. Mit seiner Frau wohnte er im sechsten Stock des Albergo Senato beim Pantheon. »Vor den Restaurants und Cafés am Platz sitzen Roemer neben Amerikanern und Deutschen friedlich beim Wein und Kaffee, die Vespas brummen, die Zeitungsverkäufer rufen, die Kinder schreien und die Götter schlafen im Pantheon«, zitiert der Kesten-Biograph Albert M. Debrunner den Literaten, der die ewige Stadt in seiner Korrespondenz als ein Postkartenidyll beschreibt. Debrunner denkt bei Hermann Kestens Schilderungen an das gleichzeitig in publikumswirksamen Hollywoodfilmen geprägte Rom-Image der Amerikaner. Vor allem die Bilder der Romanze »Roman Holiday« mit Audrey Hepburn als Prinzessin und Gregory Peck als Journalist haben bis heute den urbanen Charakter Roms nachhaltig im kollektiven Bewusstsein eingeschrieben. Es war der erste amerikanische Film, der vollständig in Italien gedreht wurde. »Die Begeisterung Hermann und Toni Kestens für die Stadt muss auch in diesem Zusammenhang gesehen werden«, erklärt Albert M. Debrunner. »Rom war für sie bis zu einem gewissen Grad eine Projektionsfläche für ihre im amerikanischen Exil genährten Sehnsüchte nach einem unversehrten, glücklichen Europa.«

Kesten war ein Meister in der Pflege von Freundschaften, er wurde zum Anlaufpunkt für viele intellektuelle Rom-Besucher. Es gelang ihm, die frohe Stimmung von Goethes »Italienischer Reise« wiederzubeleben. Weltläufigkeit, Güte und Hilfsbereitschaft sind die Eigenschaften, die Goethe und Kesten mit dem *genius loci* von Rom verbinden. »Kesten versteht es, einem Freund einen guten Tag zu bereiten«, zitiert Debrunner den Schriftsteller Max Brod, der Kesten auch mit den Rom-Reisenden des 18. Jahrhunderts verglich. In Rom auf der Suche nach einem neuen Leben. »Ja ich bin endlich in dieser Hauptstadt der Welt angelangt!«, notierte Goethe am 1. November 1786. »Nun bin ich hier und ruhig und, wie es scheint, auf mein ganzes Leben beruhigt. Denn es geht, man darf wohl sagen, ein neues Leben an.«

»Meine Freunde die Poeten« war Hermann Kestens erstes Buch, das 1953 nach seinem Umzug nach Rom herauskam. Es handelt sich um eine Sammlung von Essays rund um das Generalthema der Freundschaft. Viele der jüdischen Autoren, deren Leben und Werk Kesten den Band widmete, waren im Jahr 1953 schon tot. Im Vorwort jedoch vermerkt der Autor: »Die Toten unter ihnen leben noch mit mir, in ihren Büchern und in meiner Erinnerung.« Dabei bezieht er sich auf Heinrich Mann, Ernst Toller, Klaus Mann und vor allem Joseph Roth und René Schickele, für deren Werk sich Kesten besonders engagierte. Zu seinen lebenden Poeten-Freunden zählten Thomas Mann, Irmgard Keun und Erich Kästner.

»Meine Freunde die Poeten« wurde Hermann Kestens erfolgreichstes Buch, ein literarisches Dokument für die Haltung des in Rom lebenden Dichters. Kesten bekennt darin, welche Menschen er liebt: Apostel der Freiheit, Bekenner der Wahrheit, Feinde der Konventionen, Schöpfer neuer Verfassungen, Freunde der Menschheit, lachende Spötter, Gerechte und jene, die lieber ins Elend und Ausland gehen, als sich für Geld zu verkaufen. »Scharf urteilte Kesten über diejenigen, die Hitler zugejubelt oder schamlos von dem kulturellen Vakuum profitiert hatten, das durch die Emigration bedeutender Künstler, Literaten und Intellektuellen in Deutschland entstanden war. Der Sammelband ›Meine Freunde die Poeten‹ wurde wohl auch deshalb in Deutschland nicht so gut aufgenommen wie anderswo«, stellt sein Biograph Albert M. Debrunner fest.

Kesten war ein klassischer Kaffeehausliterat. Was den Nationalsozialisten als ein Schimpfwort galt, verstand Hermann Kesten als einen Ehrentitel. Er stellte fest: »Ich habe einen guten Teil meines Lebens im Kaffeehaus verbracht, und ich bedauere es nicht. Ich schrieb auch auf Bahnhöfen und Schiffen, auf Moosbänken und Sandbänken am Meer, bei Mondschein, im Park und im Wartezimmer meiner Zahnärzte, sogar zu Hause zwischen meinen Büchern oder im Bett; fast jedes Lokal ward mir zum Café.«

Das Zimmer von Bobi Bazlen, Gründer des Adelphi Verlages

Via Margutta 7

In der Via Margutta 7 wohnte in einer winzigen Wohnung 27 Jahre lang Roberto Bobi Bazlen, der Gründer des Verlages Adelphi. Ein Sofa diente ihm als Bett, ein kleiner Tisch, Regale voller Bücher und sonst kaum weitere Gegenstände reichten dem am 10. Juni 1902 in Triest geborenen Bazlen, Sohn des Lutheraners Eugenio Bazlen aus Stuttgart und der Clotilde Levi aus bürgerlich-jüdischer Familie zum Leben.

Der Vater war nur ein Jahr nach der Geburt Robertos gestorben. Bazlen wuchs in der Familie seiner Mutter auf, was eine schwierige Beziehung zur Folge hatte. Sein Psychoanalytiker Ernst Bernhard riet Bazlen, nachdem dieser Triest mit 32 Jahren verlassen hatte, seine Mutter in der ehemaligen habsburgischen Hafenstadt lieber nicht zu besuchen. Bazlen blieb Ernst Bernhard bis zu dessen Tod eng verbunden. Am 9. Juni 1962 gründete Roberto Bobi Bazlen den Verlag Adelphi, der bis heute wichtige Werke der Literatur veröffentlicht.

UM DIE FONTANA DI TREVI, VIA VENETO UND VIA NAZIONALE

Päpstliches Bibelinstitut und Päpstliche Universität Gregoriana

Piazza della Pilotta 35

Das Päpstliche Bibelinstitut ist eine vatikanische Hochschule, in räumlicher und organisatorischer Nähe der Jesuitenuniversität Gregoriana. Der Rektor des Päpstlichen Bibelinstituts, der deutsche Pater Augustin Bea, war der Beichtvater von Pius XII. und besuchte den Papst jeden Samstag. Der Papst, der vom heimlichen Engagement der Jesuiten wusste, hatte zum Rektor der Gregoriana, Pater Paolo Dezza, gesagt: »Pater, vermeiden Sie, Militärs aufzunehmen, denn da die Gregoriana ein päpstliches Haus und mit dem Heiligen Stuhl verbunden ist, müssen wir uns da heraushalten. Doch alle anderen gern: Zivilpersonen, Juden, Verfolgte.« Hier haben wir erneut eine explizite Weisung des Papstes, der jedoch forderte, bei den Militärs vorsichtig zu sein. Ein halbes Dutzend Juden kamen im Keller des von Bea geleiteten Bibelinstituts unter, in der von Dezza geführten Gregoriana wurden etwa 60 untergebracht. Dezza unterzeichnete ein Dokument, aus dem hervorgeht, dass Oberst Giuseppe Cordero Lanza Montezemolo, hinter dem die Deutschen her waren, unter dem Namen Professor Giuseppe Martini in der Gregoriana angestellt wurde.

Verein der Auslandspresse in Italien

Via dell'Umiltà 83c

Im Verein der Auslandspresse in Italien haben sich vor über 100 Jahren die internationalen Korrespondenten in Rom zusammengeschlossen. Bis heute ist der Verein mit seinem Sitz in der Via dell'Umiltà die weltweit größte und einflussreichste Korrespondentenvereinigung. Tullia Zevi wurde die Stimme des italienischen Judentums genannt.

Tullia Zevi wurde als Tochter eines bekannten antifaschistischen Anwalts am 2. Februar 1919 in Calabi geboren. Mit neunzehn Jahren befand sie sich mit ihrer Familie in den Ferien in der Schweiz, als in Italien die Rassengesetze eingeführt wurden. Zevi kehrte nicht nach Italien zurück, sondern studierte an der Sorbonne, dann in New York, wo sie auch als Journalistin tätig wurde, für das Radio NBC. 1940

Abb. 23: Die Journalistin Tullia Zevi.

heiratete sie in New York den Architekten und Kunstkritiker Bruno Zevi, mit dem sie 1946 nach Italien zurückkehrte.

Tullia Zevi begann für den »Religious News Service« und die »Jewish Telegraphic Agency« zu arbeiten und schrieb sich 1951 im Verein der Auslandspresse ein. Von 1960 bis 1993 war sie Korrespondentin der israelischen Tageszeitung »Maariv« und des Londoner »Jewish Chronicle«. Sie berichtete aus Nürnberg von den Kriegsverbrecherprozessen und aus Jerusalem über den Eichmann-Prozess. Als sie 2011 im Alter von 92 Jahren starb, würdigte sie der emeritierte Oberrabbiner Elio Toaff als »eine der bedeutendsten Persönlichkeiten des italienischen Judentums« und als einen Menschen von »großer Ehrlichkeit und Intelligenz«.

Collegio Nazareno

Largo del Nazareno 25

Das Nazareno war eine Privatschule, eine katholische, denn in Rom sind die Privatschulen im Allgemeinen katholisch. »Das war die einzige katholische Schule, die bereit war, einen Halbjuden aufzunehmen«, sagt Alessandro Piperno, Schriftsteller und Römer, Jahrgang 1972. Pipernos Mutter wollte, dass er und sein Bruder eine katholische Schule besuchten. Seit Piperno Ende der 1970er Jahre in diese Schule eintrat, ist er immer ein Unangepasster geblieben. An der Universität Tor Vergata in Rom lehrt Piperno französische Literatur und veröffentlichte als Experte für Marcel Proust den Band »Antijude Proust«. 2005 erschien sein vielbeachtetes Romandebüt »Mit bösen Absichten«. Es folgten »Die Verfolgung. Im Feuer der Erinnerungen« und »Hier sind die Unzertrennlichen«. Sein jüngster Roman, erschienen 2016, trägt den Titel »Wo die Geschichte endet«. In einem Rom, hungrig nach Zerstreuungen und Klatsch, aber auch von sanftmütiger Güte geprägt, entwickelt Alessandro Piperno ein großes Familienfoto. Die Familie ist jüdisch und voller ungelöster Konflikte und Widersprüche. »Ich gebe mir Mühe, mich als Jude zu erfinden«, stellt der Autor in einem Interview mit Francesco Pacifico fest.

Menorah zu Chanukka

Piazza Barberini

Die Organisation Chabad-Lubavich ist in Rom sehr aktiv. Sie hat im öffentlichen Raum die jüdischen Symbole verankert, indem sie auf der Piazza Barberini zu Sukkot eine Laubhütte aufstellt und zu Chanukka eine Menorah. Die Lichter der riesigen Menorah werden jeden Abend des Festes in einer öffentlichen Zeremonie angezündet.

Hotel Excelsior

Via Veneto 125

Auf oder in unmittelbarer Nähe der Via Veneto befanden sich während der deutschen Besetzung Roms wichtige Schaltzentralen der Deutschen. Im Luxushotel Albergo Excelsior in der Via Veneto 125 quartierte sich im September 1943 der Stadtkommandant von Rom, Rainer Stahel (später auch sein Nachfolger Generalleutnant Kurt Mälzer), mit seinem Stab ein.

Nach dem Zweiten Weltkrieg bezog US-General Mark Clark sein Hauptquartier im Hotel Excelsior. Das Café Doney, im Erdgeschoß des Hotels, wurde zum Treffpunkt der Literaten und Film-Leute der Stadt, unter ihnen auch der begeisterte Kaffeehausliterat Hermann Kesten (vgl. S. 123–126). Das Hotel Excelsior war 1906 eröffnet worden.

Grand Hotel Flora – ehemaliger Sitz des deutschen Generalkommandos

Via Veneto 191

Die Via Vittorio Veneto schlängelt sich von der Piazza Barberini nach Norden bis zur Porta Pinciana an der Aurelianischen Mauer. Ihren weltweiten Ruhm verdankt die im 19. Jahrhundert angelegte Straße mit den vielen noblen Hotels und Cafés vor allem Federico Fellinis Film »La dolce vita«.

Das Luxushotel Flora wurde 1907 in der Via Veneto eröffnet. Die Architektur ist Liberty, geplant vom Architekten Andrea Busiri Vici. Auftraggeber war der wohlhabende deutsch-russische Unternehmer Krumngel. Umgehend wurde das Hotel zum Anziehungspunkt für betuchte Reisende und auch für Intellektuelle, wie die Dichter Paul Valéry und Ada Negri. In den 1960er Jahren wurde das Hotel auch zum Treffpunkt der Ikonen der Dolce Vita-Zeit, allen voran Federico Fellini.

Dazwischen jedoch zogen in den Prachtbau auch die deutschen Besatzer Italiens ein. Ende Dezember 1943 richtete das deutsche Generalkommando im zweiten Stock des Grand Hotel Flora seine

Kommandozentrale ein. Nach einem Angriff auf das deutsche Kommando am 19. Dezember 1943 durch die römische Gruppo d'Azione Patriottica (Partisanen-Aktionsgruppe), einer Widerstandsformation, die von der kommunistischen Partei organisiert wurde, verlegte man das deutsche Hauptquartier auf den nahen Corso d'Italia 25. Auf der Erklärungstafel zur Geschichte des Hotel Flora ist die Phase der deutschen Besatzung ausgespart.

Ehemaliger Sitz des deutschen Militärtribunals

Via Lucullo 7

In dem anonymen Gebäude mit seiner faschistischen Architektur wurden in den Jahren 1943 und 1944 Partisanen eingesperrt und gefoltert. Heute ist es Sitz der Unione italiana del lavoro (UIL). Eine Skulptur von Ugo Attardi aus dem Jahr 1986 erinnert daran. Sie zeigt einen Partisanen, leblos auf dem Boden einer Folterkammer. Über dem Fenster des Raumes, der einst die Folterkammer war, ist seit 1967 eine Inschrift zu lesen: »In diesem Gebäude versuchte das Nazi-Kriegstribunal während der fatalen Besatzung vergeblich das Streben nach Freiheit im Blut des römischen Volkes zu ersticken.«

Ehemaliger Sitz der DELASEM von Rom

Via Sicilia 159

Die DELASEM – das Akronym bedeutet Delegation zur Hilfe für jüdische Emigranten – war während des Zweiten Weltkriegs die größte jüdische Hilfsorganisation in Italien. Zwischen 1939 und 1947 verteilte die DELASEM 1,2 Millionen Dollar, die zumeist von Spendern aus dem Ausland stammten, vor allem an nach Italien geflüchtete Juden. Hauptsitz der Organisation war Genua. Das römische Büro der Hilfsorganisation hatte sich zuerst am Lungotevere Sanzio 2 befunden, dann wurde es in die Via Sicilia verlegt. Geleitet wurde das Büro von Settimio Sorani, eines Vertreters der sogenannten Jüdischen Resistenza, und von dem Anwalt Carlo Alberto Viterbo. Settimio Sorani war Römer, Jahrgang 1899. Sein Vater war Lehrer und im Rat der Römischen Kultusgemeinde, der Großvater Rabbiner und einer der Direktoren des Collegio Rabbinico.

Bis zum 8. September 1943 kümmerte sich die DELASEM vor allem um die Hilfe für die unzähligen Flüchtlinge in den italienischen Internierungslagern. Nach dem 8. September musste die Organisation in den Untergrund gehen. Settimio Sorani wurde denunziert und in das Gefängnis in der Via Tasso gebracht. Es konnte ihm jedoch nichts nachgewiesen werden und so wurde er wieder freigelassen. Während der gesamten Zeit der nationalsozialistischen Besatzung verteilte er die Finanzierungen der DELASEM mithilfe eines Kapuzinerpaters. Die DELASEM sorgte auch für Unterbringungen und für gefälschte Papiere für Flüchtende.

Ehemaliger Sitz des deutschen Oberkommandos
Corso d'Italia 25

Das Gebäude, in dem ab Januar 1944 das deutsche Oberkommando untergebracht war, ist heute der Sitz der Gewerkschaft CGIL. Hier erinnert nichts mehr an die Verwendung des Gebäudes während der deutschen Besatzung.

Verlag Astrolabio
Via Piemonte 63

In der Via Piemonte 63 befand sich der Sitz des Verlages Astrolabio, mit dem der Psychoanalytiker Ernst Bernhard (vgl. S. 122f.) als Berater zusammenarbeitete und in dem wichtige Werke zur Psychoanalyse erschienen und weiter erscheinen. Mario Ubaldini, der den Verlag im Jahr 1944 gegründet hatte, war mit Ernst Bernhard befreundet. Ubaldini veröffentlichte zunächst französische Literatur, aber auch die Memoiren des Malers Giorgio de Chirico und die Gedichte des Malers und Schriftstellers Filippo de Pisis.

Aus der Begegnung mit Bernhard entwickelte sich ab Anfang 1947 eine fruchtbare Programmpolitik, die heute noch gültig ist, auch wenn der Verlag inzwischen in einem anderen Stadtteil sein Büro betreibt. So erscheint die Reihe »Psyche und Bewusstsein« seit 1947. Zu deren ersten Titeln zählt die »Einleitung in das Studium der Psychoanalyse«, herausgegeben von Edoardo Weiss (vgl. S. 142f.), einem Schüler Sigmund Freuds, der Weiss persönlich die Wahrnehmung der italienischen Rechte übertragen hatte.

Das erste Buch, das Ernst Bernhard im Verlag Astrolabio herausgab, war »Die Traumdeutung«, für ihn das wichtigste Werk Freuds. Die italienische Übersetzung stammte von Roberto Bobi Bazlen, Gründer des Verlages Adelphi (vgl. S. 126). Außerdem wurden mehrere Titel von C. G. Jung publiziert, etwa »Psychologische Typen«, erstmals 1921 in Zürich erschienen. Die Rechte erhielt Ubaldini von Jung selbst.

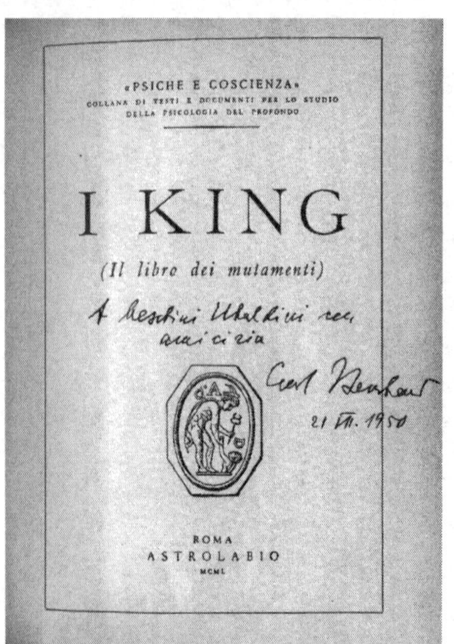

»PSICHE E COSCIENZA«

COLLANA DI TESTI E DOCUMENTI PER LO STUDIO DELLA PSICOLOGIA DEL PROFONDO

I KING

(Il libro dei mutamenti)

A Meschini Ubaldini con amicizia

Ernst Bernhard 21 III. 1950

ROMA
ASTROLABIO
MCML

Abb. 24: »I Ging« mit Widmung von Ernst Bernhard an Mario Meschini Ubaldini.

Eines der Flaggschiffe des Verlages wurde »I Ging«, das ebenfalls von Bernhard vorgeschlagen wurde, da er in seiner psychoanalytischen Praxis intensiv mit diesem jahrtausendealten chinesischen Buch der Wandlungen arbeitete. Im Verlag wird heute noch eine Ausgabe mit einer Widmung von Bernhard an »Meschini Ubaldini« vom März 1950 aufbewahrt – Bernhard benutzte in der Widmung nicht den Vornamen, sondern dessen doppelten Nachnamen.

Die Astrolabio-Reihe wurde unter der Programm-Beratung von Ernst Bernhard bis 1953 weitergeführt. Dann geriet der Verleger Ubaldini in finanzielle Schwierigkeiten. Er hatte eine Zinkografie eingerichtet, um Kunstbücher zu drucken. Diese Zinkografie lief bereits nach der Herstellung der ersten beiden Bücher, die verloren gegangen sind, schlecht. Um nicht pleite zu gehen, nahm Ubaldini Kredite auf und vernachlässigte das Verlagshaus. Er musste mit der Produktion aussetzen und privaten Besitz, vor allem wertvolle Skulpturen, verkaufen. Zur Verlagsrettung veräußerte er auch die italienischen Rechte am Gesamtwerk von Freud und Jung.

1960 gelang es Mario Ubaldini, den Bankrott des Verlages abzuwenden. Bis heute sind die Reihen »Psyche und Bewusstsein« und eine orientalistische Reihe über die Philosophie und Religionen des Nahen Ostens das inhaltliche Rückgrat des Verlages. Die Reihe der orientalistischen Texte wurde ebenfalls von Ernst Bernhard inspiriert. Er machte Ende der 1940er Jahre Ubaldini mit dem legendären italienischen Orientalisten Giuseppe Tucci bekannt.

Der Verleger Francesco Gana bezeichnet Astrolabio heute als einen stillen Verlag, der auf die Zukunft ausgerichtet ist: »Einige der von Astrolabio publizierten Autoren steigen stetig in der Auflage und werden immer wichtiger. In den 1970er und 1980er Jahren publizierte Astrolabio in der Reihe über den Nahen Osten Bücher des Dalai Lama, bis nach dem Nobelpreis die italienischen Großverleger auf den Plan traten. Dann haben wir den Autor ziehen lassen und woanders weitergemacht. Es gibt Raum und vor allem Material für jeden. Man muss nur nach dem Richtigen suchen.«

Via Rasella

Die GAP (Gruppi d'Azione Patriottica) oder auch SAP (Squadre d'Azione Partigiana) waren patriotische bzw. Partisanen-Aktionsgruppen, die ab Herbst 1943 in den italienischen Großstädten den von der Kommunistischen Partei getragenen Widerstand durchführten. Antifaschistische Aufklärungs- und Solidaritätsarbeit und bewaffnete Aktionen gegen deutsche Soldaten, Funktionsträger des Faschismus und gegen Militär- und Polizeieinrichtungen waren das Betätigungsfeld der GAP oder SAP.

Zu einem Massaker an der Zivilbevölkerung, den Erschießungen an den Ardeatinischen Höhlen (vgl. S. 173–175), führte der Anschlag der GAP in der Via Rasella am 23. März 1944, dem 25. Jahrestag der Gründung von Benito Mussolinis Fasci di combattimento, den Kampfverbänden. Die Angriffe auf Personen (Soldaten und Funktionsträger) waren innerhalb der Resistenza umstritten. Den einen galten sie als notwendiger Teil des Widerstands, andere Antifaschisten lehnten sie ab und wollten sich auf Propaganda und Sabotageakte beschränken.

Die Via Rasella befindet sich in unmittelbarer Nähe der Piazza Barberini. Hier führten Mitglieder der GAP einen Anschlag auf die 11. Kompanie des III. Bataillons des Polizei-Regiments »Bozen« durch. Diese Kompanie marschierte täglich bewaffnet und nationalsozialistisch konnotierte Lieder skandierend durch das Zentrum von Rom auf dem Weg von ihrem Militärübungsplatz zur Kaserne. Eine GAP-Gruppe erwartete sie mit einer Sprengladung in einem Müllhandkarren. Die Sprengladung wurde gezündet und andere GAP-Mitglieder eröffneten das Feuer mit Schusswaffen. Durch den Anschlag wurden 33 Männer des Polizei-Regiments »Bozen« getötet, 67 wurden verwundet, zwei Italiener wurden ebenfalls getötet.

Eine Gedenktafel in der Via delle Quattro Fontane erinnert seit 2010 an zehn an dem Anschlag nicht beteiligte Anwohner der Via Rasella, die im Vergeltungsmassaker an den Ardeatinischen Höhlen am auf den Anschlag folgenden Tag ermordet wurden.

Bis heute sind in der Via Rasella Einschusslöcher an den Hauswänden zu sehen.

Die Jungs von der Via Panisperna
Via Panisperna

»I ragazzi di via Panisperna« wird eine Gruppe blutjunger Physiker genannt, die im königlichen Institut für Physik der Universität Rom im Viertel Monti 1934 die Eigenschaften der langsamen Neutronen entdeckten. Geleitet wurde die Gruppe von Enrico Fermi, der mit der Jüdin Laura Capon verheiratet war. 1938 wurde Fermi für die Identifizierung neuer radioaktiver Elemente, die nach Bestrahlung mit Neutronen produziert wurden, und seine Entdeckung von Kernreaktionen, die durch langsame Neutronen bewirkt wurden, mit dem Physik-Nobelpreis ausgezeichnet. Im selben Jahr emigrierte er, in Folge der italienischen Rassengesetze, die seine Frau und seine beiden Kinder Nella und Giulio diskriminierten, in die USA, wo er sich im Manhattan-Projekt an der Entwicklung der Atombombe beteiligte.

Enrico Fermis Zeit als erster Professor für theoretische Physik an der Universität Rom und Leiter des Instituts in der Via Panisperno war die aus wissenschaftlicher Sicht fruchtbarste Phase seines Forscherlebens. Er scharte eine bemerkenswerte Gruppe begabter Jungphysiker um sich: Franco Rasetti, Emilio Segré, Edoardo Amaldi und Bruno Pontecorvo. Am Rande nahm auch Ettore Majorana an den Forschungen der Jungs von der Via Panisperna teil. In ihren Laborforschungen erstellten sie erste Spektroskopien von Atomen und Molekülen, dann wandten sie sich dem Studium des Atomkerns zu. Enrico Fermi prägte 1931 den Begriff Neutrino – kleines Neutrales – für extrem leichte Elementarteilchen, zur Unterscheidung von dem wesentlich schwereren Neutron. Fermis wesentlichste Forschungsergebnisse betrafen den Betazerfall. Die diesbezügliche Grundlagenforschung publizierte er in den Jahren 1933 und 1934.

Emilio Segrè promovierte 1928 bei Enrico Fermi, arbeitete danach in Hamburg und Amsterdam und schließlich bis 1938 in Rom. 1938 wurde der aus jüdischer Familie stammende Segrè zum Direktor der Physiklaboratorien an die Universität Palermo berufen, doch er musste während seines Sommerurlaubes in Kalifornien erfahren, dass Diktator Benito Mussolini ein Verbot jüdischer Mitarbeiter an den italienischen Universitäten erlassen hatte. Segrè blieb in den USA und war maßgeblich an der Entwicklung der auf Nagasaki abgeworfenen Atombombe beteiligt. Für die Entdeckung des Antiprotons wurde ihm 1959 der Physik-Nobelpreis verliehen. Nach einer Professur an der Universität Berkeley kehrte Emilio Segré 1974 an die Universität Rom als Professor für Kernphysik zurück. Segré, der zweimal verheiratet war, hatte seine erste Hochzeit 1936 im Großen Tempel in Rom gefeiert. Wie er seine erste Frau Elfriede Spiro kennenlernte, schildert Emilio Segré in seiner Autobiographie: »Ich traf Elfriede Spiro Anfang 1934. Sie sprach damals noch nicht sehr gut Italienisch, aber das war nicht wichtig. Im Gegenteil, für mich war es von Vorteil, weil ich fließend Deutsch sprach. Ich wollte sichergehen in Bezug auf den Nationalsozialismus. Sie war vorsichtig und vermied es, über Politik zu sprechen, aber ich hatte bald herausgefunden, dass hier nichts für mich zu befürchten war. Sie hatte Deutschland verlassen, weil sie an ihrer Arbeitsstelle gefeuert worden war, es brauchte keine große Vorstellungskraft, zu erraten, warum. Ich muss zugeben, dass der Name Spiro mir griechisch vorkam, so wie Segré ihr französisch. Ein bisschen mehr jüdische Kultur, und wir hätten unsere Wurzeln sofort verstanden.«

An Fermis Physikinstitut studierte in den 1930er Jahren auch der spätere Nobelpreisträger Salvatore Luria, bevor er wegen der Rassengesetze gezwungen war, zu emigrieren. Luria hatte schon einen Abschluss summa cum laude in Medizin und Chirurgie der Universität Turin. Das Physikstudium in Rom am Institut von Enrico Fermi eröffnete Luria »die Straße zum heiligen Gral der Biophysik«, wie der Nobelpreisträger es in seiner 1984 erschienenen Autobiographie rückblickend feststellt.

Sigmund Freuds römisches Schönbrunn

Villa Borghese

Von seinem dritten Rombesuch berichtet Sigmund Freud an seine Familie: »Heute war es wieder herrlich; Villa Borghese ist ein großer Park mit Schloß und Museum, der noch vor kurzem einem der römischen Fürsten gehört hat, jetzt aber Eigentum der Stadt und allgemein zugänglich ist, denn der gute Fürst hat sich verspekuliert und mußte alles für drei Millionen Lire verkaufen. Spottbillig nebenbei; im Museum befindet sich so ziemlich der schönste Titian, genannt *Himmlische und Irdische Liebe*, für den die Amerikaner allein soviel gegeben hätten. Das Bild kennt Ihr gewiß, die Bezeichnung hat keinen Sinn, was das Bild bedeutet, weiß man nicht; genug, daß es sehr schön ist.«

Freud erzählt von seinen Spaziergängen über den dürren Boden des Parks, von den Pinien, Zypressen und Palmen und von den großen Spielplätzen, belebt von unzähligen Kindern. Auf steinernen Tischen und Bänken sieht er kleine Leute, wie er sie nennt, ihre Mahlzeiten verzehren.

»Ein Schönbrunn, das sich herabläßt, ein Prater zu sein«, so fasst Freud seinen Eindruck von der Villa Borghese mit Wienbezug zusammen. Wie in Schönbrunn, befindet er, haben auch in der Villa Borghese exotische Tiere ihre Wohnung. Gazellen, Fasane und einen Affen bemerkt er. Die Gassenbuben, so Freud, machen dem Affen das Leben schwer. »Ich glaube bemerkt zu haben, daß sich's jeder behaglich macht und keiner sich an Verbote hält«, konstatiert Freud. »In dem Teil, der der Privatgarten des Fürsten war, steht auch hier und da ein echtes Stück Altertum, ein schöner Sarkophag, eine Säule, eine gebrochene Statue. So vergißt man nicht, daß man in Rom ist. In einer Allee sieht man eine Statue von Victor Hugo, die von den Franzosen im Dienste der Verbrüderung der Nationen geschenkt worden ist. Er sieht aus wie Verdi.«

ESQUILIN

Wohnung von Ernesto Nathan
Via Torino 121

Ernesto Nathan war von November 1907 bis Dezember 1913 Bürgermeister von Rom. Geboren wurde er am 5. Oktober 1845 in London als viertes von elf Kindern von Mayer Moses Nathan und Sara Levi geboren. Während seine Mutter aus Pesaro stammte, war sein Vater aus dessen Geburtsort Rödelheim bei Frankfurt am Main zuerst nach Paris, dann nach London gezogen, wo er als Börsenmakler arbeitete und englischer Staatsbürger wurde. In London schlossen die Nathans Freundschaft mit dem italienischen Demokraten Giuseppe Mazzini, dessen Haus am Middleton Square zu einem Treffpunkt für italienische Demokraten im Exil wurde. Sara Levi arbeitete eng mit Mazzini für den Aufbau eines unabhängigen Staates Italien mit republikanischen Idealen zusammen. Livorno, Lugano, Mailand und Sardinien wurden weitere Stationen von Ernesto Nathans Lebensweg, bevor er sich 25jährig in Rom als Herausgeber der neu gegründeten Zeitschrift »La Roma del Popolo« niederließ.

Ernesto Nathan war freidenkender Republikaner, laizistisch eingestellt und Freimaurer. Zwischen 1896 und 1903 und von 1917 bis 1919 war er Großmeister der Loge Grande Oriente d'Italia. Nathan pflegte keine enge Beziehung zur jüdischen Gemeinde, war aber als Jude bekannt. In den sechs Jahren seines Bürgermeisteramtes trug Nathan wesentlich zur Erneuerung der Infrastruktur der Stadt bei. 1909 wurde der erste Bebauungsplan Roms bewilligt. Die Planung für die Gebiete außerhalb der Stadtmauern wurde von Seiten der Stadtregierung reguliert, zumal 55 Prozent des bebaubaren Gebietes sich im Besitz von nur acht Großbesitzern befanden. Dem Bürgermeister gelang es auch, die privaten Straßenbahnen und die Energieversorgung zu kommunalisieren. Eines der Hauptanliegen war ihm das Bildungswesen. Er fand die öffentlichen Schulen Roms in prekäreren Zuständen vor und reformierte sie. Kindergärten, Schulen mit Gärten, Bibliotheken, Sommer-Nachhilfeunterricht, Gesundheit, Hygiene und vor allem einer vollkommen konfessionsfreien Erziehung galt sein Hauptaugenmerk. Am 9. April 1921 starb Nathan in Rom, als einer der großen Modernisierer der Ewigen Stadt.

Aschkenasischer Tempel

Via Cesare Balbo 33

Die Aschkenasim hatten vor und nach dem Zweiten Weltkrieg bis in die frühen 1950er Jahre eine besondere Bedeutung, danach nahm ihre Zahl stetig ab. Aschkenasische Juden waren in den 1930er Jahren aus verschiedenen Orten in Mittel- und Osteuropa in die Stadt gekommen, um hier zu studieren oder um aus ihren Herkunftsländern zu flüchten. Sie hatten zwei Synagogen in der Via Principe Amedeo und in der Via Palestro, bis sie sich in Räumlichkeiten in der Via Balbo und in der Via Depretis vereinigten, in einem Haus, das der Israelitischen Kultusgemeinde gehört. In den frühen 1970er Jahren wurden die Räume im Souterrain der Via Balbo, wo bis zu jenem Zeitpunkt ein Ofen für das ungesäuerte Brot betrieben worden war, für die Riten adaptiert. Dies war vor allem der Ankunft von Lubawitsch-Rabbinern zu verdanken. Die chassidisch-orthodoxen Rabbiner kümmerten sich um die wachsende Zahl von Juden, die aus der damaligen Sowjetunion geflüchtet waren und in Ostia und Ladispoli untergebracht wurden, während sie ihre Abreise nach Israel oder in die USA vorbereiteten.

Die Synagoge ist morgens immer und gelegentlich auch abends geöffnet. Samstags kommen oft Touristen, die den Sabbat feiern wollen. Sonntag nachmittags finden oft Konferenzen oder Zusammenkünfte, die von Lubawitsch-Rabbinern organisiert werden, statt.

Sitz der Jüdischen Brigade

Via Cesare Balbo 33

In der Via Cesare Balbo 33 hatte die Jüdische Kampfeinheit (Chativah Yehudith Lochemeth) ihren Sitz. Die Jüdische Brigade war ein militärisches Corps des britischen Heeres, bestehend aus jüdischen Mitgliedern. Das Corps war in Italien und Österreich während des Zweiten Weltkriegs aktiv.

Sigmund Freud und der Moses des Michelangelo

San Pietro in Vincoli

Die Sehnsucht, nach Rom zu kommen, spielte eine wichtige Rolle in der ersten Lebenshälfte Sigmund Freuds. Johann Wolfgang von Goethe und Jacob Burckhardt, die kultivierten deutschsprachigen Reisenden, die ihre Eindrücke in Büchern, die zum Kanon der Reiseliteratur gehörten, festgehalten hatten, prägten auch Freuds Italienbild. In Freuds Bibliothek befand sich eine Ausgabe von Burckhardts »Cicerone«, eine gelehrte Anleitung zum Genuss der Kunstwerke Italiens. Aus seiner Burckhardt-Lektüre gewann Freud in Wien Anregungen, auf seinen Italienreisen Museen, Kirchen und Orte zu besuchen, die abseits der touristischen Trampelpfade lagen.

Unter seinen Reisezielen rangierte Rom jedenfalls an erster Stelle. Siebenmal besuchte der Begründer der Psychoanalyse die Ewige Stadt, und zwar in den Jahren 1901, 1902, 1907, 1910, 1912, 1913 und 1923. Insgesamt verbrachte Freud 57 Tage in Rom, wobei der Aufenthalt im Jahre 1913 mit seiner Schwägerin Minna Bernays der längste war. Freud empfand die Begegnung mit Rom als überwältigend, erfüllte sich doch ein langgehegter Wunsch durch den Besuch dieser Stadt. Er absolvierte das obligatorische Programm, er warf eine Münze in den Trevibrunnen und steckte seine Hand in die Bocca della Verità. Doch schon während seines ersten Aufenthalts besichtigte er auch die Kirche San Pietro in Vincoli mit der Moses-Statue des Michelangelo, angeregt durch die Beschreibung Jacob Burckhardts, dessen Einschätzung des Kunstwerkes er jedoch nicht teilte. Und doch faszinierte die gewaltige Moses-Skulptur den jüdischen Psychoanalytiker.

Freuds vierter Rombesuch im Jahre 1910 war kurz, nur zwei Tage auf der Durchreise nach Sizilien. Sie reichten gerade, um seinem Freund und Begleiter auf dieser Reise, Sándor Ferenczi, die wichtigsten Sehenswürdigkeiten zu zeigen. Freud und Ferenczi verbrachten im September 1912 wiederum einige Tage gemeinsam in Rom. Ferenczi fuhr allein weiter nach Neapel und Freud schrieb: »Ich genieße eine köstliche, etwas melancholische Einsamkeit, gehe in dem herrlichen Wetter spazieren, auf dem Palatin unter den Ruinen, in der Villa Borghese, einem riesigen Park, aber ganz römisch und besuche täglich den Moses in San Pietro in Vincoli, über den ich vielleicht einige Worte schreiben werde.«

Im Band drei der Zeitschrift »Imago« erschien im Jahre 1914 dann Freuds berühmte Studie »Der Moses des Michelangelo«. Freud erinnert sich: »Wie oft bin ich die steile Treppe vom unschönen Corso Cavour hinaufgestiegen zu dem einsamen Platz, auf dem die verlassene Kirche steht, habe immer versucht, dem zürnenden Blick des Heros standzuhalten, und manchmal habe ich mich dann behutsam aus dem Halbdunkel des Innenraums geschlichen, als gehörte ich selbst zu dem Gesindel, auf das sein Auge gerichtet ist, das keine Überzeugung festhalten kann, das nicht warten und nicht vertrauen will und jubelt, wenn es die Illusion des Götzenbildes wieder bekommen hat.«

Neben der Kirche San Pietro in Vincoli besuchte Freud auch besonders oft den Palatin. Der Palatin, Wohnort der römischen Kaiser, war sein Lieblingsort in Rom. Auch das Forum Romanum, die Villa Borghese, der Gianicolo-Hügel mit dem großartigen Blick auf Rom und der Vatikan waren Orte, die Freud auf seinen Romreisen regelmäßig aufsuchte. Viel Zeit verbrachte er auch in seinen Lieblingsmuseen, den Vatikanischen Museen und dem Nationalmuseum in den Diokletianthermen.

Es war das antike Rom, das auf Freud die größte Anziehungskraft ausübte. Der Wiener Psychoanalytiker sah eine ganz besondere Beziehung zwischen dieser Stadt und seiner Arbeit. Die Ewige Stadt als Spiegelbild der Seele: »Historiker belehren uns, das älteste Rom war die Roma Quadrata, eine umzäunte Ansiedlung auf dem Palatin. Dann folgte die Phase des Septimontium, eine Vereinigung der Niederlassungen auf den einzelnen Hügeln, darauf die Stadt, die durch die Servianische Mauer begrenzt wurde, und noch später, nach all den Umwandlungen der republikanischen und der früheren Kaiserzeit die Stadt, die Kaiser Aurelianus durch seine Mauern umschloß. Wir wollen die Wandlungen der Stadt nicht weiter verfolgen und uns fragen, was ein Besucher, den wir mit den vollkommensten historischen und topographischen Kenntnissen ausgestattet denken, im heutigen Rom von diesen frühen Stadien noch vorfinden mag. Die Aurelianische Mauer wird er bis auf wenige Durchbrüche fast unverändert sehen. An einzelnen Stellen kann er Strecken des Servianischen Walls durch Ausgrabungen zutage gefördert finden. Wenn er genug weiß – mehr als die heutige Archäologie –, kann er vielleicht den ganzen Verlauf dieser Mauer und den Umriß der Roma Quadrata ins Stadtbild einzeichnen. Von den Gebäuden, die einst diesen alten Rahmen ausgefüllt haben, findet er nichts oder geringe Reste, denn sie bestehen nicht mehr. Das Äußerste, was ihm die beste Kenntnis des Roms der Republik leisten kann, wäre, daß er die Stellen anzugeben weiß, wo die Tempel und öffentlichen Gebäude dieser Zeit gestanden hatten. Was jetzt diese Stellung einnimmt, sind Ruinen, aber nicht ihrer selbst, sondern ihrer Erneuerungen aus späteren Zeiten nach Bränden und Zerstörungen.«

In der Betrachtung der Topographie Roms zieht Freud Analogien zur »seelischen Vergangenheit«. Die antiken Ruinen sind für ihn die Symbole der »Gedächtnisspuren«, die angeblich Vergessenes in der Psyche hinterlassen.

Geburtshaus von Enrico Fermi

Via Gaeta 19

Am 29. September 1901 wurde der spätere Physiknobelpreisträger Enrico Fermi in diesem Haus geboren. Er war einer der bedeutendsten Kernphysiker des 20. Jahrhunderts. Seit 1924 war Fermi Freimaurer, seit 1928 mit der Jüdin Laura Capon verheiratet. Mit ihr hatte er zwei Kinder, Nella und Giulio. 1934 veröffentlichte er seine Theorie des Betazerfalls, die sogenannte Fermi-Wechselwirkung. Ein Element im Periodensystem trägt seinen Namen, das Fermium mit dem Symbol Fm. 1938 emigrierte Enrico Fermi mit seiner Familie aufgrund der Rassengesetze in die USA (vgl. S. 134f.).

PRATI

Psychoanalytische Gesellschaft Italiens und »Rivista Italiana di Psicoanalisi«
Via dei Gracchi 328-A

In diesem Haus wohnte Edoardo Weiss, der als der Begründer der Psychoanalyse in Italien gilt. Hier betrieb er die Psychoanalytische Gesellschaft Italiens und gab die »Rivista Italiana di Psicoanalisi«, die italienische Zeitschrift für Psychoanalyse, heraus.

Edoardo Weiss wurde am 21. September 1889 in Triest als Sohn jüdischer Eltern geboren. Der Vater Ignazio kam aus Böhmen und betrieb eine Ölfabrik, die Mutter, Fortuna Iacchia, stammte aus einer sephardischen Familie. Weiss ging als Student nach Wien, damals Hauptstadt des österreichisch-ungarischen Kaiserreichs, um Medizin zu studieren und sich auf Psychiatrie zu spezialisieren. Im Jahr 1913, ein Jahr vor seinem Studienabschluss, wurde Weiss Mitglied der Wiener Psychoanalytischen Gesellschaft. Im Ersten Weltkrieg wurde Weiss als Arzt im österreichisch-ungarischen Heer eingezogen. Danach kehrte er nach Triest zurück, das mittlerweile italienisch geworden war.

Am 13. September 1931 verließ Edoardo Weiss seine Heimatstadt Triest für immer und zog mit seiner Familie nach Rom, wo er die Psychoanalytische Gesellschaft, die bereits von Marco Levi Bianchini in Teramo 1925 ins Leben gerufen worden war, neu organisierte. 1932 gründete Weiss die Zeitschrift »Rivista italiana di psicoanalisi«, die allerdings im darauffolgenden Jahr von der faschistischen Regierung verboten wurde. Seine Ehefrau Vanda Shrenger arbeitete intensiv mit an der Verbreitung der neuen Wissenschaft und war die erste Frau in Italien, die als Psychoanalytikerin praktizierte.

Edoardo Weiss übersetzte Sigmund Freud ins Italienische und verfasste bereits im Jahr 1931 die erste eigenständige italienische Abhandlung über die Psychoanalyse: »Elementi di psicoanalisi«, deren dritte Auflage 1936 mit einem Vorwort von Sigmund Freud herauskam. Weiss war in ständigem Briefkontakt mit Freud und tauschte sich mit diesem über vielfältige theoretische, klinische und organisatorische Fragen aus.

Gezwungen, Italien wegen der rassistischen Verfolgung zu verlassen, emigrierte Edoardo Weiss in die USA, wo er vor allem über Psychosen und über die Psychologie des Ich arbeitete. Er starb am 14. Dezember 1970 in Chicago.

Haus von Alberto Moravia
Lungotevere della Vittoria 1

Alberto Pincherle, berühmt unter seinem Pseudonym Albert Moravia, ist der Taufname des am 28. November 1907 geborenen Literaten, Journalisten, Sachbuchautors, Reisereporters und Kinokritikers, der am 26. September 1990 starb. Existenzialismus, soziale Entfremdung und Sexualität sind die Themen des Romanciers Alberto Moravia, der in seiner langen Karriere über 30 Romane veröffentlichte. Einfache und klare Worte in einem eleganten und ausgefeilten Satzbau sind die stilistischen Mittel, für die Moravia berühmt wurde.

Abb. 25: Portrait Alberto Moravia.

Das Leben des römischen Intellektuellen wird in seinen Wohnräumen am Lungotevere in mehreren klar und modern eingerichteten Räumen heraufbeschworen. Die Bibliothek des Schriftstellers steht Forschern zur Verfügung und Besucher können sich ein Bild vom Geschmack und Stil des einflussreichen Denkers machen. Kunstwerke sind zu betrachten, darunter viele Geschenke von Moravias Freunden, andere hat der Autor auf seinen Reisen in den Orient und nach Afrika zusammengetragen. Auf diese Weise schuf Moravia für sich einen Wohnraum, der sein enges Verhältnis zur Welt der bildenden Künstler widerspiegelt. Alberto Moravias Vater Carlo Pincherle, der aus einer jüdischen Familie in Venedig stammte, war Architekt und Maler, und auch die Schwester Adriana war Malerin.

Die Schwester des Vaters, Amelia Pincherle Rosselli, machte sich einen Namen als Schriftstellerin und Antifaschistin. 1885 war Amelia Pincherle mit ihrem Mann nach Wien gezogen. Dort schrieb sie eine Novelle über die Jungfräulichkeit des Körpers und jene des Geistes, die sie nach ihrem Umzug nach Rom zu dem Theaterstück »Anima« erweiterte und damit einen Literaturwettbewerb gewann. Ihre

Söhne Carlo und Nello Rosselli wurden 1937 in Frankreich im Kampf gegen den Faschismus getötet. Alberto Moravia, voller Bewunderung für seine Tante, tauschte sich mit ihr in einem Briefwechsel aus, der ein abruptes Ende fand, als Moravia 1929 seinen ersten Roman »Die Gleichgültigen« veröffentlichte. In einem Interview mit Mario Devena stellte Moravia rückblickend fest: »›Die Gleichgültigen‹ stellten einen Sexskandal dar – warum ist heute unverständlich, denn es handelte sich um einen völlig keuschen Roman. Im großen und ganzen hatte man nicht das geringste verstanden.«

FLAMINIO

Wohnhaus von Rossetta Loy

Via Flaminia 21

Rosetta Loy wurde 1931 in Rom als das jüngste von vier Kindern in eine gutbürgerliche, katholische Familie hineingeboren. Ihr Vater, ein Ingenieur, war sofort vom Faschismus angewidert, dennoch trat er, um weiterarbeiten zu können, in die Nationale Faschistische Partei ein. Die Familie pflegte regen Kontakt mit den jüdischen Nachbarn, doch als 1938 die Rassengesetze in Kraft traten, reagierte man nicht darauf, sondern arrangierte sich stattdessen mit dem System. Auch als 1943 sämtliche jüdischen Nachbarn inhaftiert und deportiert wurden, unternahm man nichts.

Dieses Nichtstun lastete zeitlebens auf Rosetta Loys Seele, die Aufarbeitung und das In-Erinnerung-Halten des Holocausts wird zum zentralen Thema einiger ihrer Romane, vor allem in »Via Flaminia 21. Mein Leben im faschistischen Italien«. In diesen Memoiren wirft sie der italienischen Nation, dem Klerus und auch sich selbst vor, nichts unternommen zu haben. Das Buch ist quasi der Versuch, mit sich selbst, ihrem Volk und ihrer Kirche klarzukommen. Dabei betont sie immer wieder, wie wichtig es sei, die Erinnerung an all diese Gräuel nicht vergessen zu lassen. Die Autorin erhielt zahlreiche Auszeichnungen.

In »Via Flaminia 21« schilderte Rosetta Loy den Tag der Judenrazzia in Rom, der auch ihre Nachbarn zum Opfer fielen: »Niemand hat die Lastwagen angehalten, als sie davonrollten mit Männern, Frauen, grausam aus dem Schlaf gerissenen Kindern. Pius XII. ist nicht weiß und feierlich am Bahnhof Trastevere [tatsächlich war es der Bahnhof Tiburtina] erschienen, um sich vor den auf den Gleisen stehenden Zug zu stellen und die Abfahrt zu verhindern, so wie er am Tag der Bombardierung von San Lorenzo in der Menschenmenge aufgetaucht war. Die Waggons wurden versiegelt, und der Zug konnte ohne Zwischenfälle abfahren, der Pfiff der Lokomotive hallte durch die Via Salaria. Pius XII. ist an den Fenstern seines Zimmers sitzen geblieben, wo die Kanarienvögel Hänsel und Gretchen herumflatterten. Nicht einmal mein Vater und meine Mutter, die gewiß Mitleid hatten mit dem Schicksal der Levis, haben auch nur einen Tag lang die Briefmarkenblätter und das Fleisch, das Brot, die Eier vergessen.«

Der Autor Andrea Riccardi fragt in diesem Zusammenhang in seinem Buch »Der längste Winter«: »Konnte Pius XII. nicht zum Bahnhof Tiburtina fahren und den Zug allein durch seine Anwesenheit aufhalten, wie Rosetta Loy es sich vorstellte? Konnte er sich nicht unter die Juden mischen, wie er sich nach den Bombardierungen von San Lorenzo unter die Römer gemischt hatte? Gewiss waren die Umstände im besetzten Rom andere als im Juli 1943, als die Stadt noch in den Händen der Faschisten gelegen hatte. Während der gesamten Zeit der Besatzung verließ der Papst den Vatikan nicht, einerseits um die Herrschaft der Deutschen nicht anzuerkennen, andererseits vielleicht aber auch aus Vorsichtsgründen. Doch nach dem 16. Oktober hatte man es mit einer Ausnahmesituation zu tun: War es nicht möglich, mehr, ja etwas ganz Persönliches zu tun?«

Römische Philharmonische Akademie

Via Flaminia 118

Die Villa Vagnuzzi und der sie umgebende Garten ist der Sitz der Römischen Philharmonischen Akademie. Hier hielt Vittoria Ottolenghi, geboren am 8. April 1924 in Rom, zahlreiche Vorträge zum Thema Tanz und Schauspiel. Der Philharmonischen Akademie schenkte sie auch eine etwa 600 Exponate umfassende Sammlung an Dokumenten und Videos, die im Fonds Vittoria Ottolenghi zusammengefasst und zu konsultieren ist.

Nach dem Studium der englischen Literatur begann Ottolenghi jahrzehntelange Karriere als Schriftstellerin, Kritikerin, Essayistin und Journalistin. Sie war die Tochter eines agnostisch-jüdischen Vaters und einer (wenn auch nicht praktizierenden) katholischen Mutter, was sie vor der Judenverfolgung in den 1940er Jahren schützte.

Fast durch Zufall begeisterte sie sich für das Schauspiel und den Tanz, als sie beauftragt wurde, als Kritikerin für Silvio D'Amicos »Enciclopedia dello Spettacolo« (1954–1968) zu fungieren. Zehn Jahre lang widmete sie sich der Arbeit an dieser Enzyklopädie und zeichnete für den Bereich Tanz und Theatermusik verantwortlich. Sie begeisterte sich für jede Art von Tanz, von Ballett über Travestie bis Hip-Hop, war stets auf der Suche nach neuen Talenten, förderte aber auch junge Autoren. Darüber hinaus leitete sie häufig Seminare am Teatro dell'Opera di Roma und eben an der Römischen Philharmonischen Akademie.

Vittoria Ottolenghi wurde eine gute Freundin von Rudolf Nureyev und arbeitete auch als Kritikerin für zahlreiche Zeitschriften und Zeitungen wie etwa »Paese sera«, »Il Mattino«, »L'Espresso«, »Balletto oggi« und »Anna«. Ab 1960 konzipierte sie für das staatliche Fernsehen RAI zahlreiche Formate, darunter auch den berühmten »Maratona d'Estate«, der auf RAI Uno über 20 Jahre lang ausgestrahlt wurde. Mit dieser legendären Fernsehsendung holte Vittoria Ottolenghi den Tanz aus den elitären Kreisen in die Mitte der Gesellschaft. Ihr gelang es, ein breites Publikum für eine Kunstform, die davor nur wenigen vorbehalten war, zu gewinnen.

Jüdischer Tempel und jüdische Gräber

Cimitero Flaminio oder Prima Porta, Via Flaminia Kilometer 14,4

Der Cimitero Flaminio, Friedhof Flaminio, ist auch unter der Bezeichnung Cimitero di Prima Porta bekannt. Er wurde 1941 eingeweiht und gilt als ein Meisterwerk der Friedhofsarchitektur. Mit 140 Hektar ist er der größte Friedhof Italiens. Ein Netzwerk von 37 Kilometern an Wegen zieht sich durch den Friedhof. Katholische, evangelische, jüdische und islamische Grabstätten sind hier vereint. Jede hat eine eigene Kultstelle. Die jüdische ist der Tempio Ebraico, der jüdische Tempel.

Grab von Benjamin Murmelstein

Cimitero Flaminio

Benjamin Murmelstein wurde 1905 als Sohn einer orthodoxen Unternehmerfamilie in Lemberg geboren, nach dem Ersten Weltkrieg kam er zum Studium der Philosophie nach Wien. Zu der Zeit schloss er auch seine Ausbildung zum Rabbiner an der Israelitisch-theologischen Lehranstalt ab und wurde daraufhin Gemeinderabbiner in der Brigittenau, dem 20. Wiener Gemeindebezirk.

Auf Drängen der jüdischen Gemeinde übernahm er die Auswanderungsabteilung und wurde damit zum Gegenspieler und gleichzeitig Handlanger von Adolf Eichmann, der damit seinen ersten Karrierestein setzte. Ab 1941 machte sich Murmelstein keine Illusionen mehr darüber, dass er mit den Auswanderungen gleichzeitig auch Deportationen organisierte. Er versuchte, Schicksale zu mildern, Alten und Schwachen zu helfen, doch alles, was er tat, hatte eine helle und eine noch dunklere Seite.

1943 wurde Murmelstein selbst nach Theresienstadt deportiert. Als der dort zuständige Judenälteste 1944 verhaftet und ermordet wurde, nahm Murmelstein dessen Platz ein und leitete das Ghetto von da an alleine und mit voller Härte. Kurz nach der Befreiung Theresienstadts wurde er verhaftet und der Kollaboration angeklagt, schließlich aber 1947 freigesprochen. Daraufhin wanderte er nach Rom aus, wo er aber nie glücklich wurde und schließlich 1989 starb. Elio Toaff, Vorsitzender der Kultusgemeinde, verweigerte ihm den Beitritt zur römischen Kultusgemeinde und das Totengebet in der Synagoge. Toaff wies Murmelstein eine Grabstelle am Rand des neuen Friedhofs Flaminio zu.

UM DEN LATERAN

Museum der Befreiung Roms
Via Tasso 145

»Wenn ich vom Nazigefängnis in der Via Tasso spreche, heute noch, nach 70 Jahren, dann erschaudere ich«, erzählt der 1935 in Rom geborene Corrado Augias, einer der bekanntesten Journalisten Italiens. »Ich habe die neun Monate der deutschen Besatzung wie einen Albtraum durchlebt. Meine Eltern hatten mich in einem katholischen Kolleg untergebracht, es hieß Santa Maria, das gibt es heute noch. Der Hof, wo wir Kinder spielten, grenzte an die Mauer des Gefängnisses der Gestapo in der Via Tasso. In der Stille der Nacht hörten wir oft die Schreie der Menschen, die in dem Gefängnis gefoltert wurden.«

Augias war acht Jahre alt, als Rom von den Deutschen besetzt wurde. Seine Familie hat einen jüdischen Zweig. Sein Vater musste sich verstecken. Nach dem Krieg zeigte der Vater Corrado Augias, wo er Unterschlupf fand, in den Kellerräumen eines Palastes auf der Piazza Santissimi Apostoli. Corrado war indessen mit seiner Mutter aus Rom aufs Land geflüchtet, manchmal kamen sie in die Stadt. »Mein Vater kam in der Nacht zu uns, schmutzig, mit einem langen Bart. Das sind sehr dramatische Erinnerungen. Sie haben mich dazu bewogen, sofort ja zu sagen, als der junge Regisseur Alberto Caviglia mir die Rolle in seinem Film angeboten hat.« Im Film »Pecore in Erba«, einem Mockumentary über die Shoah, spielt Corrado Augias sich selbst. »Am 4. Juni 1944 kamen die Amerikaner. Wir waren in einem Haus bei der Porta Latina. Plötzlich tauchte mein Vater auf, nahm mich an der Hand und brachte mich auf die Via Appia Antica, wo die Amerikaner gerade ankamen. Der Anblick der amerikanischen Panzer, die aus dem Süden nach Rom kamen, hat sich ganz tief in meine Erinnerung eingeprägt.«

In der Via Tasso, in der Nähe des Lateranpalastes und der Kirche San Giovanni, betrieben auf Höhe der Hausnummer 145 die SS und die Sicherheitspolizei (Sipo) vom 12. September 1943 bis zum Ende der deutschen Besatzung am 4. Juni 1944 das Gefängnis und das Folterzentrum der SS. Dadurch wurde die Via Tasso zur Metapher für die Gräuel der nationalsozialistischen Gewaltherrschaft.

Die deutsche Botschaft hatte die Via Tasso 145 unter anderem als Kulturveranstaltungsort genutzt, bis es der Kommandant der Sicherheitspolizei und des Sicherheitsdienstes (SD), SS-Obersturmbannführer Herbert Kappler in einen Ort des Terrors umwandelte. Ein Teil des Komplexes wurde für Büros und als Kaserne genutzt, die andere Hälfte war ein Gefängnis mit fensterlosen Zellen. Einer der Kriegsverbrecher, der erst 1998 für das Massaker an den Ardeatinischen Höhlen (vgl. S. 173–175) zur Rechenschaft gezogen und bis zu seinem Tod 2013 zu Hausarrest in Rom verurteilt wurde, war Erich Priebke. 2.000 Menschen wurden in den neun Monaten der Besatzung Roms in der Via Tasso festgehalten und gefoltert, die meisten von ihnen waren Juden und politische Gefangene. Auch Zivilisten, von denen sich die Sicherheitspolizei Informationen über den Aufenthalt von Widerstandskämpfern oder Juden erhoffte, waren unter den Gefangenen. Die jüdischen und politischen Gefangenen, die im März 1944 in der Via Tasso inhaftiert waren, wurden an den Ardeatinischen Höhlen als Vergeltungsmaßnahme für das Attentat in der Via Rasella (vgl. S. 133) ermordet. Kaum jemand entkam aus der Via Tasso, oft wurden Gefangene in den deutschen Trakt des Gefängnisses Regina Coeli in Trastevere verlegt oder beim Forte Bravetta erschossen.

Seit dem 4. Juni 1955 beherbergen die Räumlichkeiten das Museum der Befreiung Roms. Im Erdgeschoß des Museums befinden sich die Bibliothek und das Archiv, in den anderen Stockwerken wird in den früheren fensterlosen Gefängniszellen mit vielen Originaldokumenten an den Widerstand, die Kämpfe um Rom, einzelne Häftlinge der Via Tasso und das Massaker in den Ardeatinischen Höhlen erinnert. Auch eine Ausstellung zur Geschichte der römischen Juden zwischen 1938 und 1944 und des Antisemitismus in Italien ist zu sehen.

San Giovanni in Laterano

Piazza di San Giovanni in Laterano 4

In der päpstlichen Basilika San Giovanni in Laterano fanden demonstrativ Taufen Angehöriger anderer Religionen statt, die zum Christentum übertraten. Ferdinand Gregorovius berichtet: »Heute, wo die alten Mißhandlungen aus dem Tageslichte geschwunden sind, hat man gleichwohl den althergebrachten öffentlichen Akt einer feierlichen Juden- und Türkentaufe als Form beibehalten. Sie findet in jedem Jahr am Ostersonnabend in der Taufkapelle des Lateran statt; und man weiß zu sagen, daß dieses Schauspiel um jeden Preis vollzogen werden muß, selbst wenn man im Fall, daß ein bekehrter Täufling mangele, einen Juden oder Türken von auswärts holen müßte. Im Jahr 1853 taufte man eine Jüdin vor großer Menschenmenge und mit höchst feierlichen Zeremonien. Die Tochter Judas, nicht schön wie Rebekka, sondern von einer ausgesuchten Häßlichkeit, stand in weiße Schleier gehüllt am Taufbecken, eine brennende Kerze, das Symbol der Erleuchtung, in der Hand, und nach vollzogener Salbung des Hauptes und Nackens und empfangener Wasserweihe in jenem Becken Konstantins, in welchem einst Cola di Rienzo sich in Rosenwasser gebadet hatte, ward sie in Prozession nach dem Lateran zurückgeführt. Der Kardinal, der sie getauft hatte, segnete sie vor dem Altar ein, und nach geendigter Zeremonie sprach er, auf den Täufling hindeutend, vor dem Volk seine Freude aus, daß hier ein so erhabenes und göttliches Wunder sich vollzogen habe, da ein Mensch, eben noch von den Dämonen besessen und eine Beute der Hölle, urplötzlich in die reine Unschuld des Kindes und in das reine Licht Gottes sich gekleidet habe.«

Im Zweiten Weltkrieg war der große Gebäudekomplex des Lateran ein Zufluchtsort für Regimekritiker und zahlreiche jüdische Flüchtlinge.

NOMENTANO-VIERTEL

Porta Pia

Beim Sturm auf die Porta Pia im Jahr 1870, als das päpstliche Rom von den italienischen Truppen belagert wurde, schlug der jüdische Offizier Giacomo Segre mit einem Kanonenschlag die erste Bresche in die Stadtmauer der pontifikalen Festung. Seit 2007 feiert die jüdische Gemeinde Rom diese Überlieferung mit einem Festival der jüdischen Kultur und Literatur.

Jüdische Katakombe in der Villa Torlonia

Via Nomentana 70

Von den sechs jüdischen Katakomben in Rom gilt jene in der Villa Torlonia als eine der wichtigsten archäologischen Forschungsstätten. Hier wurden Juden, die am Marsfeld und am Quirinal gelebt hatten, bestattet. Als Entdeckungsjahr für diese Katakombe wird das Jahr 1918 angegeben. Darauf folgte die Erforschung, die zunächst zwölf Jahre lang andauerte. Zwei Eingänge wurden festgestellt, einer auf der Via Siracusa und ein zweiter im Park Villa Torlonia. Es handelte sich wohl um zwei getrennt entstandene Einrichtungen auf mehreren Ebenen, die zu einem späteren Zeitpunkt miteinander verbunden worden sind. 3.000 Quadratmeter umfasst die gesamte Nekropole. Zwischen dem 2. und 3. Jahrhundert wurde sie belegt und vermutlich bis ins 5. Jahrhundert verwendet. Die Katakombe in der Villa Torlonia ist derzeit noch nicht zugänglich. Ihre Gänge sind einsturzgefährdet und in ihrem Inneren weist sie eine hohe Konzentration von giftigen Gasen auf. Radioaktives Radon, Helium und Kohlendioxyd wurden nachgewiesen.

Während für das antike Rom elf Synagogen in den schriftlichen Quellen belegt sind, ist es nicht klar, ob jeder Synagoge auch jeweils eine Katakombe zugeordnet war, denn zu den jüdischen Katakomben sind keine Aufzeichnungen erhalten. Bei manchen Grabkammern ist jedoch der Name der Synagoge, zu der der Verstorbene gehörte, verzeichnet, etwa jene in der Suburra. Zur Frage der administrativen Struktur der jüdischen Gemeinde im antiken Rom können lediglich Hypothesen aufgestellt werden. Liturgische Totenfeiern, wie sie an den christlichen Katakomben üblich waren, sind für die jüdischen aus religiösen Gründen nicht denkbar.

Die Grabnischen sind aufwändig ausgemalt, mit Fresken dekoriert. Anhand der Dekors wurde festgestellt, wie sich innerhalb der jüdischen Gemeinde eine wohlhabende Schicht herausgebildet hatte. Zwei Epitaphe weisen Verstorbene als Proselyten aus, also als jemanden, der zum Judentum konvertiert war.

Universität La Sapienza

Piazzale Aldo Moro 5

Umberto Cassuto an der Fakultät für Literatur und Philosophie

An der Fakultät für Literatur und Philosophie unterrichtete Umberto Cassuto, einer der wichtigsten Bibelwissenschaftler. Sein Forschungsschwerpunkt war das Buch Genesis.

Geboren am 16. September 1883 in Florenz, studierte und unterrichtete er an der dortigen Universität und war zwischen 1922 und 1925 auch Oberrabbiner der toskanischen Hauptstadt. Von 1925 bis 1933 war Cassuto Professor für hebräische Sprache und Literatur an der Universität Florenz. 1933 wurde ihm von der Universität La Sapienza in Rom der Lehrstuhl für Hebräisch und vergleichende semitische Sprachwissenschaften zuerkannt. In Rom katalogisierte Umberto Cassuto die hebräischen Manuskripte der Vatikanischen Bibliothek.

1938 wurde er aufgrund der Rassengesetzgebung seines Amtes enthoben und verlor seinen Arbeitsplatz. Cassuto ging nach Jerusalem, wo er Ordinarius für Bibelwissenschaften an der Hebräischen Universität wurde und dort bis zu seinem Tod 1951 unterrichtete.

Abteilung für Mathematik Guido Castelnuovo

Die Abteilung für Mathematik der Universität La Sapienza ist nach Guido Castelnuovo benannt. Wie viele Juden war auch Guido Castelnovo gezwungen, sich während der Besetzung Roms durch die Nazis nach dem 8. September 1943 zu verstecken. Obwohl er zu diesem Zeitpunkt bereits 78 Jahre alt und jedes Engagement gegen das Regime riskant war, leistete er einen wichtigen Beitrag zur Organisation von geheimen Universitätsstudien für jüdische Studenten. Für sie, denen der offizielle Universitätszugang durch die Rassengesetze versperrt war, richtete Castelnuovo die Università clandestina di Roma, die Geheime Universität von Rom, ein. An diese berief Castelnuovo

Abb. 26: Römische Universität La Sapienza, Fakultät für Literatur und Philosophie.

Abb. 27: Römische Universität La Sapienza, Abteilung für Mathematik Guido Castelnuovo.

Professoren, die ihre Lehrstühle aufgrund der Gesetze verloren hatten: die Professorin Maria Piazza für Mineralogie, den Architekten Angelo Di Castro und die Ingenieure Giulio Supino und Vito Camiz. Auch einige nichtjüdische, antifaschistische Professoren beteiligten sich am Projekt von Guido Castelnuovo. Die Kurse ließ Castelnuovo über Schweizer Universitäten anerkennen. Als die faschistische Domination Roms 1944 zu Ende ging, wurden die Abschlüsse der Studenten auch von La Sapienza anerkannt. Der Professor wurde 1949 von der italienischen Republik als Senator auf Lebenszeit geehrt und starb im Alter von 86 Jahren 1952 in Rom.

Castelnuovo war mit der Schwester von Federigo Enriques verheiratet. Enriques war ebenfalls Mathematiker und hatte ab 1922 den Lehrstuhl für höhere Mathematik und höhere Geographie an der Sapienza inne, den er aufgrund der Rassengesetzgebung verlor. Während der Besetzung war Federigo Enriques zuerst in der Wohnung eines Schülers untergetaucht, dann versteckte er sich, wie weitere prominente Regimegegner und Verfolgte, in San Giovanni im Lateran. Auch Enriques unterrichtete an der Geheimen Universität von Rom. Die nach Guido Castelnuovo benannte Abteilung für Mathematik der Sapienza stellt auch heute ein international renommiertes Institut dar.

Ein weiterer großer Mathematiker an der Sapienza war Vito Volterra. Er lehrte ab 1900 als Professor für mathematische Physik an der Universität in Rom. Volterra wuchs in einer sehr armen jüdischen Familie in Ancona auf, als die Hauptstadt der Region Marken noch zum Kirchenstaat gehörte. Sein Vater starb 1862, als Vito nur zwei Jahre alt war. Schon in seiner Schullaufbahn in Turin und Florenz zeigte sich Vito Volterras besondere Begabung für Mathematik, vor allem für mathematische Physik. Sein Physiklehrer und ein Onkel, der Ingenieur war, unterstützten ihn finanziell, damit er in Pisa studieren konnte, wo er 1883, mit nur 23 Jahren, Professor für rationale Mechanik wurde. Seine ersten Arbeiten galten Funktionen, die von anderen abhängig sind, sowie den Differential- und Integralgleichungen. 1892 bekam er den Lehrstuhl für Mechanik in Turin, 1900 jenen in Rom. 1906 wurde er zum korrespondierenden Mitglied der Göttinger Akademie der Wissenschaften gewählt, zwei Jahre später nahm ihn die Deutsche Akademie der Naturforscher Leopoldina in ihren Kreis auf. Im Ersten Weltkrieg entwickelte Volterra Luftschiffe im Dienst der italienischen Armee. Bahnbrechend wirkte seine Idee, unbrennbares Helium statt Wasserstoff als Trägergas für die Luftschiffe zu verwenden.

Ab 1922 engagierte sich Vito Volterra in der Opposition gegen den Faschismus. 1926 unterzeichnete er Benedetto Croces »Manifest der antifaschistischen Intellektuellen«. 1931 verweigerte er als nur einer von zwölf Professoren den politischen Eid, der von der Nationalen Faschistischen Partei verlangt wurde, und verlor daraufhin seinen Lehrstuhl als Professor für rationale Mechanik in Rom. 1935 wurde er aus der Accademia dei Lincei ausgeschlossen und auch aus allen anderen italienischen Kulturinstituten. Im Jahr darauf wurde Vito Volterra jedoch in die Päpstliche Akademie der Wissenschaften aufgenommen. Volterra verließ das faschistische Italien, lebte einige Zeit lang in Frankreich und Spanien und kehrte kurz vor seinem Tod nach Rom zurück, wo er am 11. Oktober 1940 starb. Die Päpstliche Akademie der Wissenschaften bereitete ihm eine feierliche Verabschiedung, an der auch seine Familie teilnehmen konnte. Der 1996 entdeckte Asteroid Volterra trägt seit dem Jahr 2000 seinen Namen.

Die Universität als Jungbrunnen für den Schriftsteller Hermann Kesten

Wie es sein Biograph Albert M. Debrunner beschreibt, erwies sich Rom als wahrer Jungbrunnen für den am 28. Januar 1900 in Pidvolochysk (Galizien, heute Staatsgebiet der Ukraine) geborenen Schriftsteller Hermann Kesten (vgl. S. 123–126). Der Verjüngungseffekt war so weit fortgeschritten, dass Kesten im Jahr 1954 als Student an der Fakultät für Literatur und Philosophie der Universität La Sapienza inskribierte. In den folgenden drei Jahren studierte der über 50-Jährige Englisch bei Mario Praz und Deutsch bei Bonaventura Tecchi. Wie es dazu kam, schildert er in dem unveröffentlichten Text »Ich studiere in Rom«, den Debrunner in seiner Kesten-Biographie zitiert: »Eines Tages besuchte ich, zu Studienzwecken, die Universitätsbibliothek und wurde enttäuscht. Ich fand keines der Bücher, die ich brauchte. Ich ging hinunter zum Campus und war entzückt. Es war ein strahlender Tag im Oktober, sommerlich blau der Himmel, sommerlich braun in leichten Kleidchen die vielen Studentinnen, von denen einige recht hübsch schienen, sommerlich fröhlich die Studenten. Ringsum blühten Rosen und Nelken, Geranien und Oleander, Bäume und Büsche, zwischen den Palmen und Pinien, es blühte wie in hundert Gärten, und die vielen Gebäude der Universität schimmerten in den Farben des alten Rom, Braun und Ocker und ein rötliches Gelb. Unvermutet traf ich meinen liebenswürdigen Freund Bonaventura Tecchi, der ein bedeutender Romancier und der Professor für deutsche Literatur an der Universität Rom ist und seit 1929 oft über mich geschrieben hat. Was machen Sie auf der römischen Universität?, fragte mich Tecchi. Ich kam, um bei Ihnen zu studieren, erwiderte ich, allzu schlagfertig. Wir waren beide überrascht. Da ich das Wort einmal ausgesprochen hatte, blieb ich dabei.«

DAS FORUM ROMANUM

Der Mamertinische Kerker

Der Carcer Tullianus, auch und vor allem bekannt als Mamertinischer Kerker, ist ein im 3. Jahrhundert v. Chr. eingerichtetes Gefängnis auf dem Forum Romanum. Im 16. Jahrhundert wurde die Kirche San Giuseppe dei Falegnami über dem Kerker erbaut, weil laut christlicher Überlieferung im Gefängnis die Apostel Petrus und Paulus gefangen gehalten wurden. Auch Simon bar Giora, der Anführer des Aufstandes der Juden gegen die Römer, wurde hier nach seiner Gefangennahme festgesetzt. Er wurde beim Triumphzug von Vespasian und Titus zur Schau gestellt und danach hingerichtet, indem er vom Tarpejischen Felsen gestoßen wurde, nahe beim Tempel des Jupiter.

Der Titusbogen

Der Titusbogen auf der Via Sacra des Forum Romanum ist der älteste erhaltene Triumphbogen und wurde zur Feier des Sieges der Kaiser Vespasian und Titus im jüdischen Aufstand in Judäa erbaut. Der Feldzug der Römer war verbunden mit Plünderungen, Brandschatzungen und massiven Ausschreitungen gegen die Zivilbevölkerung. Der Feldzug endete mit der Eroberung von Jerusalem und der Zerstörung des jüdischen Tempels. Vespasian und Titus führten im Jahr 71 n. Chr. einen Triumphzug durch Rom durch. Am Titusbogen ist eine Widmungsinschrift für Titus und Vespasian angebracht. Auf dem Fries des Architravs an der Ostseite ist der Sieg über die Judäer in Stein gemeißelt. Die Bilder zeigen zwei Darstellungen. Auf einem Bild ist die Prozession zu erkennen, bei der Sklaven die Beutestücke aus dem Jerusalemer Tempel tragen – die Menorah, die Silbertrompeten und den Schaubrottisch. Die zweite Darstellung zeigt Titus auf einer Quadriga. Er wird bekränzt von der Siegesgöttin Victoria. Zwölf Liktoren und die personifizierten Tugenden Virtus und Honos begleiten den Zug.

Die Juden von Rom weigerten sich jahrhundertelang, unter dem Bogen durchzugehen. Nach der Gründung des Staates Israel jedoch versammelte sich die jüdische Gemeinde Roms am Forum, um durch den Bogen zu gehen, im Bewusstsein, endlich einen eigenen Staat bekommen zu haben. Der jüdische Intellektuelle, Journalist und Schriftsteller

Abb. 28: Darstellung des Sieges der Römer über die Judäer auf dem Titusbogen.

Luciano Tas schreibt über diesen Moment: »Nie da gewesen war ein kollektiver Freudentaumel, wie jener der Juden auf der ganzen Welt, anlässlich dieses befreienden Ereignisses. Niemand konnte jedoch die Freude auf die Art zeigen, wie es die leidenschaftlich impulsiven Juden von Rom taten.«

Templum Pacis

Der Friedenstempel wurde erbaut, um die wertvollsten Gegenstände, die im Feldzug von Vespasian und Titus in Jerusalem, bei dem der dortige Tempel zerstört wurde, erbeutet wurden, aufzubewahren. Der Friedenstempel wurde im Jahr 75 n. Chr. eröffnet.

Der siebenarmige Leuchter und die silbernen Trompeten, die auch auf dem Titusbogen abgebildet sind und die aus dem Jerusalemer Tempel stammten, wurden hier zur Schau gestellt.

Der Name Templum Pacis, Friedenstempel, ist in antiken Quellen belegt und steht für die Besonderheit des Projektes, das sich von den anderen Gebäuden, die die Kaiser für die Foren in Auftrag gegeben hatten, unterscheidet. Der Name unterstreicht den sakralen Charakter des Bauwerks. Es wurde auf dem Macellum, dem Markt aus republikanischer Zeit, der durch den Brand unter dem Kaiser Nero im Jahr 64 n. Chr. zerstört worden war, errichtet. Die Bauteile, die heute erhalten sind, gehen auf eine Renovierung unter Septimius Severus nach einem neuerlichen großen Brand im Jahr 192 zurück. Aus dem severischen Marmorplan wird ersichtlich, dass es sich beim Templum Pacis um einen weitläufigen Porticus handelte, der aus sechs langen rechteckigen Teilen bestand.

MONTE CELIO

Kloster der Heiligen Andreas und Gregor

Das zunächst dem Heiligen Andreas geweihte Kloster ist eine Gründung von Papst Gregor dem Großen, in dessen Namen das Kloster dann auch geweiht wurde. Gregor, geboren um das Jahr 540, stammte aus stadtrömischem Adel und war zwischen 590 und 604 Papst. Er war der erste Mönch als Oberhaupt der katholischen Kirche und ist der jüngste der vier Kirchenväter. Um 580 wandelte er nach dem Tod seines Vaters das Haus seiner Familie am Monte Celio in ein Benediktinerkloster um. 1295 wurde Gregor heiliggesprochen. Christine Magin zitiert in ihrer Untersuchung über den Status der Juden in spätmittelalterlichen Rechtsbüchern Gregors Brief an den Erzbischof von Neapel aus dem Jahr 602: »Diejenigen, die in aufrichtiger Absicht der christlichen Religion Fremde zum rechten Glauben zu führen wünschen, müssen dies mit gewinnenden Worten, nicht mit Strenge betreiben, damit nicht Widrigkeit diejenigen abstößt, deren Geist, die vom Offensichtlichen gegebene Überlegung hätte gewinnen können. Denn für diejenigen, die anders verfahren und die Juden unter diesem Schleier von der gewohnten Ausübung ihres Ritus abhalten wollen, gilt erwiesen, dass sie eher ihrer als der Sache Gottes dienen.«

AVENTIN

Ehemaliger Jüdischer Friedhof – Rosengarten der Stadt Rom

Via di Valle Murcia 6

Der Rosengarten von Rom soll einer der schönsten der Welt sein. Der Blick zwischen den Rosenstöcken am Aventinhügel hin auf den Circus Maximus und die Ziegelmauern des Palatin ist tatsächlich überwältigend. Er reicht weit, bis zum Monte Mario. Dort, wo heute der Rosengarten ist, befand sich 300 Jahre lang der jüdische Friedhof. Im Jahr 1645 kaufte die Jüdische Gemeinschaft der Barmherzigkeit die Parzellen auf dem Aventin für dessen Einrichtung.

Im berühmten Stadtplan von Giovanni Battista Nolli aus dem Jahr 1748 wird der Ortaccio degli Ebrei von einem zweiten Teil deutlich unterschieden. *Ortaccio* kommt vom lateinischen Wort *hortum* und ist eine abwertende Form, also in etwa »der scheußliche Garten« als Bezeichnung für den Friedhof. Papst Pius VI. verbot – ebenso wie vor ihm schon im Jahr 1625 Urban VIII. – den Juden, Grabsteine aufzustellen oder Inschriften für ihre Verstorbenen auf den Friedhöfen anzubringen. Bereits bestehende wurden auf Geheiß der Päpste zerstört, bis auf einige, die entwendet und im Ghetto in Wohnbauten integriert wurden. Das Grabstein-Verbots-Edikt wurde 1846 von Pius IX. aufgehoben, und sofort wurde der Friedhof am Aventin übersät mit Grabmälern und Erinnerungsinschriften. An die Zeit als jüdischer Friedhof erinnert heute nur eine einzige Stele und die Form, in der die Rosenstöcke gepflanzt sind – die Form der Menorah. Von oberhalb der Treppe in der Mitte aus ist die Menorah gut erkennbar.

Im Rosengarten sind etwa 1.100 verschiedene Sorten gepflanzt, alte und neue, aus der ganzen Welt, aus Fernosten, Südafrika, Neuseeland und dem amerikanischen Kontinent.

»Von 1645 bis 1934 war hier der jüdische Friedhof«, erzählt Salvatore Ianni, der den Rosengarten leitet und während der Blütezeit der Rosen sehr kundige Führungen anbietet. »Dann forderte der damalige Gouverneur der Stadt, Fürst Francesco Boncompagni Ludovisi, die Juden auf, den Friedhof auf den Verano zu verlegen, denn hier sollte eine Prachtstraße entstehen, um das zwölfte Jubiläum des Marsches auf Rom zu feiern.« Bei der jüdischen Gemeinde

Abb. 29: Ehemaliger jüdischer Friedhof, heute Rosengarten der Stadt Rom.

stieß der Vorschlag auf Widerspruch, denn einen Friedhof zu berühren, ist ein Sakrileg.

Heute sind viele der Grabkapellen im jüdischen Teil des Verano-Friedhofes aufgestellt. Das Versprechen, eine jüdische Schule in der Nähe des nunmehrigen Rosengartens zu erbauen, wurde jedoch nicht eingehalten. Es wurden vielmehr die Rassengesetze eingeführt. Im Juni 1934 begannen die Arbeiten der Friedhofsverlegung, bis zum 28. Oktober sollten sie abgeschlossen sein. Die ausführende Firma hatte mit der jüdischen Gemeinde vereinbart, dass auch Gemeindemitglieder an den Arbeiten beteiligt werden sollten. Doch auf Druck des Regimes hin, dass die Arbeiten unbedingt bis zum 28. Oktober fertiggestellt wissen wollte, begann die Firma auch und vor allem am Samstag zu arbeiten. Tausende Grabplatten und zahlreiche Grabkapellen wurden transferiert. Die Juden mussten jedoch den Sabbat respektieren. »Und so wurde der jüdischen Gemeinde gegenüber einfach behauptet, dass der ganze Friedhof umgelegt worden wäre. Es wurden jedoch insgesamt nur 4.000 Überreste verlegt«, erzählt Salvatore Ianni, »das

Abb. 30: Stele mit hebräischer Inschrift am Eingang des Rosengartens.

bedeutet, dass zwischen 8.000 und 11.000 Überreste nie umgebettet wurden.« Am 27. Oktober fanden die letzten Umbettungen statt, und am 28. Oktober 1934 paradierten 15.000 Athleten, die alle Sportarten der Zeit verkörperten, auf der Via del Circo Massimo, um dem faschistischen Regime zu huldigen. »In den Verhandlungen mit der jüdischen Gemeinde war vorgesehen, dass nun mit der Bepflanzung begonnen werden sollte«, sagt Ianni. »Tatsächlich aber geriet der Bereich des ehemaligen jüdischen Friedhofes in Vergessenheit. In den Jahren 1941 bis 1943 wurde hier Gemüse angebaut, statt eines Rosengartens war es ein Kriegsgarten.«

Nach dem Krieg wurde eine Stele am Eingang des Gartens angebracht, die an den jüdischen Friedhof erinnert. Auf der Stele hinterlassen die Besucher Steine als Symbole für das Gebet. Die Rosenbeete wurden in der Form der Menorah angelegt. Der Rosengarten ist in zwei große Bereiche aufgeteilt. Einer ist der Bereich der Sammlung, eine Kollektion von 1.100 verschiedenen Rosensorten. Der zweite, durch eine Straße abgetrennte Bereich, der untere Teil des Hügels, ist für den internationalen Rosenwettbewerb bestimmt. Jedes Jahr findet hier eine wichtige Veranstaltung statt, die Verleihung des Rom-Preises für neue Rosensorten, die noch nie im Handel waren. Der Preis ist der zweitälteste Kulturwettbewerb in Italien, ein Jahr nach dem Filmfestival von Venedig entstanden. Der erste Rom-Rosen-Preis wurde 1933 vergeben, als sich der städtische Rosengarten noch am Colle Oppio befand.

»Die Rosen werden in drei Gruppen eingeteilt«, erklärt Salvatore Ianni, »botanische Rosen, antike und moderne Rosen. Die modernen Rosen werden durch künstliche Befruchtung erzeugt.« Dazu zählt auch die Teerose, die in den Nasen der Engländer den Duft von Tee evozierte, und so zu ihrem Namen kam. Moderne Rosen sind im Mittelteil der Rosensammlung der Stadt Rom gepflanzt. Sie blühen immer, auch im tiefsten Winter. Salvatore Ianni ist ein wandelndes Rosenlexikon. Er erzählt, wie sich die alten Römer auf ihren Festen voller Ekstase in Rosenblättern wälzten, und er weiß, woher die Blätter kamen (sie wurden per Schiff aus Ägypten herbeigebracht) und was das Rosenblätter-Spektakel den Gastgeber kostete. Zur Illustration seiner Ausführungen zeigt Ianni die Abbildung eines Gemäldes von Lawrence Alma-Tadema, auf dem ein solches üppiges Fest dargestellt wird.

Ganz oben im römischen Rosengarten ist ein bemerkenswerter Brunnen zu bestaunen. Der Architekt Adolfo Marini fertigte ihn im Jahr 1928 an, nachdem er mit seinem Entwurf einen Wettbewerb der Stadt Rom gewonnen hat, der zur Feier der ersten sechs Jahre nach dem Marsch auf Rom ausgeschrieben worden war. Der Brunnen mit Delfin wurde realisiert und in einem Stadtviertel aufgestellt, das heute nicht mehr existiert. An seiner Stelle befindet sich nun die Via della Conciliazione.

David Lubin Memorial Library in der FAO

Viale delle Terme di Caracalla

Die Food and Agricultural Organisation der Vereinten Nationen (FAO) hat seit 1953 ihr Hauptquartier im Palazzo FAO mit Blick auf die Caracalla-Thermen, den Aventin, den Palatin und den Circus Maximus. Die Bibliothek der FAO wurde mit der Gründung der Organisation 1945 in Washington begonnen und in der Folge nach Rom transferiert, wo sie mit der Bibliothek des internationalen Instituts für Agrarkultur verschmolzen wurde. Am 10. Juni 1952 wurde die Bibliothek unter dem Namen David Lubin Memorial Library feierlich eröffnet.

David Lubin wird als einer der Wegbereiter der FAO angesehen. Er war Philanthrop und Kaufmann, wurde 1849 in eine jüdische Familie in Polen geboren und nach seiner Emigration in die USA amerikanischer Staatsbürger. Lubin trieb die Idee voran, eine internationale Organisation zu gründen, die das Problem der gerechten Verteilung der Nahrungsmittel und des Hungers in der Welt lösen sollte. Nach einem Treffen mit dem italienischen König Vittorio Emanuele III. gründete er das Internationale Institut für Agrarkultur mit Sitz in Rom.

Abb. 31: David Lubin.

TESTACCIO-PYRAMIDE

Gedenktafel für Elsa Morante
Via Amerigo Vespucci 41

1912, als Elsa Morante geboren wurde, war das Viertel Testaccio noch ganz neu, erbaut für Arbeiter und Kleinbürger. In diesem Viertel verbrachte die spätere Schriftstellerin ihre Kindheit. Elsa Morantes Mutter, Irma Poggibonsi, kam aus Modena. Sie war Lehrerin aus jüdischer Familie.

In diesen Straßenzügen zwischen Via Bodoni, Via Marmorata, dem Lungotevere und dem Ponte Sublicio streift Useppe, Protagonist von Morantes Roman »La Storia« im Frühjahr und Sommer 1947 mit seiner Hündin Bella umher. Der Titel des 1974 erschienenen Romans ist als »die Geschichte« im zweifachen Sinn zu verstehen – als Fiktion und als Menschheitsgeschichte. Die verwitwete Lehrerin Ida und ihre beiden gegensätzlichen Söhne erleben in Rom den Faschismus, die Verfolgung der Juden, den Krieg und die Nachkriegszeit. Ida ist Halbjüdin. Morante schildert das von Misstrauen geprägte Klima in Faschismus und Nationalsozialismus aus der Perspektive von Ida: »Schließlich folgte sie, die vor dem Erlass der Rassengesetze nie einen anderen Juden als ihre Mutter gekannt hatte, von heute auf morgen einer unerlaubten Spur und wagte sich mit Vorliebe in das römische Ghetto, zu den Ständen und Geschäften ein paar armseliger Juden, denen es damals noch erlaubt war, ihren kümmerlichen Handel von einst weiterzuführen. Von hier bezog sie ihre wichtigsten historisch-politischen Informationen, denn den Ariern gegenüber mied sie bestimmte Themen und bediente sich auch aus dem oder jenem Grund der üblichen Informationsquellen nur selten.«

Auch wenn »La Storia« von Bombenangriffen und vom Krieg erzählt, so bringt Elsa Morante doch auch eine magische Komponente in die Erzählung ein, betont der Römer Corrado Augias, heute einer der bekanntesten Autoren und Journalisten Italiens. Augias stammt aus einer jüdischen Familie und kannte Morante persönlich: »Elsa Morante war eine Hexe. Sie konnte Gedanken lesen, du bist mit ihr zusammen gesessen, und sie wusste, was du dachtest. Sie, als Hexe, schafft es, eine magische Komponente der Ereignisse zu finden, auch wenn sie vom Krieg erzählt.«

Abb. 32: Das Wohnhaus von Elsa Morante mit Gedenktafel.

Friedhof der Nichtkatholiken

Cimitero Acattolico heißt der märchenhafte Friedhof, dessen Pate der romantische Kult um Tod und Schönheit ist. Eines der meist besuchten Gräber am Friedhof der Nichtkatholiken ist das des britischen Dichters John Keats, der 1821 in Rom starb und sich für seinen Grabstein die Worte »Here lies one whose name was writ (sic!) in water« ausbat. Wer in Rom lebt, der lebt auch eine Liebesbeziehung mit der Vergangenheit.

Steinerne Hunde, Kinder, Engel, Frauen und Männer bevölkern die Grabstätten der Nichtkatholiken. Dazwischen streifen Flaneure aus aller Herren Länder umher und entziffern die gemeißelten Grabbotschaften. Letzte Grüße auf Schwedisch, Norwegisch, Russisch, Französisch, Italienisch und immer wieder Englisch tun Kunde von der internationalen Begeisterung für das Leben in Rom.

Grab von Henriette Hertz

Cimitero Acattolico

Am 9. April 1913 starb die Mäzenin und Kulturstifterin Henriette Hertz in Rom. Sie begründete die durch eine Stiftung nach ihr benannte Bibliothek im Palazzo Zuccari, heute eines der renommiertesten Forschungsinstitute der deutschen Max-Planck-Gesellschaft (vgl. S. 119–122).

Das Grab der Henriette Hertz schuf der Berliner Bildhauer Otto Placzek in Form einer zylindrischen Steinstele. Jedes Jahr besuchen die

Mitarbeiter der Bibliotheca Hertziana das Grab ihrer Stifterin.

Abb. 33: Henriette Hertz.

Grab von Arnoldo Foà

Cimitero Acattolico

Der Schauspieler, Regisseur, Autor und Sänger Arnoldo Foà wurde 1916 als Sohn einer jüdischen Familie geboren, bezeichnete sich selbst aber immer als Atheisten. Als seine Eltern Valentino und Dirce Levi nach Florenz übersiedelten, folgte er ihnen und begann, Wirtschaftswissenschaften zu studieren, entdeckte dann aber seine Liebe zum Theater. Er brach das Studium ab, um die Filmschule Centro Sperimentale di Cinematografia in Rom zu besuchen. Nach Erlass der Rassengesetze im Jahr 1938 war er allerdings gezwungen, die Ausbildung abzubrechen; auch Engagements erhielt er nur noch unter Decknamen.

1943 musste er schließlich nach Neapel flüchten und konnte erst nach Kriegsende wieder zum Theater zurückkehren. Seine Auftritte waren glorreich, gleichzeitig machte er aber auch Karriere beim Film. Er arbeitete mit Kapazundern wie Luchino Visconti, Giorgio Strehler und Orson Welles zusammen und war ein ausdrucksstarker und leidenschaftlicher Charakterdarsteller. Als Regisseur brachte er gerne Prosa auf die Bühne, vor allem seine Komödien feierten große Erfolge. 1957 debütierte er als Autor von Theaterstücken. Sein besonderes Markenzeichen war seine markante Stimme, weshalb er auch als Synchronsprecher für Anthony Quinn, Kirk Douglas und John Wayne eingesetzt und bekannt wurde.

Grab von Miriam Mafai

Cimitero Acattolico

Die Journalistin, Autorin und Politikerin Miriam Mafai war eine der Gründerinnen der Zeitung »La Repubblica«. 1926 in Florenz als Tochter des Malers Mario Mafai und der Bildhauerin Antonietta Raphaël, Tochter eines Rabbis, geboren, musste Miriam Mafai 1938 aufgrund der Rassengesetze das Gymnasium verlassen. In Rom nahm sie am antifaschistischen Widerstand teil, verteilte Flugblätter gegen die deutsche Besatzung und arbeitete für das Ministerium des besetzten Italiens. Nach dem Ende des Krieges schrieb sich Mafai in die kommunistische Partei ein. Zu Beginn der 1950er Jahre war sie Stadträtin in Pescara und organisierte in dieser Funktion die Unterstützung für Displaced Persons. Hier begann auch ihre Karriere als Journalistin, die sie unter anderem als Korrespondentin nach Paris führte. Später trat sie auch als Autorin mehrerer Sachbücher in Erscheinung. Sie schrieb über Kommunismus, Frauen und auch über Bruno Pontecorvo, den »Wissenschaftler, der die UdSSR wählte«, wie der Titel ihres Buches lautet.

Abb. 34: Miriam Mafai mit 9 Jahren.

1994 schloss sich Miriam Mafai der Partei Alleanza Democratica an und wurde ins Parlament gewählt. Für ihren Beitrag zur Entwicklung der italienischen Kultur, vor allem in Hinblick auf die Frauen, wurde Mafai mit dem Premio Montanelli ausgezeichnet. Zu ihrem 80. Geburtstag hielt sie fest: »Den jungen Frauen sage ich immer wieder, sie sollen wachsam bleiben, man weiß ja nie. Die Errungenschaften der Frauen sind noch immer allzu neu.«

Grab von Bruno Maksimovich Pontecorvo

Cimitero Acattolico

Bruno Pontecorvo wurde am 22. August 1913 in Pisa als Sohn einer reichen jüdischen Familie geboren. In Rom studierte er Physik. Er war eines der jüngsten Mitglieder der Runde um den Nuklearphysiker Enrico Fermi (vgl. S. 134f.) und wurde dessen Assistent bei den Experimenten mit langsamen Neutronen. Pontecorvo emigrierte nach Paris, wandte sich dem Sozialismus zu und floh 1940 von Frankreich in die USA. Nach dem Krieg forschte er in Großbritannien, wurde britischer Staatsbürger und Professor an der Universität Liverpool. Am 31. August 1950 tauchte Pontecorvo mit seiner Frau und seinen drei Kindern während seines Urlaubs in Rom unter und emigrierte in die Sowjetunion.

Abb. 35: Grab von Bruno Pontecorvo am Friedhof der Nichtkatholiken. Der Physiker wollte seine Asche zur Hälfte in der russischen Stadt Dubna und zur Hälfte am Friedhof der Nichtkatholiken in Rom bestattet wissen.

Erst 1955 gab der Wissenschaftler ein Lebenszeichen von sich, als er in der »Prawda« die Kollegen im Westen aufforderte, nur noch an der friedlichen Nutzung der Atomkraft zu forschen. Bruno Pontecorvo erhielt den Stalinpreis und zweimal den Leninpreis. 1993 starb er in Dubna, Russland. Seine Asche befindet sich seinem Wunsch gemäß zur Hälfte in Dubna und zur Hälfte am Friedhof der Nichtkatholiken in Rom.

Grab von Alfonso Maria Di Nola

Cimitero Acattolico

Der Anthropologe und Religionshistoriker Alfonso Maria Di Nola wurde 1926 in Neapel geboren. Er beschäftigte sich mit den kulturellen Aspekten der Religionen und unterrichtete an den Universitäten Arezzo, Neapel und Rom.

Er genoss eine jüdische und katholische Erziehung und nahm schon als Jugendlicher in der Synagoge von Neapel ein Studium der hebräischen Sprache auf, woraufhin er sich für die Volkskultur zu interessieren begann. 1943 trat er als großer Verehrer von Antonio Gramsci, dessen Grab sich ebenfalls am Cimitero Acattolico befindet, der noch verbotenen Kommunistischen Partei bei. In seinen Büchern stellte Di Nola fest, dass das Irrationale nicht nur mit dem Elend einer ökonomisch benachteiligten bäuerlichen Realität verbunden ist, sondern sich auch in den höchsten sozialen Schichten verbreitet. Di Nolas Schriften beschäftigen sich mit dem Antisemitismus in Italien, dem Islam, dem Judentum und der Kabbalah.

TIBURTINA-VIERTEL

Jüdische Abteilung auf dem Friedhof Verano

Via Tiburtina

Heute wird die jüdische Abteilung auf dem Friedhof Verano für Begräbnisse der Gemeinde genutzt. Der Friedhof spiegelt gewissermaßen die Geschichte der Juden wider: Kriege, Deportationen und Friedenszeiten werden bei der Lektüre der Grabsteine rekonstruierbar ebenso wie die verschiedenen Migrationswellen der Juden aus Tripolis, der russischen Juden aus der UdSSR oder auch das Attentat auf die Besucher der Synagoge vom September 1982 (vgl. S. 47).

Die jüdische Abteilung wurde am 1. Januar 1895 eingeweiht, zu lesen auf einem Stein des Eingangsportals mit der Aufschrift »Cemeterio Israelitico«. Um diese Gräber zu besuchen, wählt man den Eingang auf der Via Tiburtina. Der Hauptweg führt zum Tempietto, wo die Begräbnisrituale durchgeführt werden.

Nachdem die Katakomben als Friedhöfe aufgelassen wurden, führten die Juden von Rom ihre Bestattungen auf einem Friedhof durch, der Ortaccio degli ebrei hieß. Er befand sich in der Nähe der heutigen Porta Portese. Während der Zeit der Ghettozeit befand sich der Friedhof auf dem Aventin. Benito Mussolini ließ die Gräber abbauen. Heute ist der ehemalige jüdische Friedhof ein Teil des Rosengartens der Stadt Rom (vgl. S. 161–164).

Gedenktafel für die aus Rom deportierten Juden

Bahnhof Tiburtina

Am Bahnhof Tiburtina, an der Grenze zwischen den Vierteln Nomentano und Pietralata, ist eine Gedenktafel angebracht, für die mehr als 1.000 Juden Roms, die von diesem Bahnhof aus am 18. Oktober 1943 in Vernichtungslager deportiert wurden. Die Menschen wurden in achtzehn Viehwaggons gedrängt und über den Brenner in das Vernichtungslager Auschwitz-Birkenau transportiert. Nur fünfzehn Männer und eine Frau, Settimia Spizzichino (vgl. S. 68f.), überlebten und kehrten nach dem Krieg nach Rom zurück.

In den Gedenkstein auf dem Friedhof ist ein Zitat von Primo Levi gemeißelt: »Meditate che questo è stato« (»Bedenkt, dass dies geschah«).

Die Tafel wurde von der Stadt Rom, von der ANED (Associazione Nazionale Ex deportati nei Campi nazisti, Vereinigung der Ex-Deportierten) und von der Römischen Kultusgemeinde am 16. Oktober 2000 an dem – nach der Stazione Termini – zweitgrößten Bahnhof von Rom angebracht. Während der deutschen Besatzung wurden weitere 1.000 Personen aus der jüdischen Gemeinde zur Ermordung und Tausende Römer und Römerinnen zur Zwangsarbeit deportiert. Zudem wurden am 4. Januar 1944 300 politische Gefangene aus dem Gefängnis Regina Coeli in Trastevere in das Konzentrationslager Mauthausen gebracht.

Gedenktafel für Michele Bolgia

Bahnhof Tiburtina

Bei den Deportationen auf dem Bahnhof öffneten einige Eisenbahner heimlich die verplombten Waggons und retteten auf diese Weise Menschen vor der Deportation. Einer dieser Lebensretter war Michele Bolgia. Er wurde denunziert, am 13. März 1944 verhaftet und mit anderen Häftlingen im deutschen Trakt des Gefängnisses Regina Coeli eingesperrt. Sie wurden am 24. März 1944 in den Ardeatinischen Höhlen ermordet (vgl. S. 173–175).

Im Jahr 2010 wurde Bolgia posthum die Medaglia d'oro al Merito Civile verliehen. Bereits am 8. September 1946 wurde an dem Gleis, wo die Rettungsaktionen stattfanden, eine Gedenktafel für Michele Bolgia angebracht. Als im Oktober 2013 die beiden wegen des groß angelegten Umbaus der Statione Tiburtina abgehängten Gedenktafeln für die deportierten Juden und Michele Bolgia wieder an ihrem ursprünglichen Standort fixiert wurden, wurde eine dritte Gedenktafel ergänzt, die fünf weitere antifaschistische Eisenbahner ehrt, die in den Ardeatinischen Höhlen umgebracht wurden.

Der Anschlag in der Via Rasella und das Massaker in den Ardeatinischen Höhlen

Die Ardeatinischen Höhlen sind ein emblematischer Ort für die Resistenza. Hier wurden 335 Gefangene von den deutschen Besatzern ermordet. Es handelt sich bei den Ardeatinischen Höhlen um zwei kurze, miteinander verbundene Höhlengänge im Süden von Rom, unweit der jüdischen Katakombe.

Am 23. März 1944 verübte um 15 Uhr 52 eine Gruppe von Partisanen einen Anschlag auf das Polizeiregiment Bozen in der Via Rasella, 33 nationalsozialistische Soldaten wurden getötet und 38 verwundet. Heute sind in der Via Rasella noch Einschusslöcher von dem Attentat zu erkennen (vgl. S. 133). Die deutsche Reaktion war, für jeden getöteten Soldaten zehn Italiener zu töten. Die Opfer wurden willkürlich bestimmt, unter ihnen waren politische Gefangene aus dem Gefängnis in der Via Tasso, 75 Juden und einige Zivilisten.

Am frühen Nachmittag des 24. März, 24 Stunden nach dem Anschlag, begannen die Deutschen mit den Exekutionen in den Höhlen. Ein brutales Blutbad fand statt, als 336. Opfer wurde eine taube alte Frau getötet, die gerade auf den Feldern bei den Ardeatinischen Höhlen Zichorie erntete. SS-Obersturmbannführer Herbert Kappler befehligte das Massaker, auch Erich Priebke war daran beteiligt. Die Hinrichtungen dauerten von 14 bis 19 Uhr. Das jüngste Opfer war fünfzehn Jahre alt, das älteste 74. Nach dem Massaker wurden die Eingänge zu den Höhlen gesprengt.

Der Anschlag in der Via Rasella war ein schwerer Schlag für die vom Heiligen Stuhl eingeschlagene Strategie, die darauf abzielte, den bewaffneten Kampf von Rom fernzuhalten. Der Vizedirektor des Osservatore Romano, Cesidio Lolli, der in jenen Tagen mit Pius XII. sprach, sagte: »Der Papst machte sich am meisten Sorgen darum, dass infolge der Anschläge und Schießereien in allen Straßen Krieg ausbrechen könnte; das war es, wovor er große Angst hatte, und all seine Vermittlungen sollten das vermeiden.« Der Osservatore forderte am Nachmittag des 24. März dazu auf, das Aktion-Reaktion-Denken aufzugeben und verurteilte den Anschlag. In dem »Carità civile« (Zivile Barmherzigkeit) betitelten Artikel heißt es: »Die tapfere Haltung unserer Leute wird durch gewaltsame Impulse nicht zunichte gemacht, doch jeder unbesonnene Akt führt zu nichts anderem als zum Verlust vieler Unschuldiger, die ohnehin schon allzu sehr von Furcht und Entbehrungen heimgesucht worden sind.«

Am darauffolgenden Tag berichtete die vatikanische Tageszeitung über das Blutbad. Der Kommentar dazu gefiel den Deutschen und Feldmarschall Kesselring gar nicht. Nicht einmal die Resistenza konnte er überzeugen, sodass man noch viele Jahre später darüber diskutierte. Es hieß dort: »32 Todesopfer auf der einen Seite: auf der anderen 320 Personen, die dafür geopfert wurden, dass die Schuldigen vor der Verhaftung geflohen sind.« Mit den Schuldigen waren die Partisanen gemeint, die den Anschlag in der Via Rasella verübt hatten und sich danach nicht gestellt hatten. Sie hätten, so die vatikanische Zeitung, die Vergeltungsmaßnahme verhindern können. Damit verurteilte der

Osservatore Romano öffentlich den Partisanenkrieg, der für den Heiligen Stuhl unnütz und riskant war.

Bei all dem entging der Kirche nicht, dass das Blutbad in den Ardeatinischen Höhlen die Römer zutiefst getroffen hatte. Ein Strom von Menschen pilgerte an den Tatort. Dort kümmerten sich Salesianerpriester um die Menschen und beteten mit ihnen. Am 16. April wurde in der Basilika Santa Maria Maggiore unter großer Anteilnahme eine Messe für die Toten der Höhlen gefeiert.

Im Mausoleum bei den Ardeatinischen Höhlen sind Fundstücke (Zeitungen, Dokumente, Memorabilia und Fotos aus der Zeit der deutschen Besetzung der Jahre 1943 und 1944) zu sehen. Das angegliederte Museum enthält auch Helme, Kappen und Pistolen der SS, sowie die Entwürfe für das Mausoleum, die der Architekt Giuseppe Perugini ausführte.

Die ANFIM (Nationale Vereinigung der Familienangehörigen der italienischen Märtyrer) organisiert kostenlose Führungen im Mausoleum. Im Sitz der ANFIM, Via Montecatini 8, können die Bibliothek, das Fotoarchiv und die Videothek eingesehen werden.

MONTEVERDE

»Monteverde ist ein Viertel in relativer Nähe der Jüdischen Schule, sie war zu Fuß erreichbar, über die Treppe oder durch die Villa Sciarra, und gerade in der Villa Sciarra, die im Krieg verlassen wirkte und keine Aufseher hatte, regierten die Kinder, die hier in Freiheit leben konnten.« So erinnert sich Giacomo Levi, der Vater der Schriftstellerin und Journalistin Lia Levi an das Leben in der Kriegszeit in Monteverde.

Die Kunsthistorikerin Carla Benocci streicht hervor, dass die bis heute relativ zahlreiche Besiedlung durch Juden im Viertel Monteverdi keine zufällige ist. Im Bereich des Hügels Gianicolo sind in der Antike wichtige orientalische Kulte belegt, was auch durch die Nähe zum bunt gemischten Viertel Trastevere einleuchtet. Der Gianicolo ist seit jeher ein Ort, wo sich die Kulthandlungen konzentrieren, die sich vom römischen Kanon der Kulte abheben. Ägyptische und syrische Kulte sind neben den jüdischen Zeugnissen archäologisch belegbar.

Die jüdische Katakombe von Monteverde

Via Vincenzo Monti

Unter den 65 heute bekannten römischen Katakomben gibt es sechs jüdische. 1602 wird als das Jahr der offiziellen Entdeckung der jüdischen Katakombe von Monteverde angesehen. Antonio Bosio, ein aus Malta stammender Archäologe, gilt als ihr Entdecker. Bosio, der der »Christoph Kolumbus des unterirdischen Rom« genannt wird, beschreibt sie in seinem Werk »Roma Subterranea«, das 1632 posthum veröffentlicht wurde.

Bereits 1166 taucht jedoch im »Reisetagebuch« des spanischen Juden Beniamino de Tudela die Nachricht von einer Höhle in der Gegend der Via Portuense auf. Dieses Auf- und Abtauchen in der Literatur der Wissenschaftler und Connoisseurs trug der Katakombe von Monteverde in Rom den Beinamen Geisterkatakombe ein. Inzwischen ist die Katakombe durch die unter der Leitung einer Spezialeinrichtung der Kulturabteilung Rom erfolgte wissenschaftliche Arbeit gut erforscht.

Im 18. Jahrhundert kam es zu einer Wiederentdeckung der Katakombe unter Monsignore Francesco Bianchini. Das war 1740. 1780 beklagte Gaetano Migliore den Verfall der Katakombe. Erst 1843 machte sich der Archäologe und Pater Giuseppe Marchi gemeinsam mit dem Architekten Giovanni Fontana auf, die Katakombe ausgehend von Antonio Bosios »Roma Subterranea« neuerlich zu erforschen.

Abb. 36: Stein mit jüdisch-griechischer Inschrift vom jüdischen Friedhof in Monteverde.

Während Giovanni Battista De Rossi, der Gründungsvater der christlichen Archäologie, zu Beginn des 19. Jahrhunderts den Ursprung der jüdischen Katakomben im Verhältnis zu den christlichen erforschte, rüttelte im Jahr 1829 ein Fund die Welt der Wissenschaftler auf: Die zweite jüdische Katakombe wurde entdeckt, jene der Vigna Randanini an der Via Appia. 1866 wurde die Katakombe der Vigna Cimarra gefunden ebenso jene auf der Via Labicana.

Zu Beginn des 20. Jahrhunderts leistete der Berliner Theologieprofessor Nikolaus Müller mit zwei Grabungskampagnen einen wichtigen Beitrag zur Erforschung der Katakombe von Monteverde. Als zwischen 1910 und 1914 der neue Bahnhof Trastevere gebaut wurde, veränderte sich das Stadtbild komplett. Bei den umfassenden Bauarbeiten wurden Teile der Katakombe zerstört. 1913 wurden aber auch neue Teile der Katakombe nach einem Erdrutsch freigelegt. Auf Freilegungen folgten Einstürze, das Gelände der Katakombe wurde in unterschiedlich gut dokumentierten Grabungsunternehmungen immer wieder begangen, nicht jedoch systematisch publiziert.

1997 entdeckte die römische Archäologin Marzia Di Mento in einem Archiv an der Humboldt-Universität zu Berlin eine 350 Fotografien umfassende Sammlung, die Nikolaus Müller vor allem von den Inschriften der Katakombe von Monteverde angefertigt hatte. Die damals noch nicht aufgearbeiteten Fotos aus dem Jahr 1904 dokumentieren Müllers Grabungen und belegen das, was Antonio Bosio 300 Jahre zuvor in »Roma Subterranea« beschrieben hatte. Auf diese Weise wurde die Forschung rund um die unterirdische Totenstadt wiederum befeuert. Erforscht und erfasst wurde nun für die Ausdehnung der Katakombe der Bereich zwischen den heutigen Straßen Via dei

Quattro Venti, Via Portuense, Circonvallazione Gianicolense und Viale delle Mura Portuensi.

Gänge, Zellen und Gräber liegen unter dem heutigen Monteverde, einer extrem dicht bebauten Stadtlandschaft. Es ist unmöglich, in die jüdische Katakombe von Monteverde hinabzusteigen. Einige ältere Bewohner des Viertels erinnern sich jedoch noch an die »Grotten«, in denen sie als Kinder spielten oder im Krieg Schutz vor den Bomben suchten. Die Archäologen dringen heute mit Sonden in die Tunnels vor, die Fotos aus dem Jahr 1904 bleiben nach wie vor die wertvollste Quelle. Die Fundstücke aus der Katakombe von Monteverde sind in den verschiedenen Museen Roms und des Vatikans aufbewahrt.

Schwesternkonvent San Giuseppe di Chambéry
Via del Casaletto 260

Im Schwesternkonvent des Ordens San Giuseppe di Chambéry fanden Lia Levi und ihre Schwestern 1943 Schutz. Sie wurden in der Schule des Konvents versteckt und entkamen so der Deportation.

Lia Levi wurde 1931 in Pisa als Tochter einer jüdischen Familie mit Wurzeln im Piemont geboren. Ihr Vater Alessandro Levi war Anwalt, ihre Mutter Leontina Segré hatte ebenfalls einen Abschluss in Rechtswissenschaften. Als im Jahre 1938 die ersten Judenverfolgungen starteten, verließ die Familie Norditalien und flüchtete nach Rom. Nach Ende des Krieges blieb Lia Levi in Rom, wo sie Philosophie studierte und später Journalistin wurde. Seit mehr als 30 Jahren leitet sie nun die jüdische Monatszeitschrift »Shalom«.

Einem breiten Publikum ist sie vor allem aber als Schriftstellerin, die sich in ihren Romanen jüdischen Themen widmet, bekannt geworden. Sie zählt zu jener Generation intellektueller und assimilierter Juden in ganz Europa, die ihr Werk vorwiegend der Aufarbeitung jüdischer Geschichte und der Bewahrung kultureller Traditionen widmete.

Für ihren ersten Roman »Una bambina e basta« erhielt sie 1994 den Elsa-Morante-Preis. In diesem Buch erzählt sie die Geschichte eines jüdischen Mädchens, das in einem katholischen Konvent in der Nähe Roms Zuflucht vor der Verfolgung durch die Nazis findet. Im Vordergrund steht die komplexe Beziehung zwischen dem Mädchen, das sich im Konvent sicher und geborgen fühlt und einfach ein normales Mädchen sein will, und seiner Mutter, die das Leben ihrer Tochter schützen möchte, ohne dass dabei ihre jüdische Identität verloren geht. Erst am Ende des Krieges gesteht die Mutter dem Mädchen das Recht zu, selbst über ihr Leben und den Weg, den sie einschlagen möchte, zu entscheiden. Eine Geschichte, die sehr an Levis eigene Biographie erinnert und die Problematik der Traumatisierung aufgreift, unter der die meisten jüdischen Kinder, die oftmals auch von ihren Eltern getrennt versteckt wurden, aufgrund der ständigen Angst, entdeckt und deportiert zu werden, litten.

Synagoge in der Via Fonteiana

Im Viertel Monteverde leben traditionellerweise viele jüdische Familien. Ihnen steht die Synagoge in der Via Fonteiana zur Verfügung und auch koschere Geschäfte in der Nähe.

Der Garten der Gerechten von Rom

Villa Pamphilj

Am 31. März 2016 wurde im Rahmen der Feierlichkeiten für den Europäischen Tag der Gerechten in einem Teil des weitläufigen Parks der Villa Pamphilij der Garten der Gerechten von Rom eingerichtet. Die Initiative wurde von den NGOs Adei-Wizo und Gariwo vorgeschlagen und vom Bezirk Rom XII durchgeführt, um die Werte der Gerechten, die sich von den Idealen von Frieden und Menschlichkeit leiten ließen, an die neuen Generationen weiterzugeben. »Gemäß dem Vorbild des Gartens von Yad Vashem in Jerusalem schlagen wir vor, diesen Ort zu einem Symbol der Erinnerung und des Friedens zu machen, wo wir Veranstaltungen zur Sensibilisierung und Valorisierung auch rund um den Europäischen Tag des Gedenkens an die Gerechten, am 6. März, vorhaben«, so die Bürgermeisterin Virginia Raggi. Jedes Jahr werden fünf Bäume für die Gerechten im Garten gepflanzt, und eine Freiluft-Arena soll den Schulen zur Verfügung stehen, damit die römischen Schüler hier über die Werte der Freiheit, Demokratie und den Schutz des Allgemeingutes nachdenken können.

Chiesa della Trasfigurazione di Nostro Signore Gesù

Piazza della Trasfigurazione 2

Der Pfarrer der im Jahr 1934 erbauten Kirche Chiesa della Trasfigurazione di Nostro Signore Gesù, Don Giovanni Buttinelli, rettete hier mehr als 100 Juden in Monteverde vor der Deportation. Viele von ihnen lebten in dem Viertel, weil sie Geschäfte im nahen Trastevere betrieben. Während der Razzia vom 16. Oktober 1943 versuchte der Pfarrer so viele Leben wie nur möglich zu retten, indem er die Menschen in der Kirche versteckte. In Yad Vashem ist Don Giovanni Buttinelli einer der Gerechten unter den Völkern.

Der spätere Papst Paul VI., während des Zweiten Weltkriegs noch als Monsignore Montini in Rom unterwegs, kam inkognito in die Pfarre in Monteverde, um Lebensmittel an die dort versteckten Juden zu verteilen. Diese Ereignisse werden heute noch erzählt und verbinden die Pfarre mit der nach wie vor zahlreichen jüdischen Gemeinde des Stadtviertels.

Die Synagoge von Monteverde Beth Michael

Viale di Villa Pamphili 71

Am 30. Dezember 2012 wurde die neue Synagoge im Viertel Monteverde eingeweiht. Die Bauarbeiten für den neuen Tempel führte Vittorio Pavoncello aus, nach den Entwürfen von Cesare Veneziani und Bruno Anav. Der Präsident der Kultusgemeinde, Riccardo Pacifici, stellte bei der Eröffnung fest, dass es sich bei der Synagoge nicht nur »um einen Ort des Kultes handelt, sondern dass hier auch Dienstleistungen für die Familien und ein offenes Ohr und Hilfe für die ärmsten Mitglieder der Gesellschaft und Betreuung für Kinder« angeboten werden. Im Viertel Monteverde sollen auch Juden, die der Religion fern stehen, wieder zu ihr eingeladen werden. »Diese Synagoge ist das Signal einer Stadt, die reich an Unterschieden ist, die alle bereichern im Bewusstsein, dass die Unterschiede keine Angst machen dürfen.« Wenige Meter von der neuen Synagoge entfernt entkam in der Via Felice Cavallotti 70 Jahre zuvor Pacificis Mutter den nationalsozialistischen Verfolgungen und fand in einem Frauenkloster Aufnahme.

OSTIENSE

Kloster San Paolo fuori le Mura

In seiner Ausgabe vom 7. Februar 1944 berichtete der Osservatore Romano: »In der Nacht vom dritten auf den vierten Februar drangen bewaffnete Einheiten, die sich als Abteilungen der republikanischen Polizei unter dem Kommando von Pietro Caruso, von dessen Ernennung zum Quästor von Rom die italienischen Zeitungen vor einigen Tagen die berichteten, in die Gebäude der päpstlichen Basilica des Heiligen Paulus ein und brachen die in den Lateranverträgen garantierten Rechte der Extraterritorialität. Der Heilige Stuhl brachte eine formelle Protestnote ein.« Im Kloster bei der Basilika hatte eine Reihe von Verfolgten, darunter viele Juden, über einen längeren Zeitraum hindurch Schutz gesucht.

Die Ereignisse sind in einem schriftlichen Bericht des Abtes Ildebrando Vanucci festgehalten. Der Bericht wurde am 6. Februar im Vatikan hinterlegt. Der Abt schreibt, dass er gegen 0 Uhr 30 von wiederholten Schlägen gegen seine Zellentüre aufwachte, sich eilig ankleidete und, als er auf den Gang hinaustrat, erfuhr, dass Polizisten den General Monti, den Onkel eines Mönches des Klosters, festnehmen wollten. Der General hatte seit einiger Zeit in San Paolo Unterschlupf gefunden. Die Gruppe von Polizisten war über die Gartenmauer und das Gebälk der Basilika in das Kloster eingedrungen. Sie hatten eine Tür eingeschlagen und die Mönche und Gäste aus dem Schlaf gerissen und unter Drohungen aus ihren Zellen geholt. Eine erste Anschuldigung lautete, es wären kommunistische Schriften in der Abtei gefunden worden.

Die Gäste wurden von den Polizisten befragt, die Abtei währenddessen durchsucht, Gegenstände wurden entwendet. Im Pfarrsaal waren etwa 50 Gäste untergebracht, sie wurden mit Pistolenschüssen bedroht, beleidigt und geschlagen. Viele bluteten. Der Abt betonte, dass die Polizei gewaltsam eingedrungen war, ohne irgendein Mandat vorweisen zu können. Der Pfarrer der nahegelegenen Pfarre Buon Pastore, Pierluigi Occelli, berichtete, dass er am frühen Morgen von einem gewissen Cocco gestoßen worden sei, mit den Worten: »Ihr Priester und eure Häuser sind ein Nest von Juden und Verrätern, welches zerschlagen gehört!«

Die offizielle Version des Ereignisses wurde in einem Artikel in »La Tribuna« vom 8. Februar formuliert: »Die republikanische Polizei der Hauptstadt führte eine wichtige Operation durch, sie umstellte das Gebäude, die Agenten drangen ein und fanden den Luftfahrtgeneral Monti versteckt vor, vier weitere Offiziere, neun Juden und 48 renitente wehrdienstverweigernde Jugendliche.«

Die Ereignisse jener Nacht zeigen, dass die Abtei von San Paolo zu den kirchlichen Einrichtungen Roms gehörte, die Verfolgten Unterschlupf gewährten, darunter auch Juden.

GARBATELLA

Settimia Spizzichino-Brücke
U-Bahnstation Garbatella

Die Brücke bei der U-Bahnstation Garbatella, welche die beiden Stadtteile Ostiense und Garbatella verbindet, ist Settimia Spizzichino gewidmet, der einzigen Frau, die die Deportation aus dem Ghetto und die Gefangenschaft in Auschwitz und Bergen-Belsen überlebt hat (vgl. S. 68). Settimia Spizzichino wurde am 15. April 1921 als fünftes von sechs Kindern im Ghetto geboren. Am 16. Oktober 1943 wurde sie zusammen mit ihrer Mutter, zwei Schwestern und einer kleinen Nichte in ihrer Wohnung in der Via della Reginella verhaftet und deportiert: »Wir hörten auf Deutsch gebrüllte Befehle. Aus den Fenstern der Häuser wurde gerufen: ›Sie holen die Juden, sie holen sie alle.‹ Es war inzwischen klar, dass die Deutschen sich nicht darauf beschränkten, die arbeitsfähigen Männer mitzunehmen, sondern alle mitnahmen, von den Alten bis zu den Neugeborenen.«

Settimia Spizzichino kehrte am 11. September 1945 um 3 Uhr nachmittags zurück nach Rom, in ihre Wohnung in der Via della Reginella: »Wenig später war die Wohnung voller Leute, die kamen, um mich willkommen zu heißen. Viele kamen und fragten nach Verwandten und Freunden. Leider hatte ich für keinen gute Nachrichten. ›Ich weiß nicht! Ich habe sie aus den Augen verloren‹, sagte ich. ›Viele von ihnen haben das Gedächtnis verloren, ihr werdet schon sehen, früher oder später kehren sie zurück.‹ Doch ich war eine der letzten Personen, die zurückkehrten; nach mir kamen nur noch drei oder vier Personen.«

Settimia Spizzichino wurde zu einer der wichtigsten Zeitzeuginnen. Sie erzählte immer wieder von ihren zwei Jahren in Deutschland und Polen. Sie berichtete Journalisten, Politikern und Schülern, mit denen sie Trauerfahrten nach Auschwitz unternahm.

Am 3. Juli 2000 starb Settimia Sizzichino. Die Brücke zwischen Ostiense und Garbatella wurde 2012 nach ihr benannt. Auch eine Schule und ein Weg im Parco della Pace Yitzhak Rabin tragen ihren Namen.

VIA APPIA

Jüdische Katakombe Vigna Randanini

Via Appia Pignatelli 2

An der Via Appia wurde 1859 zufällig in einem Weingarten, der Vigna Randanini, zwischen dem zweiten und dritten Meilenstein der Eingang zu einer jüdischen Katakombe wiederentdeckt. Sie erstreckt sich in einer Länge von etwa 750 Metern auf zwei Etagen und ist zu zwei Drittel zugänglich. Insgesamt umfasst die Stätte 18.000 Quadratmeter. Diese Katakombe ist vermutlich gleichzeitig mit jener in der Villa Torlonia entstanden, etwa 50 v. Chr. Sie hatte zwei Zugänge, von der Via Appia und von der Via Appia Pignatelli. Andere Meinungen besagen, die Katakombe wurde zwischen dem 2. und 4. Jahrhundert errichtet und hatte ihre größte Ausdehnung im 4. Jahrhundert. Der Erhaltungszustand ist sehr gut, auch ihre Ausmalungen betreffend.

Der Grundriss dieser Stätte ist stark unregelmäßig, es scheint, als habe kein Gesamtplan bestanden. Man kann ganz verschiedene Abschnitte erkennen, woraus sich schließen lässt, dass die Bestatteten aus verschiedenen Kulturkreisen stammten. Vom heutigen Eingang erreicht man die Gänge, die in die Tiefe führen. Die meisten Gräber wurden an den Seitenwänden der Gänge in den Tuff getrieben. Viele Gräber sind sogenannte Kokhim, eine typisch jüdische Bestattungsform. Die Gräber in Ofenform für eine oder mehrere Personen sind von den Galerien abzweigend angelegt. Die Galerien sind meist sehr breit und oft befindet sich am Beginn einer Galerie ein Vestibül. Auffällig ist, dass sich unter den zahlreichen Inschriften keine einzige hebräische befindet. Die Inschriften sind hauptsächlich griechisch. Die meisten römischen Juden stammten aus dem östlichen Mittelmeerraum, wo sich das Griechische als Verkehrssprache durchsetzte. Die weiteren benutzten Sprachen in der Katakombe Vigna Randanini sind wie in der von Monteverde zu etwa einem Viertel lateinisch oder aramäisch. Man kann davon ausgehen, dass die antike jüdische Gemeinde in der Regel zweisprachig war, griechisch und lateinisch. Die Inschriften erzählen uns von den wohl zwölf antiken Synagogen der Stadt. Sie heißen Agrippinense, Augustana, Calcaresiana, Campesiana, Elae, degli Ebrei, Seceniense, Suburrana, Tripolitana, Vernaclesiana und Volumnesiana.

Von den Gängen erreicht man auch einige Nebenräume, *Cubicoli*, die wohl als Familiengrabstätten genutzt wurden. Diese sind besonders reich und fantasievoll mit Palmen, Blumen, Pfauen und anderen Vögeln bemalt. In der Regel wurden in jüdischen Grabanlagen keine Menschen dargestellt. Zwei *Cubicoli* stellen eine Ausnahme dar, sie zeigen sogar Figuren, die an heidnische Götter erinnern. In einem Gewölbe sieht man eine geflügelte Frauenfigur, vielleicht eine Viktoria oder Nike. In einem zweiten Raum ist eine weibliche Figur mit einem Füllhorn dargestellt wie die Göttin Fortuna.

Die Besonderheit der jüdischen Nekropolen besteht in der Ausgestaltung der Gräber und im Zeugnis der Inschriften. Die Malereien oder Inschriften sind im Allgemeinen sehr nüchtern und zeigen die Symbole der jüdischen Religion: den Aron, jenen Schrank, welcher die Gesetzesrollen enthält, die Menorah, den Etrog, die Zitronatzitrone und den Granatapfel.

So wie die Christen praktizierten auch die Juden ausschließlich eine Bestattung der Körper, nicht aber eine Kremation, die die heidnischen Kulte im antiken Rom durchführten. Die Körperbestattung führte zu einem Platzproblem. So kam es, dass die Juden von Rom als erste auf die Idee kamen, ihre Toten in unterirdischen, in den weichen Tuff geschlagenen Gängen zu begraben. Die Christen haben die Idee der Katakomben erst Jahrzehnte später übernommen. Allerdings ist die Datierung der ersten Bestattungen in Katakomben sehr unsicher, zumal in den ersten Jahrhunderten der Übergang zwischen Judentum und Christentum fließend war.

Wissenschaftler der Universität Utrecht haben die älteste Bestattung in der jüdischen Katakombe der Villa Torlonia in das 1. Jahrhundert datiert, 100 Jahre bevor die ersten christlichen Katakomben entstanden. Die jüdischen Katakomben ähneln den christlichen und teilten auch deren Schicksal. Im frühen Mittelalter wurden die Knochen aus den Gräbern geholt und oft als vermeintliche Reliquien von christlichen Märtyrern in alle Himmelsrichtungen verkauft. Der (schwunghafte) Handel mit Katakombenheiligen war über Jahrhunderte die wichtigste Einnahmequelle Roms. So werden wohl noch heute in mancher Kirche Europas die Knochen eines jüdischen römischen Bürgers verehrt. Danach wurden die Eingänge der Katakomben verschüttet und vergessen.

Aktive Mission lernte Rom erst kennen, als Paulus aus Palästina als römischer Gefangener eintraf. Er wurde – wie in der Apostelgeschichte beschrieben – äußerst aggressiv, als seine »Glaubensbrüder«

die Anerkennung Jesu als Messias ablehnten. Die römischen Juden distanzierten sich von der neuen Sekte, und der Staat differenzierte sehr wohl zwischen römischen Juden und den Paulinern. Dies war für die Juden Roms wichtig, da die Pauliner gegen den Kaiserkult hetzten und nicht nur unter den Juden aggressiv missionierten. Die jüdisch-christliche Sekte, bald nur noch Christen genannt, wurde von Staats wegen verboten. Die jüdischen Gemeinden waren hingegen keinerlei Repressalien ausgesetzt. Während der ersten Christenverfolgung unter Nero behielten die Juden weiterhin all ihre Privilegien.

Ein 1985 von Ministerpräsident Bettino Craxi abgeschlossenes Konkordat mit dem Vatikan regelte, dass die jüdischen Katakomben nicht mehr zum Kirchenbesitz zählen.

Cinecittà

Via Tuscolana 1055

Die Filmstadt Cinecittà wurde 1937 von Benito Mussolini eröffnet. Die enormen finanziellen Investitionen in dieses prestigeträchtige Projekt einer eigenen Filmstadt nach dem Vorbild Hollywoods sollte dem Zweck dienen, die Volksmassen zu unterhalten, sie aber auch zu beeinflussen, auf den großen Krieg vorzubereiten und faschistisches Gedankengut zu verbreiten. Ein weiteres ehrgeiziges Ziel war es, das italienische Kino von ausländischen Einflüssen abzukapseln. Die antisemitischen Rassengesetze wurden deshalb auch auf die Filmindustrie angewandt. Jüdische Schauspieler oder Filmleute wurden entlassen, die Aufführung von ausländischen Filmen mit bekannten jüdischen Schauspielern wurde verboten. Ein im Jahr 1942 erlassenes Gesetz führte zu einem kompletten Berufsverbot für Juden im Bereich des Kinos und der darstellenden Kunst. Es sollten, nach deutschem Vorbild, auch vermehrt Filme produziert werden, die die Errungenschaften und die Überlegenheit der italienischen Rasse hervorheben sollten, von antisemitischer Propaganda selbst hielt man aber überwiegend Abstand. Überhaupt waren die zu Unterhaltungszwecken produzierten Filme in der Überzahl. Von den etwa 280 vor 1943 gedrehten Filmen dienten nur zehn rein propagandistischen Zwecken.

Am 6. Juni 1944 wurde die teilweise durch Bombardierung zerstörte Filmstadt von der Allied Control Commission übernommen und zu einem Displaced Persons Camp für tausende Obdachlose umgewidmet. Menschen aus 30 verschiedenen Nationen fanden dort Zuflucht, darunter auch Juden, viele von ihnen auch Überlebende der

Konzentrationslager. Mehr als die Hälfte der Schutzsuchenden war jünger als achtzehn Jahre. Das Leben im Camp war hart und entbehrungsreich. Die Filmsets, die römische Tempel oder französische Boudoirs darstellten, wurden als Notunterkünfte verwendet.

1949 wurde hier die Metro Goldwyn Meyer Kolossalproduktion »Quo Vadis« im modernen Technicolor gedreht. Unter den 14.000 Menschen, die sich am Set drängten, war eine beträchtliche Zahl von Flüchtlingen, die noch immer in Cinecittà lebten.

Der Regisseur Marco Bertozzi und die Filmwissenschaftlerin Noa Steimatsky interviewten Zeitzeugen und fanden den Film »Humanity«, einen Dokumentarfilm, den Jack Salvatori 1946 drehte, mit Panoramaaufnahmen von tausenden Menschen, die in einem »halluzinatorischen Labyrinth von Kisten ohne Dach, eng zusammengedrängt zwischen ihren dürftigen Besitzstücken lebten, zwischen den massiven Filmbühnen«. Bertozzi und Steimatsky zeigen auch Italiens Übergang vom Faschismus zur Demokratie. Die intensive symbolische Aufladung von Cinecittà wurde zu einem Motor für den neu zu definierenden gesellschaftlichen Nachkriegsdiskurs.

OSTIA ANTICA

Auch in Ostia, dem Stadtteil am Meer, gibt es heute eine kleine jüdische Gemeinde. Vor kurzem wurde in Ostia die 16. Synagoge auf dem römischen Stadtgebiet eingeweiht. In den Ausgrabungen der antiken Hafenstadt Ostia wurden Reste einer Synagoge aus dem 2. Jahrhundert n. Chr. zu Tage gefördert. Sie werden als ein Zeugnis einer prosperierenden und wohlhabenden antiken jüdischen Gemeinde angesehen.

Antike Synagoge von Ostia

Die antike Synagoge von Ostia wurde im Laufe einer Grabungskampagne in den Jahren 1961 bis 1962, die auf einen Zufallsfund im Zuge des Autobahnbaus zum Flughafen Fiumicino folgte, freigelegt. Sie ist neben jener im griechischen Delos die älteste Synagoge Europas. Die Synagoge befand sich am Ende des Decumanus der Stadt, einer Hauptverkehrsader, nahe beim damaligen Flusslauf und nahe am Meer. Diese Lage außerhalb der Stadtmauern, 200 Meter südöstlich der Porta Marina und in einiger Entfernung vom Zentrum des antiken Ostia wurde gewählt, weil die Stadt selbst mit ihren Heiligtümern, Tempeln und Miträen einen heidnischen Ort darstellte. Die Nähe zum Meer bedeutete für die antiken Juden auch die Nähe zu einem reinen Ort, der für die Rituale als besonders geeignet betrachtet wurde.

Der Fluss war auch wichtig, um das Wasser für die Ritualbäder, die Mikwe, zu nützen. Drei Eingänge wurden von den Archäologen identifiziert, einer in den den Männern gewidmeten Räumen, ein weiterer zum Bereich der Frauen und ein dritter, der in die Mikwe führte. Die Archäologen zeigten, dass sich neben dem Gebetsraum auch Räume, die dem Unterricht gewidmet waren, und ein Ofen für das ungesäuerte Brot in der Synagoge befanden. Daneben waren Gemeinderäume entstanden, die wohl der Beherbergung und anderen Funktionen dienten, die in der lebendigen Hafenstadt Ostia bedeutend waren. Ostia war einer der wichtigsten Häfen des Mittelmeeres in der Antike, hier, wo der Tiber in das Thyrrhenische Meer mündet. Das Stadtgebiet erstreckte sich über rund 70 Hektar.

Ein Relief der Menorah ist im Eingangsbereich angebracht, gemeinsam mit weiteren Symbolen des Judentums. Das Synagogengebäude ist nach Osten, in Richtung Jerusalem, ausgerichtet, hier befindet sich auch der Eingang. Über ein von Marmorsäulen umgebenes Vestibül betritt man die Aula, rechts vom Vestibül befindet sich der Raum mit dem Becken für die rituellen Waschungen, links vom Eingang der Aula der Schrank für die Aufbewahrung der Tora. Vor der geschwungenen Rückwand der Aula ist ein Podium, wo die Tora vorgelesen wurde. In der Küche sind Reste eines Marmortisches zu erkennen und der Ofen für die Zubereitung des ungesäuerten Brots. Die Böden sind mit geometrischen Mosaiken in schwarz-weiß ausgelegt.

Von den anderen antiken Synagogen Roms, die aus der Literatur und aus Inschriften bekannt sind, sind keine Spuren zu sehen.

EINRICHTUNGEN JÜDISCHEN LEBENS IN ROM

Bäckereien

La Dolceroma – Österreichische Konditorei im Ghetto

Via del Portico d'Ottavia 20b
Tel.: +39 06 689 21 96
Web: www.ladolceroma.com

Pasticceria Boccioni

Via del Portico d'Ottavia 1
Tel.: +39 06 687 86 37

Bibliotheken und Archive

Archivio Storico (ASCER)

Largo Stefano Gaj Tachè (Großer Tempel)
Tel.: +39 06 684 00 663
Web: www.romaebraica.it/archivio-storico-ascer/
Öffnungszeiten: Mo–Do 8:30–18:00, Fr, So 8:30–12:30

Archivio di Stato di Roma
Sammlung Jüdische Bankiers

Corso del Rinascimento 40
Tel.: +39 06 672 35 600
Web: www.archiviodistatoroma.beniculturali.it
Öffnungszeiten: Mo–Sa 8:00–14:00, Di, Do 8:00–17:30

Archivio storico capitolino
Fondo Notai ebrei – Sammlung jüdischer Notariatsakten

Piazza dell'Orologio 4
Tel.: +39 06 6710 8100
Web: www.archiviocapitolino.it
Öffnungszeiten: Mo–Fr 9:00–16:00

Centro Bibliografico des UCEI

Lungotevere Raffaello Sanzio 9
E-Mail: biblioteca.cb@ucei.it; archiviostorico@ucei.it
Tel.: +39 06 455 42 295
Web: ucei.it/centro-bibliografico/

Bibliothek und Archiv sind für Forschungszwecke von Montag bis Donnerstag nach Vereinbarung geöffnet. Gisèle Lévy ist die Verantwortliche für die Bibliothek und für den Forschungsservice.

Buchhandlungen

Buchhandlung Kiryat Sefer

Via del Tempio 2
Tel.: +39 06 455 96 107
E-Mail: libreria@menorah.it

Die Buchhandlung bietet eine große Auswahl von Publikationen jüdischer Autoren oder Themen in mehreren Sprachen sowie ein großes Sortiment an Kinderbüchern; Unterricht in Hebräisch; Gegenstände aus den jüdischen Ritualen, Symbole der Schrift und des Lichts.

Friedhöfe und Katakomben

Cimitero Acattolico – Friedhof der Nichtkatholiken

Via Caio Cestio 6
Tel.: +39 06 574 1900
E-Mail: mail@cemeteryrome.it
Web: www.cemeteryrome.it
Öffnungszeiten: Mo–Sa 9:00–17:00, So 9:00–13:00

Ehemaliger Jüdischer Friedhof – Rosengarten von Rom

Via di Valle Murcia 6

Friedhof Verano

Piazzale del Verano 1

Friedhof Cimiterio Flaminio
Via Flaminia Kilometer 14,4

Katakombe in der Villa Torlonia
Via Nomentana 70

Katakombe Vigna Randanini, Via Appia
Tel.: +39 06 819 05 367
E-Mail: fondazione@ucei.it

Führungen durch das Jüdische Rom

Führungen im Tempel und durch das Ghetto auf Italienisch und Englisch
Informationen im Großen Tempel
E-Mail: info@museoebraico.roma.it

Rome for Jews – Führungen auf Englisch
Andrea Stoler
E-Mail: andrea.stoler@gmail.com

Rom entdecken
Dr. phil. Andrea Hindrichs, Historikerin und Journalistin
E-Mail: info@rom-entdecken.com
Web: www.rom-entdecken.com

Israelische Einrichtungen

Botschaft des Staates Israel
Via Michele Mercati 14, 00197 Rom
Tel.: +39 06 361 98 500
Web: www.embassies.gov.il/rome/

EL AL Israel Airlines
Via Barberini 67, 00187 Rom
Tel.: +39 06 420 20 310
Web: www.elal.com/it/

Jüdische Organisationen

Centro di Cultura Ebraica – Jüdisches Kulturzentrum

Via Del Tempio 2
Tel.: +39 06 589 75 89
Mo–Do 9:00–13:00, 13:30–16:30, Fr 9:00–13:00
E-Mail: centrocultura@romaebraica.it
Web (Jüdische Gemeinde Rom): www.romaebraica.it/

Chabad-Lubavitch di Roma

Web: www.chabadroma.org

Fondazione per la cultura ebraica Elio Toaff – Stiftung für jüdische Kultur Elio Toaff

Tel.: +39 06 684 00 636

Internationales Festival der jüdischen Literatur und Kultur

alljährlich im September
Web: www.festivaletteraturaebraica.it

UCEI Unione delle Comunità Ebraiche Italiane – Union der italienischen jüdischen Kultusgemeinden

Lungotevere Raffaello Sanzio 9
Tel.: +39 06 455 42 200
E-Mail: info@ucei.it
Web: www.ucei.it

Jugendorganisationen

Il Pitigliani – Italienisches jüdisches Zentrum

Via dell'Arco de' Tolomei 1
Tel.: +39 06 58 00 539
E-Mail: baitbet@pitigliani.it

Kampf gegen Antisemitismus

Ricordiamo insieme – Gedenken wir gemeinsam

Friederike und Tobias Wallbrecher
Tel.: +39 338 53 56 983
E-Mail: ricordiamoinsieme@gmail.com

Rivka Spizzichino
Tel.: +39 339 43 65 053
E-Mail: rivka@spizzichino.org
Web: www.ricordiamoinsieme.org

Koschere Produkte

Centro Kasher Spizzichino

Via Fonteiana 24–26
Tel.: +39 06 661 57 796

Medien

Portal des italienischen Judentums

Web: www.moked.it

Shalom

Monatszeitschrift
Lungotevere Sanzio 14
Tel.: +39 06 874 502 05/6
E-Mail: redazione@shalom.it

Mikwaot

Mikve Sara (bor al gabei bor)

Via Giuseppe Veronese 119
Tel.: +39 348 339 35 77

Die Kontaktperson ist Simonetta Moscati.

Mikwe im Großen Tempel

Reservierung 24 Stunden im Vorhinein bei Romina
Tel.: +39 333 461 8750

Mikwe in der Synagoge in der Via Cesare Balbo 33

Die Kontaktperson ist Gabriella Del Monte
Tel.: +39 06 684 00 651 oder +39 347 7169619

Im Juli und im August ist eine Reservierung im Vorhinein notwendig.

Museen und Gedenkstätten

Ausgrabungen von Ostia Antica

Via dei Romagnoli 717
Tel.: +39 06 56 358 099
Öffnungszeiten: Di–So 8:30–17:00 (Schließung variiert je nach Jahreszeit)

Jüdisches Museum

Lungotevere dei Cenci
Tel.: +39 06 684 0061
E-Mail: info@museoebraico.roma.it
Web: museoebraico.roma.it
Öffnungszeiten: So–Do 10:00–17:00, Fr 10:00–14:00 (ausgenommen jüdische Feiertage)

Museum der Befreiung von Rom

Via Tasso 145/155
Tel.: +39 06 700 38 66
E-Mail: info@museoliberazione.it
Web: www.viatasso.eu
Öffnungszeiten: außer im August von Di–So 9:30–12:30 und Di, Do, Fr 15:30–19:30

Führungen für Gruppen nach Absprache möglich. Der Eintritt ist frei.

Fondazione Museo della Shoah – Museum der Shoah

Casina dei Vallati
Via del Portico d'Ottavia 29
Tel.: +39 06 68139598
E-Mail: info@museodellashoah.it
Web: www.museodellashoah.it
Öffnungszeiten: So–Do 10:00–17:00, Fr 10:00–13:00 (ausgenommen jüdische Feiertage)

Mausoleum und Museum Ardeatinische Höhlen

Via Ardeatina 174
Tel.: +39 06 513 67 42
E-Mail: info@mausoleofosseardeatine.it
Web: www.mausoleofosseardeatine.it
Öffnungszeiten: Mo–Fr 8:15–15:30, Sa, So 8:15–16:30
1. Januar, zu Ostern, 1. Mai, 15. August und 25. und 26. Dezember geschlossen.

Casa Museum Alberto Moravia

Lungotevere della Vittoria 1
Tel.: +39 06 060608
E-Mail: info@fondoalbertomoravia.it
Öffnungszeiten: nach Vereinbarung

Jeden 1. Samstag im Monat finden um 10 und um 11 Uhr Führungen statt, für die man sich bei Bell'Italia 88 (Tel.: +39 06 397 28 186 oder +39 348 320 67 21) anmelden kann (maximal 15 Personen).

Vatikanische Museen Jüdisches Lapidarium

Viale Vaticano
Öffnungszeiten: Mo–Sa 9:00–18:00, letzter So im Monat 9:00–14:00

Rabbinat

Oberrabbiner Riccardo Di Segni
E-Mail: ufficio.rabbinico@romaebraica.it

Restaurants

BaGhetto Milky

Via del Portico d'Ottavia 2
Tel.: +39 06 68 300 077
Web: www.baghetto.com

Bellacarne

Via Portico d'Ottavia 53
Tel.: +39 06 683 3104
Web: www.bellacarne.it

C'è Pasta e Pasta

Via Ettore Rolli 29/31
Tel.: +39 06 583 201 25
Web: cepastaepasta.it

Dolce Kosher

Via Fonteiana 18
Tel.: +39 06 58 09 940
Web: www.dolcekosher.it

Flour

Via Padova 78
Tel.: +39 06 44 236 816

Little Tripoli

Via Polesine 16
Tel.: +39 06 642 20 481

Nonna Betta

Via del Portico d'Ottavia 16
Tel.: + 39 06 688 06 263
Web: www.nonnabetta.it
E-Mail: scrivimi@nonnabetta.it

Yotvata

Piazza Cenci 70
Tel.: +39 06 68 134 481
Web: www.yotvata.it

Schulen

Scuole medie superiori, liceo sperimentale paritario »Renzo Levi«

Via del Portico d'Ottavia,73
Tel.: +39 06 6833884
E-Mail: liceo.levi@romaebraica.it
Leiter: Rav Prof. Benedetto Carucci Viterbi

Soziales

Jüdisches Seniorenheim

Via Portuense 216
Tel.: +39 06 556 5870
E-Mail: amministrazione@casadiriposoebraica.it

Kindergarten OSE C.S.A. Edoardo Della Torre

Viale Trastevere 60
Tel.: +39 06 5816 486

Israelitischer Kindergarten Rav Elio Toaff

Lungotevere Sanzio 14
Tel.: +39 06 580 36 68, +39 06 589 55 00
E-Mail: asili.israelitici@tin.it

Studium

Collegio Rabbinico Italiano

Lungotevere Sanzio 14
Tel.: +39 06 455 42498

Masterstudium hebräische Kultur und Kommunikation

Koordinatorin: Myriam Silvera

Synagogen

Großer Tempel (italienischer Ritus)

Largo Stefano Gaj Tachè
Tel.: +39 06 68400651
E-Mail: ufficio.rabbinico@romaebraica.it

Tempio spagnolo – Synagoge mit spanischem Ritus

Via Catalana
Tel.: +39 06 6564648
E-Mail: ufficio.rabbinico@romaebraica.it

Oratorio Di Castro (italienischer Ritus)

Via Balbo 33
Tel.: +39 329 954 35 00
E-Mail: joseph.arbib@romaebraica.it

Tempio Bet Yehuda

Via del Portico d'Ottavia 73
Tel.: +39 339 128 5276
E-Mail: jaclu@libero.it

Tempio dei Giovani Panzieri-Fatucci (italienischer Ritus)

Piazza S. Bartolomeo all'Isola 24
Tel.: +39 335 6498 467
Referent: Leone Paserman – Tel.: +39 340 145 94 12
E-Mail: leone.paserman@gmail.com
Manhig: Sandro Di Castro – Tel.: +39 335 649 84 67
E-Mail: tempiodeigiovani@yahoo.it

Tempio della Casa di Riposo Ebraica di Roma (italienischer Ritus)

Via Portuense 216
Manhig: Rav Roberto Di Veroli – Tel.: +39 3381677150
E-Mail: robertodiveroli@gmail.com

Tempio Ospedale Israelitico (italienischer Ritus)

Via Fulda 14
Tel.: +39 06.655891
Referent: Ariodante Vitali – Tel.: +39 3402447642

Tempio Beth El (sephardischer Ritus)

Via Padova 92
Tel.: +39 06 44242857 – 06 4403027
E-Mail: centrobethel@alice.it

Tempio Beth Yaakov (sephardisch-orientalischer Ritus)

Via Pozzo Pantaleo
Referenten: Sion Burbea – Joseph Tachè Tel.: +39 328 6778170

Tempio Beth Schmuel (sephardischer Ritus)

Via Garfagnana 4a
Tel.: +39 06 88640403
Referenten: Lillo Naman und Mayer Naman

Tempio Scuolanova Beth Shalom (italienischer Ritus)

Via Pozzo Pantaleo 52
Rav Dr. Umberto Piperno
Alberto Ouazana
Tel.: +39 349 225 7538
Web: www.scolanovabethshalom.com

Tempio Beth Michael (italienischer Ritus)

Via di Villa Pamphili 71c
M.o Gadi Piperno
E-Mail: gadi.piperno@gmail.com
Tel.: +39 393 407 1993

Tempio Or Yehuda (sephardischer Ritus)

Via Tripolitania 52
Referent: Eugenio Piperno
Tel.: +39 3299543500

Tempio Ashkenazita

Via Balbo 33
Referent: Leone Paserman
Tel.: +39 340 145 9412

Tempio dei Colli Portuensi

Via Pianese 27b
Tel.: +39 06 65795569
Rav Shalom Hazan
E-Mail: tempiocolli@gmail.com

Tempio Shirat Ha-Yam

Via Oletta 20
Tel.: +39 06 90288430
Referent: Giorgio Foà Tel.: +39 335 725 0562
E-Mail: shirathayam@libero.it

Majanlahti, Anthony und Amedeo Osti Guerrazzi: Roma occupata 1943–1944. Itinerari, storia, immagini. Milano 2012.

Matheus, Michael und Stefan Heid (Hg.): Orte der Zuflucht und personeller Netzwerke. Der Campo Santo Teutonico und der Vatikan 1933–1955. Freiburg, Basel, Wien 2015 (= Römische Quartalschrift für christliche Altertumskunde und Kirchengeschichte 63. Supplementband).

Migliau, Bice und Micaela Procaccia: Lazio. Itinerari ebraici. Venezia 1997.

Milano, Attilio: Storia degli Ebrei in Italia. Torino 1963.

Morante, Elsa: La Storia. München, Zürich 2014.

Spizzichino, Settimia und Isa di Nepi Olper: Gli anni rubati. Le memorie di Settimia Spizzichino reduce dai lager di Auschwitz e Bergen-Belsen. Cava de' Tirreni 1996.

Poliakov, Léon: Jewish Bankers and the Holy See. From the Thirteenth to the Seventeenth Century. London, New York 2012.

Procaccia, Angelina, Sandra Terracina und Ambra Tedeschi: Una storia nel Secolo Breve. L'orfanotrofio israelitico italiano Giuseppe e Violante Pitigliani. Roma 1902–1972. Firenze 2017.

Procaccia, Claudio: Banchieri ebrei a Roma. Il credito su pegno in età moderna. In: Judei de Urbe. Roma e i suoi ebrei: una storia secolare. Atti del Convegno, Archivio di Stato di Roma, 7–9 novembre 2005. A cura di Marina Caffiero e Anna Esposito. Roma 2011 (= Pubblicazione degli Archivi di Stato Saggi 106), S. 155–179.

Riccardi, Andrea: Der längste Winter. Die vergessene Geschichte der Juden im besetzten Rom 1943/44. Aus dem Italienischen von Elisabeth-Marie Richter. Darmstadt 2017.

Riccardi, Roberto: Sono stato un numero. Alberto Sed racconta. Firenze 2009.

Sacerdoti, Annie und Luca Fiorentini: Guida all'Italia Ebraica. Genova 1986.

Sailer, Gudrun: Monsignorina. Die deutsche Jüdin Hermine Speier im Vatikan. Münster 2015.

Sarfatti, Michele: Gli ebrei nell'Italia fascista. Vicende, identità, persecuzione. Torino 2000.

Stow, Kenneth: Jewish Life in Early Modern Rome. Challenge, Conversion, and Private Life. Ashgate u. a. 2007.

Stow, Kenneth: The Jews in Rome. Vol. 1: 1536–1551. Leiden, New York, Köln 1995.

Stow, Kenneth: Theater of Acculturation. The Roman Ghetto in the 16th Century. Seattle 2001.

Tögel, Christfried: Berggasse – Pompeji und zurück. Sigmund Freuds Reisen in die Vergangenheit. Tübingen 1989.

Voigt, Klaus: Zuflucht auf Widerruf. Exil in Italien 1933–1945. 2 Bde. Stuttgart 1989 und 1993.

Waagenaar, Sam: Il ghetto sul Tevere. Storia degli ebrei di Roma. Mailand 1972.

Wengst, Klaus: »Freut euch, ihr Völker, mit Gottes Volk!« Israel und die Völker als Thema des Paulus – ein Gang durch den Römerbrief. Stuttgart 2008.

Weblinks (Stand: Februar 2018)

www.enciclopediadelledonne.it/biografie/debora-ascarelli/

www.gedenkorte-europa.eu/content/list/364/

www.patriaindipendente.it/idee/lemail/deportazione-e-sterminio-degli-ebrei-di-roma/

www.rerumromanarum.com/2016/10/targa-in-memoria-degli-ebrei-di-roma.html

it.wikipedia.org/wiki/Elio_Toaff

BILDNACHWEIS

Abb. 1–4: Ettore Roesler Franz, Raccolte Museali Fratelli Alinari (RMFA) – archivio Roesler Franz, Firenze

Abb. 5, 7, 9, 11–13, 15, 17–19, 26-27, 29–30, 32, 35: Christina Höfferer

Abb. 6: Massimo Capodanno, 1982 / © ANSA mit Lizenz von Archivi Fratelli ALINARI

Abb. 8: ANSA, lizensiert an Archivi Fratelli ALINARI

Abb. 10, 16, 23: Mit herzlichem Dank an Gisèle Lévy

Abb. 14: Aus: L'architettura italiana XXIV (1929)

Abb. 20–21, 33: Bibliotheca Hertziana – Max-Planck-Institut für Kunstgeschichte, Rom

Abb. 22: Nimbus. Kunst und Bücher AG

Abb. 24: Verlag Astrolabio

Abb. 25: Emilio Cecchi, 1931; Rechte bei Assocoazione Fondo Alberto Moravia. Mit herzlichem Dank an Carlo Cecchi

Abb. 28: Hans R. Goette

Abb. 31: FAO

Abb. 34: Simona Mafai

Abb. 36: DeA Picture Library, lizensiert an Archivi Fratelli ALINARI

PERSONENREGISTER

Stadtreisen zum jüdischen Europa

Michaela Feurstein-Prasser,
Gerhard Milchram
Jüdisches Wien
19,90 €
192 Seiten
ISBN 978-3-85476-502-8

Andreas Nachama,
Ulrich Eckhardt
Jüdisches Berlin
19,90 €
364 Seiten
ISBN 978-3-85476-552-3

Alexander Kluy
Jüdisches Paris
22,90 €
320 Seiten
ISBN 978-3-85476-358-1

Stadtreisen zum jüdischen Europa

Oksan Svastics
Jüdisches Istanbul
19,90 €
216 Seiten
ISBN 978-3-85476-329-1

Alexander Kluy
Jüdisches München
19,90 €
222 Seiten
ISBN 978-3-85476-314-7

Evelyn Steinthaler
Jüdisches London
19,90 €
172 Seiten
ISBN 978-3-85476-286-7

Stadtreisen zum jüdischen Europa

Jan Stoutenbeek, Paul Vigeveno
Jüdisches Amsterdam
19,90 €
256 Seiten
ISBN 978-3-85476-183-9

Alexander Kluy
Jüdisches Marseille und die Provence
19,90 €
298 Seiten
ISBN 978-3-85476-415-1

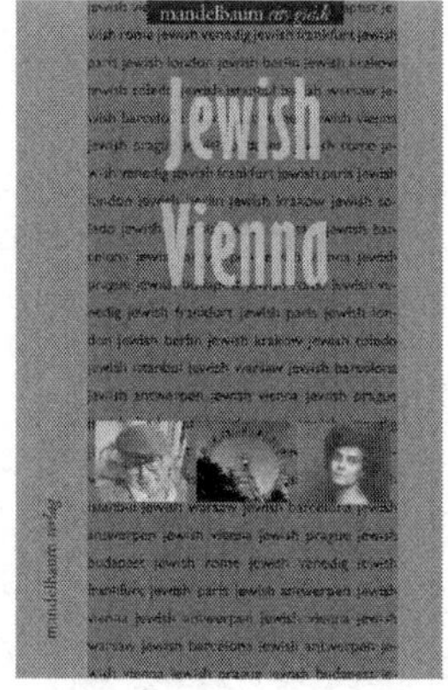

Michaela Feurstein-Prasser,
Gerhard Milchram
Jewish Vienna
19,90 €
190 Seiten
ISBN 978-3-85476-555-4

Stadtreisen zum jüdischen Europa

Jindrich Lion
Jüdisches Prag / Jewish Prague
19,90 €
224 Seiten
ISBN 978-3-85476-139-6

Julia Kaldori
Jüdisches Budapest / Jewish Budapest
19,90 €
238 Seiten
ISBN 978-3-85476-111-2